本书系湖北省社会科学基金一般项目（后期资助项目）（项目编号：2021096）成果

获中南财经政法大学中央高校基本科研业务费专项（项目编号：2722023DK002）资金资助

古巴

社 会 建 设 研 究

RESEARCH ON
CUBAN
SOCIAL CONSTRUCTION

刘雨萌———著

社会科学文献出版社
SOCIAL SCIENCES ACADEMIC PRESS (CHINA)

目 录

导　论

　　社会建设是社会主义建设的内在组成部分，也是当前社会主义国家面临的现实任务。但不可否认，社会主义国家在建设社会主义的过程中，对社会建设及其规律的认识尚在探索之中，需要相互借鉴、取长补短，共同推进社会主义发展。1959年革命胜利后，古巴走上社会主义道路。60多年来，虽然面临严峻的国际国内形势，特别是美国长期对古巴进行遏制封锁，但古巴始终坚持社会主义制度，坚持走社会主义道路，在十分困难的环境下进行社会主义建设，社会主义事业不断发展，社会主义制度得以巩固，尤其是在社会主义建设过程中，古巴高度重视社会建设，在教育、医疗、社会保障等方面取得巨大成就，受到国际社会广泛关注和充分肯定。古巴作为一个发展中的社会主义国家，在生产力发展水平不高、物质基础并不丰厚的条件下，能够在社会建设领域取得举世瞩目的成就，这一现象引起世界各国众多学者甚至一些国际组织的关注。古巴为什么重视社会建设？其社会建设的政策措施有什么特点？古巴社会建设有什么经验？这些问题是各国专家学者思考和研究的重点、热点问题。但总体上看，各国学界对古巴社会建设的专门、系统研究不够深入。就中国国内而言，专家学者对社会建设的研究高峰始于2004年。党的十六届四中全会提出"构建社会主义和谐社会"的战略任务之后，学者在研究社会建设相关问题的同时，开始更多关注古巴社会建设问题，但这些研究一般是从教育、医疗、社会保障等某一方面展开的，全面系统研究古巴社会建设的著述几乎未见。当前还有一个动向需要引起注意，就是中国学术界对古巴社会建设的关注度和研究热度似乎在降低，出版的著作和发表的论文较高峰阶段有所减少。就国际而言，虽然不少学者对古巴进行研究，但往往局限于某一领域，对社会建设的系统研究成果也不多见。而且国外学者由于受政治背景、政治态度等方面的影响，对古巴社会建设的认识与研究并不一定能做到客观公正，往往带有一定的偏见或片面性。基于此，本书在学习借鉴国内外研究成果的基础上，尝试对古巴社会建设理论、实践及其经验启示进行较为全面系统的研究。

1959年古巴革命胜利后，社会建设迅速展开。马克思、恩格斯、列宁关于社会建设的思想是古巴社会建设的理论基础，同时，古巴革命先驱何塞·马蒂关于推翻殖民统治、实现国家独立、维护社会团结、尊重劳动和创造等的思想，也是古巴社会建设重要的思想渊源。马克思主义经典作家关于公平正义的社会价值准则，关于保障人民福利、满足人的需要、实现人的全面发展、发挥人民群众社会主人翁作用、实行民主管理等的思想，在古巴社会建设的实践中得到遵循和体现。

从1959年革命胜利迄今已逾60年，古巴社会建设的发展历尽曲折。总体上看，古巴社会建设的发展历程大体分为三个阶段。

第一阶段从1959年革命胜利到1991年苏联解体前，这是古巴社会建设在艰难中起步，并取得巨大成就的时期。古巴革命胜利前后，菲德尔·卡斯特罗提出了古巴社会建设的基本原则、基本目的和基本任务，古巴党和政府立足现实基础，主要从教育、医疗、社会保障、就业、住房等方面入手，改革旧制度，不断建立和完善新制度，推动社会建设不断发展，取得历史性成就，并构建起了古巴社会建设的基本框架和制度体系。

第二阶段从苏联解体到2008年劳尔·卡斯特罗正式担任古巴国务委员会主席前，这是古巴社会主义建设的"特殊时期"。"特殊时期"古巴社会主义发展陷入困境，社会建设也面临重重困难。为克服困难、巩固社会主义成果，古巴共产党对社会主义建设的理论和实践进行了深刻反思，对社会建设的基本政策进行了调整，提出社会建设要立足于独立自主、自力更生、以有条件的对外开放推进经济发展和社会建设，社会建设必须体现公平与效率的平衡，并在教育、医疗、就业、住房等方面推进改革，在社会治理方面也采取了纠正偏差、发挥宗教积极作用等举措，使古巴基本民生得到保障、社会安全稳定得到保证。

第三阶段从劳尔·卡斯特罗担任古巴国家最高领导人到现在，这是古巴"更新经济社会模式"时期。劳尔·卡斯特罗推动的"更新经济社会模式"，是一场深刻的社会变革，也是思想观念的深刻变革，对古巴社会建设而言，既是机遇也是挑战。为适应"更新"需要，古巴共产党创新社会建设理论，对社会建设的目标向度、价值取向、经济保障、领导力量提出新认识、做出新阐释，并在教育、医疗、社会保障、住房、社会治理等领域推出"更新"举措。当前，古巴仍处于党和国家领导人新老交替时期，影响社会建设的因素也较多，但从前景看，古巴社会建设的根本方向不会改变，古巴以改善民生为重点推进社会建设的基本方针不会改变，古巴社会建设将在"更新"中不断发展，取得新成果。

古巴是社会主义的重要阵地。改革开放以来，特别是我们党提出加强社会建设以来，中国学术界越来越关注古巴社会主义发展的走势和最新动向，尤其对古巴社会建设的一些主要领域，如教育、医疗、社会保障、住宅等方面进行了较为丰富深入的研究。大体来看，国内对古巴社会建设的相关研究情况如下。

1. 关于古巴社会建设理论基础的研究

目前国内尚没有著述明确界定古巴社会建设的理论基础。虽然 1959 年革命胜利后菲德尔·卡斯特罗[①]提出古巴社会主义以马克思列宁主义为指导，1991 年古共"四大"修改党章和党纲，提出何塞·马蒂思想和马列主义是古巴共产党的指导思想，[②] 1997 年古共"五大"通过中心文件《团结、民主和捍卫人权的党》，进一步强调马列主义、马蒂思想和卡斯特罗思想是古巴建设社会主义和实现共产主义的行动指南，是古巴共产党的指导思想，但国内学术界将马克思主义社会建设思想与古巴社会建设相联系，将其作为理论基础进行研究的成果并不多。国内对古巴社会建设理论的研究，大多限于对马蒂、卡斯特罗、劳尔等个人思想的研究。

（1）关于马蒂社会建设思想的研究

马蒂逝世于 1895 年，当时古巴共和国尚未成立，他没有直接参与古巴社会建设的经历，但马蒂一生都在探寻国家独立和人民自由解放之路，是古巴和拉美革命的先驱，马蒂思想对古巴和第三世界国家影响深远。马蒂对未来社会

---

① 为区别菲德尔·卡斯特罗和劳尔·卡斯特罗，后文统一以"卡斯特罗"指称"菲德尔·卡斯特罗"，以"劳尔"指称"劳尔·卡斯特罗"。
② 参见赵绪生《古巴共产党的价值观建设》，光明思想理论网，https://theory.gmw.cn/2014-09/22/content_13321141.htm，2014 年 9 月 22 日。

的构想中也蕴含社会建设的思想。《试论何塞·马蒂思想——纪念何塞·马蒂 150 周年诞辰》①《评马蒂的爱国主义思想和实践》②《何塞·马蒂思想及其对拉丁美洲"社会主义"的影响》③《古巴共产党是如何继承和发扬何塞·马蒂思想进行治国理政的》④《何塞·马蒂与拉丁美洲的反帝传统思想》⑤ 等文章，具体阐释了马蒂的国际主义、人道主义、爱国主义精神，以及他反对剥削和压迫，提倡人人平等、正义博爱的社会建设思想，这些思想是古巴社会建设的重要思想渊源。

（2）关于卡斯特罗社会建设思想的研究

卡斯特罗相关研究一直是国内研究热点。国内对卡斯特罗思想的研究数量相对较多，研究的角度丰富多样，涉及社会建设思想的主要研究成果如下。《"古巴模式"的理论探索——卡斯特罗的社会主义观》一书以卡斯特罗对古巴社会主义革命和建设规律的经验总结为切入点，回顾梳理了古巴社会主义发展历程，其中"卡斯特罗的社会主义社会建设论"这一章从教育医疗、种族性别及社会保障思想、宗教观方面介绍了卡斯特罗关于社会建设的认识和思考。卡斯特罗带领古巴人民践行"人与社会全面发展的各项措施方案，坚持社会主义的公平、公正原则，实现了人人就业、免费受教育、免费医疗的权利，维护了古巴基本人权"。⑥ 该书作者另一成果《卡斯特罗社会建设的实践与探索》，主要从具体实践层面论述了古巴教育、医疗卫生和社会保障事业积累的经验。⑦《卡斯特罗评传》一书全面、立体地展现了卡斯特罗的思想。古巴驻华大使在该书序言中写道："作者……从各个方面展示了卡斯特罗这个伟人和革命者的一生……这是一本必备的著作。"⑧ 该书第七章"实行土改和国有化"、第八章"开展扫盲运动和实行全民免费教育及免费医疗"、

① 徐世澄：《试论何塞·马蒂思想——纪念何塞·马蒂 150 周年诞辰》，《拉丁美洲研究》2002年第 6 期。
② 郝名玮：《评马蒂的爱国主义思想和实践》，《世界历史》1995 年第 2 期。
③ 王欣：《何塞·马蒂思想及其对拉丁美洲"社会主义"的影响》，《长春工业大学学报》（高教研究版）2012 年第 2 期。
④ 李锦华：《古巴共产党是如何继承和发扬何塞·马蒂思想进行治国理政的》，《当代世界》2008年第 5 期。
⑤ 刘承军：《何塞·马蒂与拉丁美洲的反帝传统思想》，《拉丁美洲研究》2002 年第 6 期。
⑥ 张金霞：《"古巴模式"的理论探索——卡斯特罗的社会主义观》，人民出版社，2012。
⑦ 参见张金霞《卡斯特罗社会建设的实践与探索》，《桂海论丛》2012 年第 4 期。
⑧ 徐世澄：《卡斯特罗评传》，人民出版社，2008，第 1 页。

第十七章"苏东剧变和卡斯特罗的对策"、第十八章中"开展'思想战'"等内容，为研究"更新经济社会模式"时期以前的古巴社会建设提供了重要史料。宋晓平结合马蒂和卡斯特罗的思想轨迹，挖掘两者间继承发展关系，认为卡斯特罗丰富了马蒂的道德观、价值观和人道主义思想。[①]《论卡斯特罗的遗产和古巴社会主义的更新》一文探讨了卡斯特罗领导的古巴革命的意义，认为"古巴革命的最大成就是古巴劳动人民从垄断资本那里夺回了这个国家的土地和工业，从资产阶级手中夺回了文化和教育的自主权利，也就是夺回了古巴劳动者的解放和自由权利"。[②] 还有学者专门分析评价了卡斯特罗社会公平正义思想，认为"社会主义国家的主要职能就是维护社会公平正义"。[③] 荣枢认为，卡斯特罗强调"没有效益就不是社会主义""没有精神道德就没有社会主义""社会主义最重要的价值是公平平等""为全民提供保障"，[④] 这些思想理念贯穿于古巴社会建设的探索过程中。许姣从思想背景和来源、思想特点和内容、在古巴的具体实践、思想价值和局限性四个方面，对卡斯特罗的"人道主义"思想进行了专门研究。[⑤]

（3）关于古巴其他国家领导人社会建设思想的研究

2008年，在古巴第七届全国人大会议上，劳尔正式当选国务委员会主席兼部长会议主席，国内对劳尔的研究也逐渐增多。劳尔特别强调"芸豆比大炮重要"，[⑥] 将改善民生视为国家发展的重要工作，积极推动古巴"经济社会模式更新"。他的社会建设思想内涵比较丰富，具有时代特色。《劳尔·卡斯特罗执政后古巴的经济变革》一文将劳尔关于经济社会变革的主要观点概括为：必须进行经济结构和观念的变革；经济工作、粮食生产是党和政府工作的重点；满足民众需求是当前要务；社会主义不能搞平均主义，不能养懒汉。[⑦] 王承就等根据古巴的"更新"进程和社会建设实践，分析了劳尔关于

[①] 宋晓平：《从马蒂到卡斯特罗：古巴革命的实践与思想轨迹》，《拉丁美洲研究》2008年第3期。
[②] 韩欲立：《论卡斯特罗的遗产和古巴社会主义的更新》，《社会主义研究》2017年第3期。
[③] 宋国栋：《卡斯特罗社会公平正义思想及其评价》，《前沿》2013年第18期。
[④] 荣枢：《菲德尔·卡斯特罗的社会主义思想研究》，博士学位论文，武汉大学，2012。
[⑤] 参见许姣《菲德尔·卡斯特罗的"人道主义"思想研究》，硕士学位论文，南京师范大学，2015。
[⑥] 徐世澄：《从古共六大到古共七大：古巴社会主义模式的更新》，《拉丁美洲研究》2016年第5期，第3页。
[⑦] 徐世澄：《劳尔·卡斯特罗执政后古巴的经济变革》，《探索与争鸣》2011年第4期。

社会建设中坚持公平正义思想的本质和内涵。① 韩冰梳理、总结出劳尔主政以后的主要民生改革措施及成效，论述了劳尔在坚持社会主义制度的基础上，结合古巴实际，更新经济社会模式，通过发展社会主义进一步改善民生的思想。② 杨建民分析了劳尔主政以来古巴共产党各方面的政策调整，在社会建设方面，其不断加强、改进党的领导，"坚持社会公平，反对平均主义"。③ 赵一霞从形成背景、内容特点和评价启示三方面对劳尔的治国理政思想进行了专门研究。④

2018 年 4 月，米格尔·迪亚斯-卡内尔·贝穆德斯（Miguel Díaz-Canel Bermúdez）当选古巴国务委员会主席，2019 年 10 月当选古巴共和国主席。由于其走上前台的时间不长，国内关于迪亚斯-卡内尔社会建设思想的研究成果不多。根据现有资料，学者普遍认为迪亚斯-卡内尔"将在延续劳尔内外政策的基础上，进一步深化经济改革，推进'古巴特色的社会主义道路'"，⑤ 根据国内外形势变化，及时调整完善古巴社会主义模式"更新"，⑥ 特别强调古巴社会主义建设的"连续性""是一种政治共识，也是弥合新老两代领导人之间可能出现的分歧的有效方式"。⑦

2. 关于古巴教育的研究

教育是古巴社会建设一大突出成就，联合国教科文组织发布的一份研究报告指出，古巴是拉美地区教育发展水平最高的国家，甚至超过美国。⑧ 古巴长期重视教育事业的发展，国内学界对此也一直非常关注。曾昭耀等所著的《战后拉丁美洲教育研究》一书第四章，专门论述了古巴革命胜利后到 20 世纪 80 年代教育发展和改革情况，认为古巴教育发展模式给发展中国家教育

① 参见王承就、王莹瑛《劳尔·卡斯特罗的社会公平思想》，《西南科技大学学报》（哲学社会科学版）2014 年第 2 期。

② 参见韩冰《劳尔·卡斯特罗主政以来的古巴民生改革》，《廊坊师范学院学报》（社会科学版）2009 年第 4 期。

③ 杨建民：《劳尔·卡斯特罗主政以来古巴共产党的新变化》，《世界社会主义研究》2019 年第 9 期。

④ 参见赵一霞《劳尔·卡斯特罗治国思想研究》，硕士学位论文，山东大学，2017。

⑤ 曹廷、严瑾：《古巴新任国务委员会主席迪亚斯-卡内尔》，《国际研究参考》2018 年第 7 期。

⑥ 徐世澄：《古巴国家新领导人迪亚斯-卡内尔主席的历史使命》，《当代世界》2018 年第 6 期。

⑦ 杨建民：《迪亚斯-卡内尔执政以来的古巴"模式更新"》，《当代世界与社会主义》2022 年第 1 期。

⑧ 转引自《联合国教科文：古巴是拉美地区教育发展水平最高的国家》，人民网，http://world.people.com.cn/n/2014/0204/c1002-24280667.html，2014-02-04。

发展提供了可资借鉴的经验。①《古巴社会主义研究》第六章对古巴教育发展模式（1959 年革命胜利后到 21 世纪初）的形成和特点进行梳理，认为古巴教育的成功经验在于高度重视，全民免费；全社会都在办教育；拥有一流的教师队伍；坚持学习与劳动相结合；勇于创新；强调政治思想教育，造就社会主义新人。② 在古巴教育体系的改革与启示、马克思主义思想政治教育创新、教育公平原则等方面也有不少成果。《古巴教育改革的经验与反思》一文认为古巴教育改革成就巨大，原因在于科学合理的教育改革理念、兼顾公平与质量原则、积极的政策措施保证、政府财政投入支持，也存在高度集中的教育管理体制和不合国情的教育投资体制等问题。③《古巴的教育公平论析》指出，"实现教育公平是古巴革命的重要目标"，维护教育公平是古巴社会建设的重要任务。④《古巴劳动教育的意义》⑤《古巴教育发展"三步曲"及其启示》⑥《古巴教育为何始终保持先进水平》⑦《古巴特殊教育发展的特点》⑧《古巴高等教育的发展与改革》⑨ 等文对古巴教育体系的改革措施、突出特点和基本经验进行了探讨。

3. 关于古巴医疗的研究

经济发展水平并不发达的古巴，医疗卫生水平和国民健康状况却处于世界前列，这一现象受到学界关注。《古巴社会主义研究》一书第七章对古巴医疗卫生保健体系（1959 年革命胜利后到 21 世纪初）的运作和实绩进行全面阐述，内容翔实，资料丰富。《古巴医疗体制发展历程及其启示》从医学专业角度介绍了古巴医疗体制的建立和发展。⑩ 毛相麟认为，古巴医疗取得巨大成就的原因在于建立了"完善的、行之有效的医疗卫生制度和具有指导建立这一制度的正确的战略思想"。⑪《古巴的医疗外交》一文从国际政治的

① 参见曾昭耀等主编《战后拉丁美洲教育研究》，江西教育出版社，1994。
② 毛相麟：《古巴社会主义研究》，社会科学文献出版社，2005。
③ 张丹、范国睿：《古巴教育改革的经验与反思》，《外国教育研究》2008 年第 10 期。
④ 王承就：《古巴的教育公平论析》，《理论月刊》2015 年第 7 期。
⑤ 黄南婷：《古巴劳动教育的意义》，《外国中小学教育》2010 年第 4 期。
⑥ 李木洲、张继明：《古巴教育发展"三步曲"及其启示》，《世界教育信息》2009 年第 5 期。
⑦ 毛相麟：《古巴教育为何始终保持先进水平》，《瞭望新闻周刊》2000 年第 34 期。
⑧ 黄南婷：《古巴特殊教育发展的特点》，《外国中小学教育》2011 年第 4 期。
⑨ 周满生、李韧竹：《古巴高等教育的发展与改革》，《比较教育研究》2002 年第 7 期。
⑩ 参见王诺、王静《古巴医疗体制发展历程及其启示》，《中国社会医学杂志》2009 年第 1 期。
⑪ 毛相麟：《古巴的全民医疗保障制度》，《科学决策》2007 年第 8 期。

角度，提出古巴利用具有优势的医疗资源，"以医疗外交为利器，积极拓展外交空间"。① 有学者从古巴医疗卫生运行的各个体系为切入点，通过机制分析和评估，提出"扩大医疗卫生服务资源"和"控制医疗卫生服务成本"②的建议。有学者在新冠肺炎疫情背景下，从全球大变局视角出发，全面分析古巴传统优势医疗外交的机遇和挑战。③

4. 关于古巴社会保障的研究

专家学者们对古巴的社会保障制度和就业政策也有一些研究。比较有代表性的是：《古巴的社会保障制度及其改革》介绍了 20 世纪 60 年代到 90 年代中期，古巴社会保障制度的进程、内容、特点和存在的问题；④《古巴的社会保障制度：发展、挑战与改革》一文梳理分析了古巴社会保障制度的百年发展历程、当前挑战和应对措施；⑤《古巴社会保障制度的建立和完善进程》重点介绍了 2008 年以来，古巴社会保障制度改革的内容和特点。⑥

5. 关于古巴住房政策的研究

国内关于古巴住宅政策等内容的研究较少。徐世澄等在新版《列国志·古巴》一书第六章第一节"国民生活"中，简要介绍了古巴住宅政策发展的基本情况。⑦ 在《住房政策：拉丁美洲城市化的教训》一书第十九章"古巴的住房政策与现实挑战"中，该章作者从宏观角度，介绍了 1959 年以来古巴住房政策实践情况和古巴住房面临的挑战。⑧

6. 关于古巴社会治理的研究

社会治理是社会主义国家社会建设的重要环节之一，基本目的在于协调社会建设中各类社会关系，合理配置各种社会资源，最终实现社会和谐稳定。国内学界从不同角度对古巴社会治理的有关情况进行了研究。《古巴的国家治理转型观察》一文探讨了古巴近几年"经济社会模式更新"的实践成效和

---

① 孙洪波：《古巴的医疗外交》，《拉丁美洲研究》2007 年第 5 期。

② 刘潇、仇雨临：《古巴医疗卫生体系再审视：运行机制与经验借鉴》，《拉丁美洲研究》2010 年第 6 期。

③ 曹廷：《古巴医疗外交的特点、动因与意义——兼论新冠肺炎疫情给古巴医疗外交带来的契机》，《拉丁美洲研究》2020 年第 3 期。

④ 参见徐世澄《古巴的社会保障制度及其改革》，《拉丁美洲研究》1995 年第 5 期。

⑤ 参见袁东振《古巴的社会保障制度：发展、挑战与改革》，《拉丁美洲研究》2009 年第 2 期。

⑥ 参见毛相麟《古巴社会保障制度的建立和完善进程》，《当代世界社会主义问题》2016 年第 2 期。

⑦ 徐世澄、贺钦编著《列国志·古巴》，社会科学文献出版社，2018。

⑧ 郑秉文主编《住房政策：拉丁美洲城市化的教训》，经济管理出版社，2014。

挑战，分析了古巴国家治理转型的特点，包括趋势性变化、观念的变化、法制上的变化、体制上的变化、经济政策方面的变化和社会的变化。① 仲杪阳对越南、老挝、古巴、朝鲜四国社会治理进行了比较研究，认为苏联解体后，四国正式开始制度革新，开启社会治理之路。四国将社会建设和政治建设结合，积极探索适合本国国情的道路，有利于维护社会稳定。② 林洁将古巴、老挝、越南等国社会治理的特点概括为四点："增强执政党责任感以获取合法性认同，完善治理理念"；"构建全面系统的法治框架，规范决策执行过程"；"引入公共服务与激励机制，优化公共管理机制"；"构建有限政府与责任社会，形成和谐共享社会"。③ 董卫华对越南、朝鲜、老挝、古巴四国执政党社会管理理念进行了比较研究，认为古巴共产党的社会管理理念包括"以'思想战'统一社会意志"，"重视依靠群众实现对社会的民主管理"，"重视发扬社会主义公平正义"和"以宗教爱国思想凝聚人心"。④

7. 关于古巴社会建设经验的研究

中国学者普遍认为，面对国内外复杂环境，古巴能捍卫社会主义、维护共产党领导地位的根本原因在于注重和改善民生，密切同群众的联系。刘永哲提出培育社会精神、适合国情的宗教政策、密切党群干群联系、始终不渝改善民生等社会建设措施保证了古巴这个西半球唯一的社会主义国家红旗不倒。⑤《古巴共产党改善民生的措施及启示》从古巴教育、医疗、社会保障取得的成功经验，总结出社会主义国家可借鉴的经验，如发展生产力提高人民生活水平应为工作的重中之重，注重维护社会公平和公正以保证国民共享经济发展成果。⑥《社会公正视阈下古巴民生建设的理论和实践研究》⑦《古巴特殊时期的民生改革研究》⑧ 等也对古巴社会建设的经验启示进行了相关探讨。

---

① 徐世澄：《古巴的国家治理转型观察》，《国家治理》2014 年第 14 期。
② 参见仲杪阳《越老古朝国家治理体系与能力建设透视》，《当代世界与社会主义》2015 年第 2 期。
③ 林洁：《越南、老挝、古巴等社会主义国家执政党社会治理特点探析》，《上海党史与党建》2015 年第 11 期。
④ 董卫华：《越南、朝鲜、老挝、古巴执政党的社会管理理念比较》，博士学位论文，中南大学，2013。
⑤ 刘永哲：《古巴的社会主义为什么红旗不倒》，《甘肃社会科学》2009 年第 6 期。
⑥ 梁英：《古巴共产党改善民生的措施及启示》，《当代世界》2008 年第 7 期。
⑦ 江达：《社会公正视阈下古巴民生建设的理论和实践研究》，硕士学位论文，中共江苏省委党校，2015。
⑧ 李菲菲：《古巴特殊时期的民生改革研究》，硕士学位论文，山东大学，2013。

　　综上所述，国内对古巴社会建设的相关研究具有以下特点。其一，对古巴领导人个人社会建设思想研究较多，系统性比较研究较少。对古巴领导人社会建设思想的研究大多以其思想为切入点，进而挖掘古巴社会建设的思想和实践，但研究对象较为单一，阐释相互继承和发展关系、个性和共性关系的研究稍少。其二，对古巴社会主义的阶段性研究较多，整体性研究较少，而且侧重于对社会主义的宏观研究。国内对古巴社会主义建设有关研究重心大多倾向于苏联解体后的"特殊"时期和社会主义模式"更新"时期，代表作包括《苏东剧变后古巴共产党的理论、方针政策与实践》[①]《古巴的改革开放历程——10年回顾与评价》[②]《从古共"七大"看古巴社会主义发展新动向》[③] 等；此外，阶段性研究主要以古巴社会主义经济建设、政治建设和外交政策为重点，如《古巴"特殊时期"经济体制调整与变革的态势分析》[④]《古巴在特殊时期中的政治改革》[⑤]《苏东剧变后的古巴经济改革：措施、主要成就与思考》[⑥]《古巴"更新经济模式"析评》[⑦]《古共"六大"与古巴经济模式的"更新"》[⑧]《冷战后古巴对外政策研究》[⑨] 等，尽管其中蕴含社会建设思想以及实践，但没有以古巴社会建设为直接切入点。其三，社会建设重点性研究较多，综合性研究较少。纵观国内对古巴社会建设的研究情况，微观层面的研究较多。专家学者大多从某一具体维度切入，研究领域主要是单一的教育发展、医疗保障、社会公平、民生就业、绿色农业、生态环保等方面，而综合性、系统性的研究相对较少。

　　古巴社会建设也引起其他国家学界关注。由于地缘政治特殊性，美国比较重视对古巴的研究，欧洲国家也有不少学者关注古巴问题。西方许多知

---

① 李锦华：《苏东剧变后古巴共产党的理论、方针政策与实践》，《马克思主义研究》2000 年第 6 期。

② 毛相麟：《古巴的改革开放历程——10 年回顾与评价》，《理论视野》2001 年第 2 期。

③ 张慧玲：《从古共"七大"看古巴社会主义发展新动向》，《当代世界与社会主义》2016 年第 4 期。

④ 张金霞：《古巴"特殊时期"经济体制调整与变革的态势分析》，《社会主义研究》2012 年第 3 期。

⑤ 毛相麟：《古巴在特殊时期中的政治改革》，《当代世界社会主义问题》1994 年第 4 期。

⑥ 张登文：《苏东剧变后的古巴经济改革：措施、主要成就与思考》，《教学与研究》2011 年第 4 期。

⑦ 王承就：《古巴"更新经济模式"析评》，《社会主义研究》2011 年第 3 期。

⑧ 徐世澄：《古共"六大"与古巴经济模式的"更新"》，《拉丁美洲研究》2011 年第 3 期。

⑨ 尹桂平：《冷战后古巴对外政策研究》，硕士学位论文，聊城大学，2010。

名大学如哈佛、剑桥、耶鲁、斯坦福都设有拉丁美洲（古巴）研究中心，几乎都建立了开放网站，分享最新学术成果和资料。古巴研究小组、欧洲重要研究机构经济学人智库（Economist Intelligence Unit）每年都会发布古巴年度报告（Cuba Country Review）等。其研究主要集中在以下几方面。

1. 关于古巴社会建设的宏观研究

国外学界没有和"社会建设"（social construction）完全对应的概念。部分学者关于古巴社会发展的研究中，蕴含着对古巴社会建设有关问题的思考。拉美马克思主义研究学者 Sheldon B. Liss 所著《菲德尔·卡斯特罗的政治社会思想》，以革命胜利后 30 年的古巴历史为背景，以卡斯特罗政治和社会思想为切入点，介绍了古巴部分社会事业的发展改革情况。[①]《劳尔·卡斯特罗领导下的古巴：改革评估》一书以"理想主义"和"实用主义"的辩证关系为方法论，探讨了 1959 年至 2012 年古巴经济和社会发展情况，主要从经济建设和社会建设两个角度探讨劳尔改革的成效与教训，其中有关社会建设的第一手史料，值得参考学习。[②]《古巴和"善治"》（"Cuba and Good Governance"）一文以西方社会学的典型概念"善治"（good governance）来考量古巴社会建设实践，以可持续发展指数（sustainable development index）评估古巴在扫除贫困、饥饿、教育、性别平等、医疗、环境保护等方面社会建设的效果，将古巴社会建设的概念化虚为实。[③] 拉丁美洲古巴研究所和墨西哥拉丁美洲社会科学院共同发布研究报告，认为古巴社会建设的主要内容和目标包括"建立高效政府、促进经济和社会发展，最终实现社会公平和人民幸福"。[④] 古巴学者洛伦佐·L. 佩雷兹（Lorenzo L. Pérez）以改善政府职能为切入点，探讨提高社会治理能力的途径，认为古巴"善治"意味着实现社会公平和社会发展转型。[⑤] 还有拉美学者认为，"古巴的社会发展模式实际上是一种成功

[①] 参见 Sheldon B. Liss, *Fidel!: Castro's Political and Social Thought*（London：Westview Press, 1994）。

[②] 参见 Carmelo Mesa-Lago and Jorge Perez-Lopez, *Cuba under Raul Castro: Assessing the Reforms*（Boulder：Lynne Rienner Publisher, 2013）。

[③] 参见 Berta E. Hernandez-Truyol, "Cuba and Good Governance," *Transnational Law&Contemporary Problems*, no. 14（2004）：655–683。

[④] Cuban Research Institute, Flasco-Mexico and Focal, *Governance and Social Justice in Cuba: Past, Present and Future*, 2005, pp. 1–8。

[⑤] 参见 Lorenzo L. Pérez, "The Implications of Good Governance for the Reconstruction of Cuba," in ASCE, *Cuba in Transition* 7（Miami, Florid, August 7–9, 1997）, pp. 343–349。

的可持续发展模式"。①《更新古巴社会主义：经济改革的政治》（"Updating Cuban Socialism：The Politics of Economic Revolution"）一文通过分析"更新经济社会模式"时期以来古巴的各项社会政策，认为古巴社会建设不仅要实现社会发展的根本目的，还要体现保证政治稳定和推动经济发展功能。②

2. 关于古巴教育发展的研究

国际上普遍认同教育是古巴社会建设最突出的成果之一，因此有关该领域发展情况的资料较多。代表性研究如下。《中美洲和加勒比地区的教育》（*Education in Central America and the Caribbean*）一书是介绍中美洲和加勒比地区教育发展史的专著，也梳理考察了古巴教育发展史。③ 古巴政治家里卡多·阿拉尔孔·德克萨达（Ricardo Alarcón de Quesada）非常关注社会发展问题，发表过不少有关古巴社会建设的成果，其中一篇创造性地将古巴教育事业发展历程置于社会主义革命史的背景中，挖掘教育在古巴社会革命中的短期、长期作用。④ 哈瓦那大学教育学家 Rosa María Massón Cruz 认为，"应在比较教育中加强马克思主义思想政治教育"，"教师应加强马克思主义理论学习"，"教育界要推动比较教育发展"。⑤《1959 年至 2010 年的古巴教育》（"Education in Cuba Between 1959 and 2010"）一文将古巴教育发展历程划分为五个阶段，突出阶段特征和每个阶段教育发展的重点工作。⑥ 有学者认为"公平正义是古巴教育体系的价值追求"，"古巴教育体系有利于推动社会公平"。⑦ 美国学者乔丹·黑尔（Jordan Hale）认为"人力资源"是发展中国家成为发达国家的必备条件之一，只有教育才能创造更多的"人力资源"。他以古巴和加纳教

① Juan Jose Cabello et al. , "An Approach to Sustainable Development：The Case of Cuba," *Environment Development and Sustainability*, no. 14 （2012）：573-591.

② 参见 W. M. LeoGrande, "Updating Cuban Socialism：The Politics of Economic Revolution," *Social Research An International Quarterly*, no. 84 （2017）：353-382。

③ Brock Colin and Donald Clarkson, *Education in Central America and the Caribbean* （London and New York：Routledge, 1991）.

④ 参见 Ricardo Alarcón de Quesada, "Cuba：Education and Revolution," *Monthly Review* 63, no. 2 （2011）：136-142。

⑤ Rosa María Massón Cruz, "A Marxist Focus on Comparative Education in Cuba," *Journal for Critical Education Policy Studies* 13, no. 3 （2015）：195-214.

⑥ 参见 Justo Alberto Chávez Rodríguez, "Education in Cuba Between 1959 and 2010," *Estudos Avançados* 25, no. 72 （2011）：45-53。

⑦ Brandon L. Fox and Erik J. Byker, "Searching for Equity in Education：A Critical Ethnographic Exploration in Cuba," *Journal of Ethnographic and Qualitative Research*, no. 9 （2015）：183-195.

育体系为典型案例，提出发展中国家教育改革建议。[①]

3. 关于古巴医疗卫生的研究

作为发展中国家，古巴的医疗水平处于世界前列，某些成就甚至超过发达国家。国外学界对此也充满兴趣，学者们从不同角度进行研究分析。《没有人被抛弃：1959 年革命以来古巴的国家医疗系统》（" 'No One Left Abandoned': Cuba's National Health System since the 1959 Revolution"）一文肯定了革命以来古巴全民医疗的成就，重点分析了苏联解体以来，古巴对医疗卫生事业进行的有关调整和改革。[②] 有学者将古巴医疗卫生事业的突出特点概括为"以全面、公平、免费为原则，人民获得高质量的医疗服务，为中央财政大力支持的重点项目"。[③] 伊朗学者科斯拉维（Khosravi）认为古巴医疗有利于古巴全民健康水平，更是重要的国家战略模式，长远来看有利于古巴抵御潜在社会风险。[④] 多位拉美学者共同对古巴医疗体制改革政策和未来发展可持续性进行了分析和评估，认为古巴医疗体制改革虽有成效，但在"效益"（efficiency）上有待加强。[⑤] 2017 年，美国的研究组对古巴进行访问和考察后发表调研报告，报告高度肯定了古巴医疗卫生事业取得的成就，通过对比古巴和美国医疗卫生事业发展情况，认为"古巴在构建科学预防的初级医疗体系和高质高效的医疗服务方面值得美国学习"。[⑥]

4. 关于古巴社会保障和就业政策的研究

相较其他社会建设领域，古巴社会保障和就业政策的相关成果不多。《古

[①] Jordan Hale, "A Comparative Analysis of Education in Ghana and Cuba: Identifying Relevant Education Reforms for Developing Countries," *Journal of Information Technologies and Lifelong Learning* 1, no. 1 (2018): 1–10.

[②] 参见 Pol de Vos, " 'No One Left Abandoned': Cuba's National Health System since the 1959 Revolution," *International Journal of Health Services* 35, no. 1 (2005): 189–207。

[③] Kamran Nayeri and Cándido M. López-Pardo, "Economic Crisis and Access to Care: Cuba's Health Care System since the Collapse of the Soviet Union," *International Journal of Health Services* 35, no. 4 (2005): 797–816.

[④] 参见 Mohsen Khosravi, "Cuban Healthcare System: A Strategic Model for the Resistive Economy," *International Journal of Resistive Economics*, no. 4 (2017): 72–82。

[⑤] 参见 Roberto Morales Ojeda et al., "Transformations in the Health System in Cuba and Current Strategies for Its Consolidation and Sustainability," *Pan American Journal of Public Health*, no. 42 (2018): 1–8。

[⑥] Nakul Bhardwaj and Daniel Skinner, "Primary Care in Cuba: Considerations for the U. S. ," *Journal of Health Care for the Poor and Underserved* 30, no. 2 (2019): 456–467.

巴社会保障：对社会保障制度第 24 号法令的初步精算分析》（"Cuban Social Security：A Preliminary Actuarial Analysis of Law #24 of Social Security"）对古巴社会保障制度第 24 号法令进行了专业解读，探讨古巴的退休金制度存在的问题，提出改革措施。[1] 美国拉美问题专家卡梅洛·梅萨-拉戈（Carmelo Mesa-Lago）的报告中提出古巴的社会差距（social disparity）正在加大，政府应尽快对教育、医疗、社会保障和住宅等领域的社会政策进行完善，并给出有关建议。[2] 卡梅洛·梅萨-拉戈的另一成果分析了 2006~2017 年古巴社会保障体系的改革情况，认为古巴社会保障事业要实现减少支出、提高效益，关键在于要"进行结构性改革"。[3]

5. 关于古巴住房政策的研究

由于古巴房地产模式和住房政策独具特色，国外学界比较关注古巴住宅研究，但有关成果多是建筑学和经济学专业背景。《有特殊保健需求幼儿家庭的住房不稳定性分析》（"Housing Instability Among Families with Young Children with Special Health Care Needs"）一文聚焦古巴特殊儿童家庭的住房困境，通过数据论证分析给出可行的措施。[4] 芝加哥大学法学院一项国际项目报告全面总结了古巴住宅法的演变历程，结合实地调查，重点分析了古巴应对住房危机的措施及成效。[5] 美国亚历山大古巴研究中心主任彼得斯（Peters）撰写研究报告，以新颁布的第 288 号住房法令为切入点，重点分析了劳尔担任党和国家领导人以来进行的住房政策改革及实施效果。[6] 美国经济学家加利·菲尔兹（Gary Fields）将古巴的住宅政策和经济发展结合起来，探究 1959 年到 20 世纪 80 年代古巴经济改革对住房政策的影响，撰写了一篇多学科综合的

---

[1] Ricardo A. Donate-Armada, "Cuban Social Security：A Preliminary Actuarial Analysis of Law #24 of Social Security," *Annual Proceedings* 4 (1994)：1-20.

[2] 参见 Carmelo Mesa-Lago, *Growing Economic and Social Disparities in Cuba: Impact and Recommendations for Change* (University of Miami：Cuba Transition Project, 2002), pp. 1-39。

[3] Carmelo Mesa-Lago, "Social Welfare and Structural Reforms in Cuba, 2006-2017," in *Annual Proceedings of The Association for the Study of the Cuban Economy* 27 (2017), pp. 1-17.

[4] 参见 Ruth Rose-Jacobs et al., "Housing Instability Among Families with Young Children with Special Health Care Needs," Pediatrics 144, no. 2 (2019)：1-8。

[5] 参见 John Grein, "Recent Reforms in Cuban Housing Policy," in *International Immersion Program Papers* (2015), pp. 1-24。

[6] 参见 Philip Peters, "Cuba's New Real Estate Market," *Latin America Initiative Working Paper* (2014), pp. 1-26。

研究文章。①

6. 外文中译资料中关于古巴社会建设的研究情况

《何塞·马蒂诗文选》一书汇集了马蒂最具代表性的诗歌散文，在《我们的美洲》《古巴的政治犯苦役》中，马蒂提出未来古巴社会建设的根本前提是"摆脱西班牙和美国而获得自由"，未来社会建设的目标是为"所有阶级而不是某一个阶级公平的利益"而奋斗。②《卡斯特罗语录》一书分门别类地收录了卡斯特罗的讲话、演讲、采访，包含丰富的社会建设思想。③ 此外，《全球化与现代资本主义》④《卡斯特罗和古巴》⑤《古巴独立史》⑥《七十年代的古巴——注重实效与体制化》⑦ 等译著虽没有直接系统研究古巴社会建设，但仍是研究古巴社会建设的重要资料。俄罗斯专家列昂洛夫所著《劳尔·卡斯特罗：革命生涯》介绍了劳尔的生涯，第六章"新的安全战略"论述了古巴为维护社会和谐稳定进行的探索。⑧ 古巴专家佩雷拉·埃尔南德斯在《当前的古巴社会主义建设》中提出，古巴社会和人文指标能够处于世界高水平的原因在于社会凝聚力，"一个具有牢固基础的、不可摧毁的成就"。⑨ 拉美学者佩雷兹在《古巴经济模式更新：十年回顾与反思》一文中，回顾和反思了古巴经济模式更新历程，探讨了"更新经济社会模式"时期各社会结构指数的变化，并提出未来变化趋势和应对策略。⑩

此外，还有少量关于古巴减贫、绿色城市农业等内容的研究资料，在此

---

① 参见 Gary Fields, "Economic Development and Housing Policy in Cuba," *Berkeley Planning Journal* 2, no. 1 (1985): 53–80。

② 〔古〕何塞·马蒂：《何塞·马蒂诗文选》，毛金里等编译，作家出版社，2015。

③ 〔古〕萨洛蒙·苏希·萨尔法蒂编《卡斯特罗语录》，宋晓平等译，社会科学文献出版社，2010。

④ 〔古〕菲德尔·卡斯特罗：《全球化与现代资本主义》，王玫等译，社会科学文献出版社，2000。

⑤ 〔英〕休·托马斯：《卡斯特罗和古巴》，斯禾译，上海人民出版社，1975。

⑥ 〔古〕艾·罗伊格·德·卢其森林：《古巴独立史》，张焱译，王怀祖校，三联书店，1971。

⑦ 〔美〕卡梅洛·梅萨-拉戈：《七十年代的古巴——注重实效与体制化》，丁中译，庄绎传校，商务印书馆，1980。

⑧ 〔俄〕尼古拉·S. 列昂诺夫：《劳尔·卡斯特罗：革命生涯》，魏然等译，中国社会科学出版社，2016。

⑨ 〔古〕卡洛斯·米格尔·佩雷拉·埃尔南德斯：《当前古巴的社会主义建设》，《拉丁美洲研究》2008 年第 2 期。

⑩ 参见〔古〕里卡多·托雷斯·佩雷兹《古巴经济模式更新：十年回顾与反思》，贺钦译，《当代世界社会主义问题》2018 年第 2 期。

不一一赘述。很多古巴研究成果虽然没有直接包含社会建设的有关内容，但从侧面为古巴社会建设的研究提供了材料，给研究者提供更多视角，利于拓宽研究视野。必须注意的是，某些外国学者因为意识形态等差异，对社会主义古巴的研究带有浓厚的政治倾向和个人色彩，要以科学世界观、方法论批判借鉴，去伪求真。

总体来看，国外关于古巴社会建设的研究呈现以下特点：主要侧重民生类的社会事业研究；资料罗列和情况介绍较多，有关理论探讨和构建较少；个例个案研究较多，综合比较研究较少；经济功能的社会建设研究较多，社会功能的专门研究较少。

第一章

古巴社会建设的理论基础

从一般意义上看，在当今世界，无论是社会主义国家还是资本主义国家，都越来越重视以改善民生为重点的社会建设。但由于社会制度不同，对社会建设的基本认识不同，社会建设的理论基础也不同，因而各国社会建设呈现不同的性质和特点。

第一节　社会建设的基本界定与意义

一　社会建设的内涵

研究社会建设必须明确社会建设的内涵。由于各国对社会建设的认识不一，甚至有些国家没有使用"社会建设"这个概念，因此，目前国内外学界并没有关于社会建设概念的统一界定。从这个意义上说，厘清社会建设的概念和内涵，是研究社会建设问题的学理基础，也是研究古巴社会建设的理论前提。

研究社会建设，首先要弄清"社会"这一概念。"社会"是人们耳熟能详的词，而且人们常常从多个角度使用"社会"这个概念。但如何定义这个概念，国内外学者并没有统一的认识。西方学者多从社会学角度研究社会问题，解释"社会"概念，众说纷纭。

马克思、恩格斯运用唯物史观，深刻阐释了"社会"的本质和特征。马克思指出："社会——不管其形式如何——是什么呢？是人们交互活动的产物"，①

---

① 《马克思恩格斯选集》第4卷，人民出版社，2012，第408页。

"社会不是由个人构成，而是表示这些个人彼此发生的那些联系和关系的总和"。① 马克思对"社会"的阐释表明：第一，社会以人群为主体，单个人无法产生交互作用；第二，社会以人们的物质生活活动为基础，这同时也是人自身延续发展的基础；第三，社会以人与人的交流为纽带。

基于马克思主义社会观，笔者认为，"社会"是共同生活的个体通过各种关系联合起来的集合体，是以特定的物质资料生产活动为基础，以一定数量的人口为主体而建立的相互联系交往、不断运动发展的关系体系。

由于本书不具体探讨社会建设的一般理论，对学术界关于社会建设的研究情况不做赘述。本书主要从"小社会"的意义上界定社会建设，并认为，社会建设是指社会主体根据社会和自身发展需要，不断建立、完善体现和保障社会公平以及实现社会稳定的社会结构和社会机制，并有目的、有计划、有组织地进行改善民生、推动社会进步的活动。其主要内涵如下。

第一，社会建设不是泛指一个国家各个领域的建设，而是特指构成国家建设组成部分之一的社会领域建设，与经济、政治、文化、生态文明等领域的建设共同构成国家建设的基本内容，彼此是相对独立的。当然，社会建设与其他领域建设不是完全割裂、互不相联的，而是相互影响、相互促进、相辅相成的。

第二，不断改善民生是社会建设的核心内容。改善民生既是社会建设的基本目的，也是体现社会公平公正的主要标准，同时也是社会和谐稳定的重要保证。

第三，加强社会治理是社会建设的内在要求。通过建立和完善体现社会公平正义的体制机制，实现社会有效治理，以化解社会矛盾、激发社会活力，形成和谐有序的社会氛围。

对社会建设内涵的界定，是研究社会主义国家社会建设的重要基础。本书对古巴社会建设的研究正是基于对社会建设内涵的这一界定而展开的。

二 社会建设的主要内容

由于各国特别是社会主义国家对社会建设没有形成较为统一的认识，因此各国对社会建设主要内容的界定也不完全相同。从总体上看，古巴社会建

---

① 《马克思恩格斯全集》第 30 卷，人民出版社，1995，第 221 页。

设的重点体现在改善民生上，如教育、医疗卫生、劳动就业、社会保障、住房等方面的发展和改善，同时注意加强社会治理、保障社会安定。

社会建设的主要内容从宏观上可概括为三个方面。

一是发展社会事业。社会与国家是两个密不可分的概念。按照历史唯物主义观念，国家是阶级统治的工具，其本质是一个暴力机关，国家所反映的是各个阶级在国家中的地位，即哪个阶级是统治阶级，哪些阶级是被统治阶级。社会则是全体人民组成的整体，它反映的是生产力和生产关系的相互作用以及人与人之间的复杂关系。社会主义国家是人民当家作主的国家，而社会主义社会由于消灭了人剥削人的社会基础，建立了人人平等的社会制度，因此，在社会主义条件下，人民群众的根本利益是完全一致的。加强社会建设、推动社会发展的首要任务就是大力发展社会事业，不断改善民生。

社会事业一般是指国家为了社会公益目的，由国家机关或其他组织举办的从事教育、科技、文化、民生等活动的社会服务。大体概括为十个方面：教育事业、医疗卫生、劳动就业、社会保障、科技事业、文化事业、体育事业、社区事业、旅游事业、人口与健康。但从社会建设的重点看，社会事业主要是指教育事业、医疗卫生、劳动就业、社会保障等领域。

二是完善公共服务。公共服务是政府的基本职能，也是体现社会公平正义的重要指标。公共服务与社会事业既有联系又有区别，部分社会事业属于公共服务内容，但两者主体、遵循原则等又有所不同，且公共服务的内涵更丰富，外延更宽泛。

一般来说，公共服务是政府为社会提供的与经济社会发展水平相适应的公共产品和服务。它包括基本民生性服务，如就业、社会救助、养老保障等；公共事业性服务，如公共教育、民生、文化、科技等；公益基础性服务，如公共设施、生态保护、环境整治等；公共安全性服务，如社会治安、生产安全、消费安全、国际安全等。其主要特点包括以下三点。

公共性。公共指公有的、公用的。《现代汉语词典》对"公共"的释义是"属于社会的；公有公用的"。① 公共服务最显著的特点就是它的公共性。政府所提供的公共服务和产品，属于社会所共有，不属于某一个体、群体或

---

① 中国社会科学院语言研究所词典编辑室编《现代汉语词典》（第 7 版），商务印书馆，2016，第 451 页。

组织，为社会全体成员共同使用，任何个人、群体或组织不能独享或侵占。

普惠性。从服务的对象看，公共服务能给全体公众带来利益、实惠。普惠性是社会建设重要的价值追求。但在不同的社会制度下，普惠性的实现条件、基本目的和服务对象总有着根本区别。在以生产资料私有制为基础、人剥削人的社会制度下，社会利益主要被剥削者、统治者瓜分，建立在利益分配不公基础上的普惠性的社会公共服务，是安抚被剥削者和被统治阶级、调和社会阶级矛盾、维护阶级统治的工具，广大被剥削者、被压迫者是不可能得到与剥削者、统治者同样的利益和实惠的。社会主义社会条件下的公共服务，要普惠民生，普遍惠及人民群众，让每一个老百姓均等地获得公共利益实惠。

公平性。全体社会公众都平等地享有社会公共服务的权利。社会建设推动社会发展，发展成果要人人共享、普遍受益。公共服务的公平性集中表现为基本公共服务的均等化。从社会发展的现实过程看，实现基本公共服务均等化，体现社会公平，是一个复杂的社会难题。当今世界，许多国家都面临这个难题。按公平性原则，社会进步的成果应当由社会所有成员共享，公共服务应该为社会所有成员享受，但在不少国家，社会进步成果实际上都是由少数群体享受或首先享受，而本应由全社会分担的社会代价的后果，却由广大人民群众来承担或主要承担，这种不公平性是引发社会矛盾和冲突的重要根源，如不妥善解决，将影响社会和谐稳定。

三是加强社会治理。加强社会治理，实现社会稳定有序和可持续发展，是社会建设的基本任务之一。社会是人与人之间交往的产物。马克思曾指出："人即使不像亚里士多德所说的那样，天生是政治动物，无论如何也天生是社会动物。"[①] 人作为"天生"的社会动物，交往是人与人之间必然存在的社会关系。而交往必然会形成各种不同的利益诉求，对不同的利益诉求，如果不能及时回应，就可能引发各种社会矛盾。解决各种社会矛盾，消解各种风险隐患，保障社会有序发展，则是社会治理要承担的职责任务。

在社会学语境下，社会治理常常被称作"社会管理"。关于社会治理的概念，目前并没有统一的界定。一般认为，社会治理指"社会行动主体共同努力，通过对社会资源和社会机会进行再分配，以维护社会稳定、促进社会

---

① 《马克思恩格斯全集》第42卷，人民出版社，2016，第333页。

团结、实现社会和谐的各项活动总称"。①

　　社会治理是各国政府都必须面对的一项重要任务。但在不同社会条件下，各个国家加强社会治理的理念、手段、方法和目标是不同的。从社会治理的一般要求看，加强和创新社会治理，应包括以下几点。

　　改进社会治理方式。社会治理方式在一定程度上影响着社会治理的效果。总结各个国家社会治理的实践经验和教训，有效的社会治理一般都是采用刚柔并济、公共服务与市场经济相结合等多种方式，对社会进行治理。

　　激发社会组织活力。从当前社会治理的功能看，政府无疑发挥着主体作用。但随着经济社会的发展，社会事务日益复杂化、多样化，使政府难以总揽社会治理的所有事务。如果政府仍然包打天下，承担所有管理事务，根本不可能取得高效的治理成果。特别是随着社会的进步，社会成员参与社会治理的能力不断增强。因此，职业化、专业化的社会组织和每个社会成员都应成为社会治理的参与者，与政府一道进行社会治理。政府应该转变管理理念，充分激发社会组织的活力和潜能，凡是适合由社会组织提供的公共服务和解决的事项，逐步交由社会组织承担。同时，要积极调动社会成员的积极性，通过志愿服务等形式，吸引社会成员关心关注并参与社会治理，形成共建共治共享的机制和合力。

　　创新有效预防和化解社会矛盾体制机制。社会是在矛盾中运动、发展的。任何社会都有矛盾，只是矛盾的性质和解决矛盾的方式与结果有着根本的不同。生产力和生产关系的矛盾是人类社会的基本矛盾，这一矛盾贯穿着人类社会的发展进程。在以生产资料私有制为基础的社会制度下，生产力和生产关系的矛盾运动往往引发社会革命。在以生产资料公有制为基础的社会主义社会，社会的基本矛盾仍然是生产力和生产关系的矛盾，但矛盾的性质已发生根本变化，它已不需要通过一个阶级推翻另一个阶级的革命来解决。但基本矛盾的这种变化，并不意味着社会主义社会已不存在矛盾、风险，相反，社会主义社会仍然存在各种利益矛盾、多种风险挑战。社会主义社会治理的一个重要任务，就是通过建立预防和化解各种矛盾、风险的体制机制，使群众的问题能得到及时回应，社会矛盾能有效化解，公众权益能切实保障，进而实现社会的平安和谐稳定。

---

　　① 吴忠民主编《社会建设概论》，中共中央党校出版社，2017，第159页。

健全公共安全体系。公共安全是指社会和公民个人进行正常的生活、工作、学习、娱乐和交往所需要的稳定的外部环境和秩序。公共安全包括信息、食品、公共卫生、公共交通等多方面的安全。公共安全是任何一个社会都必须面对的现实问题。如何有效预防自然灾害、事故灾难、公共卫生事件、社会安全事件，以最小的成本，在最大程度上减少公共安全事件造成的损失，降低其负面影响，是社会建设迫切需要解决的一个重大问题。

维护公共安全，必须建立健全公共安全体系，以完善的体制机制来防范化解风险，实现社会长治久安。由于各个国家自然环境、历史进程、经济发展、社会制度、民族关系等千差万别，其维护公共安全所面临的主要矛盾和问题各不相同，因此，不同国家维护公共安全的着力点也不尽相同。需要特别强调的是，社会建设涵盖内容十分广泛。但由于历史条件的限制和国情的不同，各个国家推进社会建设的着力点是不尽相同的。一个国家在不同历史时期，社会建设的重点任务也会有所不同。从古巴来看，还在革命胜利前，卡斯特罗就明确提出："土地问题、工业化问题、住房问题、失业问题、教育问题和人民的健康问题，这六个具体问题，我们将在取得公众自由和政治民主的同时，立即采取措施着手解决。"① 古巴自革命胜利以来，一直将教育、医疗、就业、社会保障等作为保障和改善民生的工作重点，并贯穿于社会建设的整个过程中。同时，古巴的住房政策不是让居住者租赁房屋，而是让居住者拥有房屋，实现"居者有其屋"。②

因此，本书对古巴社会建设的研究，主要是围绕教育、医疗卫生、就业、社会保障、住房保障等民生方面展开，并对每一时期古巴在社会治理方面的主要举措做研究分析。

三　社会建设的重要意义

加强社会建设是当今世界各个国家执政党和政府面临的共同课题。尽管不同国家对社会建设的认识、理解不尽相同，社会建设的着力点也有差别，甚至连社会建设的概念也没有统一的表述，但不可否认的一个趋势性现象是：

① 〔古〕菲德尔·卡斯特罗：《卡斯特罗言论集》（第一册），人民出版社，1963，第36页。
② 尹伊文：《古巴的社会主义道路有什么特色？》，观察者网，https://www.guancha.cn/yinyiwen/2018_11_12_479275_2.shtml，2018-11-12。

各个国家越来越重视社会建设。究其原因，则在于社会建设在当今社会发展中具有重要的地位和作用。资本主义国家是如此，对社会主义国家而言，社会建设更有其必要性、重要性。

加强社会建设是社会主义社会全面发展的内在要求。唯物史观认为，人类社会发展是一个自然历史过程。生产力和生产关系、经济基础和上层建筑的矛盾是人类社会的基本矛盾，推动着人类社会不断从低级向高级发展。随着社会生产力水平的不断提高，社会结构内在组成部分也在不断完善和发展。任何一种社会形态，作为生产力一定发展阶段的经济基础和上层建筑的有机统一，都是由特定的经济结构、政治结构、文化结构、社会结构等具体构成的，各个组成部分既相辅相成又相互制约。社会发展，必须使构成社会形态的各个方面都得到发展。社会结构是一个社会形态的内在组成部分，在社会发展的过程中，如果不重视社会建设，社会领域得不到发展进步，那么社会结构就会畸形，最终影响和制约其他领域的发展。

不断改善民生是社会主义制度优越性的具体体现。保障和改善民生是社会建设的基本功能。民生是一个历史悠久的词语。《左传·宣公十二年》中提出"民生在勤，勤则不匮"，意即民众生活要靠勤劳，勤劳则物品不缺乏。孙中山特别强调"民生"问题，他认为，"民生就是人民的生活——社会的生存、国民的生计、群众的生命"。[1] 古往今来，虽然国内外统治阶级都强调"民生"，但由于统治阶级性质所限，在人剥削人、人压迫人的社会条件下，劳苦大众的生活是不可能得到根本保障和改善的。正如马克思、恩格斯在《共产党宣言》中指出的，"资产阶级在它的不到一百年的阶级统治中所创造的生产力，比过去一切世代创造的全部生产力还要多，还要大"。[2] 但资本主义没有也不可能实现社会财富的公平分配，不可能根本改善人民群众的生活，无法解决"两极分化"问题。马克思指出，资本主义"在一极是财富的积累，同时在另一极，即在把自己的产品作为资本来生产的阶级方面，是贫困、劳动折磨、受奴役、无知、粗野和道德堕落的积累"。[3] 第二次世界大战后，面对不断激化的资本主义基本矛盾，资产阶级采取怀柔政策，以缓和社会矛

① 《孙中山选集》下册，人民出版社，2011，第 832 页。
② 《马克思恩格斯选集》第 1 卷，人民出版社，2012，第 405 页。
③ 《马克思恩格斯选集》第 3 卷，人民出版社，2012，第 806 页。

盾，民生得到一定改善。但资本主义的基本矛盾并没有根本解决，"两极分化"问题没有也不可能根本消除，在有些国家还有愈加严重之势。

当今世界，各国越来越重视民生问题。各国尽管改善民生的出发点和落脚点有很大区别，但都在教育、医疗、就业、社会保障、住房保障等基本民生问题上给予更多的投入或政策支持，以满足公众生存和发展的基本要求。即使在资本主义国家，资产阶级为了暂时缓和阶级矛盾，满足劳动力再生产的需要，也采取了一些改善民生的措施。社会主义社会是人民当家作主的社会，保障和改善民生是党和国家一切工作的根本目的，也是社会主义制度优越性的具体体现。改善民生是社会建设的核心内容。人类社会发展的历史进程表明，生产力水平的提高、社会财富的增加，是改善民生的物质基础，但经济发展本身并不等于社会发展，并不意味着人民生活可以随着经济发展而自然提高。经济发展是做大社会"财富蛋糕"的基础，而分好"蛋糕"则是通过社会建设实现的。只有在社会主义制度下，才能通过社会建设，不断发展和改善民生。社会主义制度是从根本上发展和改善民生的前提，也是社会主义优越于资本主义的具体体现。

不断优化社会治理是社会平安和谐稳定的根本保证。人类社会是在矛盾运动中不断发展进步的。化解社会矛盾、实现社会和谐有序是人类所追求的理想状态。无论是在中国还是在西方，一些伟大的思想家、哲学家，都有对理想社会的精彩描述，空想社会主义者还提出了"和谐社会"的思想。但从唯物史观看，不能脱离社会制度抽象地谈论社会价值观念。公平、正义、自由、平等等价值观念，在不同的社会制度下具有不同的具体意义。事实上，在生产力水平低下的奴隶社会、封建社会不可能构建人人平等、和谐有序的社会，在生产力高度发达的当代资本主义社会中，也不可能构建起真正的和谐社会。当今时代，资本主义固有的基本矛盾尚没有解决，无产阶级和资产阶级根本对立的利益矛盾依然存在，无产阶级和资产阶级斗争的性质也没有发生变化。在存在广泛阶级对立和阶级斗争的社会里，是不可能建立起真正的和谐社会的。一些资本主义国家虽然社会相对稳定，但这种稳定不等于社会和谐。社会稳定程度，表现的是社会矛盾激化程度和状态。当社会的基本矛盾还没有激化到统治阶级无法照旧统治下去从而引发社会革命的状态时，社会处于相对稳定期。从根本上说，以私有制为基础、存在阶级统治和剥削压迫的社会是不可能成为和谐社会的。

从社会发展的角度看，共产主义社会是在生产力高度发展、人们思想觉悟极大提高的基础上实现了人的全面自由发展的社会，是真正实现了社会和谐的社会，是人类社会发展的最终目标。社会主义作为共产主义的第一阶段，其本质"是解放生产力，发展生产力，消灭剥削，消除两极分化，最终达到共同富裕"。① 最终构建起共产主义和谐社会的可能性已经深深扎根于社会主义社会的土壤中。

社会主义制度的建立，使构建和谐社会成为可能，但社会主义和谐社会并不意味着社会主义制度一经确立就能迅速建设完备。和谐社会的构建是一个在社会发展进步的基础上不断化解矛盾风险、逐步实现和谐稳定的过程。社会主义社会仍然存在着多种矛盾，旧的矛盾解决了，又会出现新的矛盾；如果不及时处置、妥善解决，有的矛盾还有可能激化，甚至威胁到社会主义制度的安全。东欧剧变、苏联解体的惨痛教训，深刻说明了社会主义国家化解矛盾、构建和谐社会的重要性。

通过社会建设，大力发展社会事业，提供更多公共服务，把老百姓最关心的教育、医疗卫生、社会保障、社会治安、人居环境等最直接最现实的问题解决好，使改革发展成果更多更公平惠及全体人民，是化解矛盾风险、保证社会和谐的根本路径，也是实现社会长治久安的固本之策。

加强社会建设对古巴有着特殊重要的意义。古巴是推翻美国扶持的巴蒂斯塔独裁政权统治后实现国家独立、走上社会主义道路的。作为拉美地区唯一的社会主义国家，在当时的特定条件下，古巴从战略上加强与社会主义国家的联系，全面发展与苏联的关系，但遭到美国的反对，美、古处于敌对状态。美国长期对古巴进行经济制裁、政治打压、军事威胁，策动国内外反古势力，对古巴攻击抹黑。

古巴与美国隔海相望，距美国本土只有 200 多公里，地理位置十分重要。著名海权论创始人阿尔弗雷德·塞耶·马汉在其著作《海军战略》中指出，古巴是墨西哥湾和加勒比海共同构成的"地中海"的北边界，是掩护美国舰队通向墨西哥湾后方的一处十分重要的战略要地。从地缘政治角度看，古巴对于美国的重要性不言而喻。由于特殊的地缘政治和地理环境，美国对古巴虎视眈眈，使古巴社会主义时刻面临生死存亡的严峻考验。如何凝聚全国人

---

① 《邓小平文选》第 3 卷，人民出版社，1993，第 373 页。

民意志，坚定人民对党的领导和社会主义制度的信念，形成防止颠覆、抵御侵略的合力，是古巴共产党必须解决的现实课题。而坚定人民对党的领导和社会主义制度的信念，最根本的是通过社会建设，不断发展和改善民生，使人民获得更多"福利"，过上更幸福的生活，让社会主义制度的优越性充分显示出来。从这个意义上说，加强社会建设对巩固古巴社会主义制度、维护国家安全具有特殊重要的意义。

事实上，1959年革命胜利以来，古巴社会主义发展历尽曲折。特别是苏联解体后，古巴失去苏联支持，进入"特殊时期"。古巴经济濒临崩溃，美国加紧遏制打压，但古巴没有步苏东国家后尘、放弃社会主义原则，而是坚持走社会主义道路，最终走出困境。究其原因，主要在于古巴长期的社会建设不断改善民生，使社会主义赢得了民心、获得了人民支持，广大人民群众能够团结一心、共克时艰，同时，社会建设的成果，也为古巴在困难时期保障基本民生奠定了一定基础，使古巴社会主义能够经受住各种困难和风险的考验。

第二节　马克思、恩格斯关于社会建设的理论

马克思主义揭示的人类社会发展规律表明，资本主义社会代替封建社会后，也必然经历一个不断发展变化的过程。从历史的角度看，这一过程包含自由资本主义、垄断资本主义两个阶段。自由资本主义时期，资本主义还处于上升阶段，资产阶级还发挥着推动生产力发展的"革命"作用。马克思、恩格斯虽然揭示了资本主义必然灭亡的规律，但由于在自由资本主义时期，资本主义的基本矛盾还没有激化到引发资本主义的全面危机，因此，在当时的历史条件下，马克思、恩格斯还不可能将关注重点放在未来社会的建设问题上。从马克思、恩格斯的思想发展轨迹来看，当时他们思考和研究的重点是揭示资产阶级剥削无产阶级的本质，阐明无产阶级战胜资产阶级的历史必然性，用科学理论武装无产阶级，通过阶级斗争，完成推翻资本主义社会伟大使命。

当然，在对资本主义的深刻批判中，马克思、恩格斯运用唯物史观，也对未来社会做出初步构想和宏观规划，设想了未来社会的"理想图景"。但由于历史条件的限制，马克思、恩格斯对未来社会不可能做出详尽描述，对

未来社会建设更不可能提出详细方案。即使如此，在马克思、恩格斯关于未来社会的相关论述中仍然蕴含着丰富的社会建设思想。这些思想是马克思主义社会建设思想的有机组成部分，是古巴社会建设的理论指南。

一　公平正义是社会建设的价值追求

公平正义是人类具有永恒意义的价值追求。建立公平正义的社会也是人类的美好愿望。人类追求公平正义的过程，从一定意义上说，也是社会不断发展进步的过程，但自阶级社会产生直到资本主义社会，并没有实现真正的公平正义。马克思、恩格斯运用唯物史观，揭示了人类社会的发展规律，指出了资本主义是不能实现社会公平的非正义社会，阐明了只有在共产主义社会才能实现公平正义的思想。

马克思、恩格斯著述浩瀚且内容丰富，但没有专门论述公平正义的单独篇目。他们关于公平正义的思想比较集中地蕴含在《资本论》《共产党宣言》《哥达纲领批判》等经典著作中，其他著作中也含有丰富的公平正义思想。纵观马克思、恩格斯关于公平正义的思想，其核心要义主要体现在以下几点。

第一，公平正义是具体的、历史的，具有鲜明的阶级性。公平正义是自古以来人类追求的理想状态。但公平正义不是绝对的，而是相对的。同时，在以私有制为基础的社会中，超越社会经济关系的公平正义也是不存在的。

第二，公平正义的价值尺度随着社会生产方式的变化而变化。任何一种社会形态都有占统治地位的公平正义观念。这种公平正义观念由占统治地位的生产方式所决定，并与那个时代占主导地位的分配方式和法律秩序相适应。马克思指出："只要与生产方式相适应，相一致，就是正义的；只要与生产方式相矛盾，就是非正义的。"①

第三，共产主义制度是真正实现公平正义的前提。公平正义观念的产生和发展是与社会生产力水平不高、社会财富较为匮乏相联系的。由于人的自私与贪婪的本性和社会财富的匮乏，需要用公平正义的规则来调节分配关系，实现社会秩序的稳定。但在以私有制为基础、存在人剥削人的社会制度中，这种所谓的公平正义只能是统治阶级为了维护其特权而通过暴力手段所构筑起来的秩序和观念。只有到了共产主义社会，生产力高度发达，社会财富充

---

① 《马克思恩格斯文集》第 7 卷，人民出版社，2009，第 379 页。

分涌流，人的思想觉悟极大提高，才能实现真正的公平正义。恩格斯指出："要向他们表明，真正的自由和真正的平等只有在公社制度下才可能实现；要向他们表明，这样的制度是正义所要求的；……"①

社会主义社会是共产主义社会的低级阶段，"是刚刚从资本主义社会中产生出来的，因此它在各方面，在经济、道德和精神方面都还带着它脱胎出来的那个旧社会的痕迹"。② 社会主义消灭了人剥削人的制度，为实现公平正义创造了社会条件，但由于社会生产力还不发达，社会制度各方面还不完善，因此，在共产主义第一阶段，社会的公平正义还具有相对性，但公平正义应成为社会的价值追求和发展目标。社会主义制度建立后，要坚持公平正义的价值追求，并将其贯彻到社会建设过程之中，为最终实现真正的公平正义创造条件。

马克思、恩格斯关于公平正义的思想，阐明了未来社会主义国家社会建设必须遵循的价值准则。从古巴对公平正义的认识和实践过程看，还在革命胜利前，卡斯特罗就强调要推翻独裁统治，建立公平正义的社会。革命胜利后，卡斯特罗等革命领导人把公平正义确立为社会建设必须坚持的根本原则，并努力贯彻和体现到社会建设的政策措施之中。古巴在教育、医疗、社会保障、住房保障等方面改善民生的举措，都是以实现公平正义为价值目标的。

二　人的全面自由发展是社会建设的最终目标

人是社会历史活动的主体。马克思、恩格斯深刻分析了私有制下人剥削人的根源及人本性的异化，揭示了只有在未来共产主义社会才能实现人的最终解放的历史规律，并将解放全人类作为自己毕生的努力方向和奋斗目标。

还在学生时代，马克思就表达了追求人的自由、全面发展的思想。在《德意志意识形态》中，马克思写道："在过去的种种冒充的共同体中，如在国家等等中，个人自由只是对那些在统治阶级范围内发展的个人来说是存在的……从前各个人联合而成的虚假的共同体，总是相对于各个人而独立的；由于这种共同体是一个阶级反对另一个阶级的联合，因此对于被统治的阶级来说，它不仅是完全虚幻的共同体，而且是新的桎梏。在真正的共同体的条

---

① 《马克思恩格斯全集》第3卷，人民出版社，2002，第482页。
② 《马克思恩格斯选集》第3卷，人民出版社，2012，第363页。

件下，各个人在自己的联合中并通过这种联合获得自己的自由。"① 马克思的论述表明，包括资本主义国家在内的各种"虚假"的"共同体"，建立在人剥削人、人压迫人的基础上。在这样的社会中，所谓的"自由""发展"只能为统治阶级所享有，被统治阶级不可能获得全面自由发展，所谓的"自由""发展"只能是束缚被统治阶级的"新的桎梏"。人的全面自由发展只有在"真正的共同体"条件下才能实现，这个"真正的共同体"，就是代替资本主义社会的未来共产主义社会。马克思设想，未来社会是"以每一个个人的全面而自由的发展为基本原则的社会形式"。② 在未来共产主义社会，每个人从原有的附属性社会关系或社会结构中摆脱出来，形成一种新的合理的社会关系。这种社会关系使人从异化中回归人的本身，实现了人与社会建设的内在统一。作为社会建设主体的人的自由发展程度体现着社会建设水平高低，同时，人的自由发展程度又影响着甚至决定着社会建设的推进。这种交互作用决定了未来社会发展必须以实现人的全面而自由的发展为目标。马克思、恩格斯在《共产党宣言》中宣布："代替那存在着阶级和阶级对立的资产阶级旧社会的，将是这样一个联合体，在那里，每个人的自由发展是一切人的自由发展的条件。"③

实现一切人的全面自由发展，是马克思、恩格斯关于社会建设追求的价值目标。基于这一价值目标，在当时的历史条件下，马克思、恩格斯提出了"给所有的人提供健康而有益的工作，给所有的人提供充裕的物质生活和闲暇时间，给所有的人提供真正的充分的自由"④"所有人共同享受大家创造出来的福利"⑤ 等一系列极富预见性、科学性的社会建设思想，在当代仍闪耀着马克思主义真理的灿烂光芒。

实现人的全面自由发展，最终建立"自由人联合体"，是人类社会发展的终极目标。社会主义国家在推进社会建设的过程中，必须不断创造条件，向着这个终极目标迈进。马克思、恩格斯提出的保障每个人的工作、给所有人提供丰裕的物质生活、让每个人拥有闲暇时间、实现个人自由发展、所有

---

① 《马克思恩格斯选集》第 1 卷，人民出版社，2012，第 199 页。
② 《马克思恩格斯选集》第 2 卷，人民出版社，2012，第 267 页。
③ 《马克思恩格斯选集》第 1 卷，人民出版社，2012，第 422 页。
④ 《马克思恩格斯全集》第 28 卷，人民出版社，2018，第 652 页。
⑤ 《马克思恩格斯选集》第 1 卷，人民出版社，2012，第 308 页。

人共享社会福利等思想，是实现人的全面发展的必要条件，不仅对古巴而且对每个社会主义国家推进社会建设都具有十分重要的指导作用。

三 不断发展生产力是实现人的全面发展的物质条件

唯物史观认为，人类社会发展的基本动力在于生产力和生产关系的矛盾运动。生产力决定生产关系，生产力的发展变化决定着生产关系的发展变化，生产关系的总和构成一个社会的经济基础，人类社会发展过程中每一社会形态都是由各个社会中占统治地位的生产关系所决定的。马克思指出："古典古代社会、封建社会和资产阶级社会都是这样的生产关系的总和，而其中每一个生产关系的总和同时又标志着人类历史发展中的一个特殊阶段。"[①]

按照唯物史观的基本原理，代替资本主义社会的未来共产主义社会（社会主义是共产主义的第一阶段），是比资本主义更高级的社会形态，因此应该拥有比资本主义更高的生产力水平。马克思指出："无论哪一个社会形态，在它所能容纳的全部生产力发挥出来以前，是决不会灭亡的；而新的更高的生产关系，在它的物质存在条件在旧社会的胎胞里成熟以前，是决不会出现的。"[②]因此在马克思、恩格斯看来，"在这种普遍繁荣的情况下，即在资产阶级社会的生产力正以在整个资产阶级关系范围内所能达到的速度蓬勃发展的时候，也就谈不到什么真正的革命。只有在现代生产力和资产阶级生产方式这两个要素互相矛盾的时候，这种革命才有可能"。[③]

马克思、恩格斯认为，共产主义社会是人类社会发展的最高阶段。但共产主义在第一阶段，由于刚刚从旧的社会中脱胎出来，各方面还不发达不完善，因此，要"尽可能快地增加生产力的总量"。[④]如果没有"生产力的巨大增长和高度发展为前提"，"那就只会有贫穷、极端贫困的普遍化；而在极端贫困的情况下，必须重新开始争取必需品的斗争，全部陈腐污浊的东西又要死灰复燃"。[⑤]也就是说，在社会主义战胜资本主义以后，必须把发展生产力作为第一要务，消灭贫穷、极端贫困，为满足人的现实需求和发展创造物质条件。

---

① 《马克思恩格斯选集》第1卷，人民出版社，2012，第340页。
② 《马克思恩格斯选集》第2卷，人民出版社，2012，第3页。
③ 《马克思恩格斯选集》第1卷，人民出版社，2012，第541页。
④ 《马克思恩格斯选集》第1卷，人民出版社，2012，第421页。
⑤ 《马克思恩格斯选集》第1卷，人民出版社，2012，第166页。

但同时，马克思、恩格斯基于生产力与生产关系的矛盾运动又强调，"这些社会关系实际上决定着一个人能够发展到什么程度"，① 也就是说在未来社会，不仅要发展社会生产力，而且要不断完善生产关系和社会关系。通过社会建设，使人民群众真正享受生产力发展的成果，推进人的自由、全面发展。马克思、恩格斯还设想未来社会通过扬弃分工、实现工业化、扩大就业、推进城乡共同发展等途径完善社会关系，但这都要以不断推进生产力的发展为前提。因此，发展社会生产力，不仅是社会主义社会建设的客观需要，也是最终实现人的全面发展的物质条件。

马克思、恩格斯关于不断发展社会生产力、为实现人的全面发展创造物质条件的思想表明，无产阶级政党在领导夺取政权、建立社会主义制度后，必须把发展生产力作为根本任务，同时要把发展成果运用于促进人的全面发展。而生产力发展与人的全面发展的有机统一，要在改革、完善生产关系和社会关系的前提下，通过社会建设来实现。这对于包括古巴在内的各个社会主义国家准确把握党和国家的工作重心，坚持把解放和发展生产力作为根本任务，不断推进社会建设，以促进人的全面发展，最终建立自由人联合体具有普遍指导意义。

四 加强社会治理是社会建设的内在要求

马克思、恩格斯在研究人类社会发展规律的过程中，高度关注社会治理问题。他们深入分析了资本主义社会治理制度的本质，深刻总结了无产阶级斗争实践的经验特别是巴黎公社的经验，提出了关于未来社会制度下社会治理的思想。

马克思、恩格斯没有给"社会治理"做出概念界定，但他们在《〈黑格尔法哲学批判〉导言》《共产党宣言》《资本论》《哥达纲领批判》等经典著作中提出了一系列蕴含"社会治理"的重要思想。

马克思、恩格斯的社会治理思想是从分析国家职能入手的。国家是一个阶级压迫另一个阶级的工具。作为阶级统治的工具，从职能上看，其功能表现为政治统治和社会治理，这两种职能相互联系、相互影响，共同为统治阶级服务。社会治理功能是政治统治的社会基础。马克思指出，"一切政治权

---

① 《马克思恩格斯全集》第 3 卷，人民出版社，1960，第 295 页。

力起先都是以某种经济的、社会的职能为基础的"。① 政治统治决定社会治理的实施，社会治理的运转要在政治统治的前提下进行。当阶级矛盾激化，社会秩序失衡时，国家政治职能便发挥决定作用，甚至取代社会治理功能。

在阶级社会中，国家的社会治理职能具有阶级性和社会性双重特征。一方面，社会治理所体现和反映的是统治阶级的意志；另一方面，国家又要通过社会治理的形式实现对公共事务的管理，为统治阶级服务。根据马克思、恩格斯的设想，随着阶级的消亡，凌驾于社会之上的国家，要回归到服务社会的本位，国家的"公共职能将失去其政治性质，而变为维护真正社会利益的简单的管理职能"，② 当生产资料实现社会占有，全部生产资料和社会财富"集中在联合起来的个人的手里的时候，公共权力就失去政治性质"，③ 还原为社会自我治理的权利，承担起纯粹的公共治理和社会服务功能。

在马克思、恩格斯看来，人民应是社会治理的主体。马克思指出，"不是国家制度创造人民，而是人民创造国家制度"。④ 人民参与国家和社会事务的治理是人民主体地位的体现。人民群众要自觉、有序地参与到社会治理活动之中，"凡是要把社会组织完全加以改造的地方，群众自己就一定要参加进去"。⑤ 马克思还认为，人民群众参与社会治理必须要有新的社会组织形式，而巴黎公社"是人民群众获得社会解放的政治形式"。⑥

马克思、恩格斯不仅阐述了未来社会治理的原则和形式，还强调社会治理的民生导向。马克思指出："当人们还不能使自己的吃喝住穿在质和量方面得到充分保证的时候，人们就根本不能获得解放。"⑦ 因此，社会治理最终要落脚到发展民生事业上。马克思、恩格斯强调，要大力发展教育，教育"是造就全面发展的人的唯一方法"，⑧ 所有儿童"都由国家出钱在国家设施中受教育"；⑨ 要搞好就业，保证人的全面发展，未来社会"将给所有的人提

---

① 《马克思恩格斯选集》第3卷，人民出版社，2012，第563页。
② 《马克思恩格斯选集》第3卷，人民出版社，2012，第277页。
③ 马克思、恩格斯：《共产党宣言》，人民出版社，2014，第50页。
④ 《马克思恩格斯全集》第3卷，人民出版社，2002，第40页。
⑤ 《马克思恩格斯选集》第4卷，人民出版社，2012，第394页。
⑥ 《马克思恩格斯选集》第3卷，人民出版社，2012，第140页。
⑦ 《马克思恩格斯选集》第1卷，人民出版社，2012，第154页。
⑧ 《马克思恩格斯选集》第2卷，人民出版社，2012，第230页。
⑨ 《马克思恩格斯选集》第1卷，人民出版社，2012，第305页。

供健康而有益的工作，给所有的人提供充裕的物质生活和闲暇时间，给所有的人提供真正的充分的自由"；① 要运用制度优势，解决住房问题，"并不是住宅问题的解决同时就会导致社会问题的解决，而只是由于社会问题的解决，即由于资本主义生产方式的废除，才同时使得解决住宅问题成为可能"；② 要设立公共基金、建立保障制度，应对不幸事故、自然灾害、丧失劳动能力等特殊情况。③

马克思、恩格斯的社会治理思想阐述了国家、社会与个人的关系，揭示了未来社会国家走向消亡的必然趋势和人民群众在社会治理中的主体地位，从宏观方面阐释了未来社会治理的原则、组织形式和方法，明确提出未来社会治理中社会自我治理的形式，要把社会治理落脚到发展和改善民生上。马克思、恩格斯关于社会治理的思想，特别是关于在国家消亡后社会治理要致力于发展和改善民生的思想，指明了未来社会治理的根本方向，事关社会主义的长远发展，不仅是古巴社会建设的理论指导，对各个社会主义国家社会建设都具有重要的指导意义。

第三节　列宁关于社会建设的理论

1917 年，俄国推翻了沙皇专制统治，取得了十月革命的伟大胜利，建立了世界上第一个社会主义国家，科学社会主义实现了由理论到现实的飞跃。随着社会主义制度的建立，社会建设问题也提上议程。列宁在领导俄国进行社会建设的过程中，尽管没有形成系统的社会建设理论体系，但有着比较丰富的关于社会建设的思想，这些思想不仅是古巴社会建设的理论指导，也是各个社会主义国家社会建设的科学指南。

一　高度发达的社会生产力是社会建设的物质基础

生产力的观点是马克思主义的基本观点。马克思、恩格斯设想的未来社会是建立在高度发达的社会生产力基础之上的。十月革命前的俄国，在帝国

① 《马克思恩格斯全集》第 28 卷，人民出版社，2018，第 652 页。
② 《马克思恩格斯选集》第 3 卷，人民出版社，2012，第 223 页。
③ 《马克思恩格斯文集》第 3 卷，人民出版社，2009，第 432 页。

主义国家中相对落后，是帝国主义链条中最薄弱的环节，生产力发展水平比较低。十月革命胜利后，列宁特别重视发展社会生产力，他指出，无产阶级在夺取政权的任务解决以后，"必然要把创造高于资本主义的社会结构的根本任务提到首要地位，这个根本任务就是：提高劳动生产率"，① 尽快发展社会生产力。

　　面对生产和技术水平比较落后的状况，如何在巩固新生的苏维埃政权的同时开展社会建设，是布尔什维克党面临的现实任务和巨大挑战。1921 年，列宁明确指出建立社会主义物质基础的任务就是实现工业化和电气化。他提出建立社会主义社会的真正的和唯一的基础只有一个，这就是大工业，② "因为没有大工业是不能建成社会主义的"，③ 列宁还提出"共产主义就是苏维埃政权加全国电气化"④ 的著名公式。1923 年，列宁强调："我们不得不承认我们对社会主义的整个看法根本改变了。这种根本的改变表现在：从前我们是把重心放在而且也应该放在政治斗争、革命、夺取政权等等方面，而现在重心改变了，转到和平的'文化'组织工作上去了。"⑤ 这个"和平的'文化'组织工作"，实际上就是社会主义经济建设。列宁之所以特别强调发展社会生产力，提高劳动生产率，是因为"没有这个条件，劳动摆脱资本桎梏这整个解放事业就不可能获得成功，社会主义就不可能获得胜利"。⑥ 因此，列宁强调，生产力的发展是社会进步的最高标准。⑦ 没有高度发达的社会生产力，社会主义各项事业就没有物质保障，社会建设同样难以有所推进。列宁还形象地指出："不做到人人识字，没有足够的见识，没有充分教会居民读书看报，没有做到这一点的物质基础，没有一定的保障，如防备歉收、饥荒等等的保障——没有以上这些条件，我们就达不到自己的目的。"⑧

　　列宁运用浅显的话语，深刻阐释了发展社会主义生产力与社会建设的内在联系，对古巴和其他社会主义国家坚持以经济建设为中心、不断推进社会

---

① 《列宁选集》第 3 卷，人民出版社，2012，第 490 页。
② 《列宁全集》第 41 卷，人民出版社，2017，第 301 页。
③ 《列宁选集》第 4 卷，人民出版社，2012，第 689 页。
④ 《列宁选集》第 4 卷，人民出版社，2012，第 364 页。
⑤ 《列宁选集》第 4 卷，人民出版社，2012，第 773 页。
⑥ 《列宁选集》第 4 卷，人民出版社，2012，第 623 页。
⑦ 《列宁全集》第 16 卷，人民出版社，2017，第 209 页。
⑧ 《列宁选集》第 4 卷，人民出版社，2012，第 770 页。

建设具有重要的指导作用。

二　人民群众的主体作用是不断推进社会建设的基本动力

十月社会主义革命是在布尔什维克党领导下取得胜利的。列宁强调，巩固和建设社会主义同样必须坚持党的领导。列宁指出："只有工人阶级的政党，即共产党，才能团结、教育和组织无产阶级和全体劳动群众的先锋队，而只有这个先锋队才能抵制这些群众中不可避免的小资产阶级动摇性，抵制无产阶级中不可避免的种种行业狭隘性或行业偏见的传统和恶习的复发，并领导全体无产阶级的一切联合行动。"① 列宁认为，在社会建设过程中，党的领导作用主要有三点。一是教育群众。组织和动员群众积极投身社会建设事业，发挥人民群众的主人翁作用。列宁在《共产主义运动中的"左派"幼稚病》中明确指出："单靠先锋队是不能胜利的。"② 二是政策引领。党要根据形势的变化，及时制定和实施新的政策，引领社会建设朝着正确的方向不断推进。列宁特别强调："政策应当是从千百万人着眼，而不是从几千人着眼。"③ 三是率先垂范。列宁指出："我们应当同过去诀别，着手进行真正的经济建设，改造党的全部工作，使党能够领导苏维埃的经济建设，取得实际的成就，并且多用行动少用言语来进行宣传。要知道，现在用言语既不能说服工人，也不能说服农民，只有用榜样才能说服他们。"④

社会建设是人民群众自己的事业。列宁在强调必须坚持党的领导的同时，特别提出要发挥人民群众的主体作用。列宁认为，十月革命胜利后，党和国家的工作重点转向"管理俄国"，这对新生的苏维埃政权来说，是一件十分困难的事情。因为社会主义不是按既定的原则就能建成的，也不是少数人或者一个政党所能实现的，"只有比先前多十倍百倍的群众亲自参加建设国家，建设新的经济生活，社会主义才能建立起来"。⑤ 他强调要打破"只有富人或者受过富有阶级教育的人，才能管理国家，才能领导社会主义社会的组织建设"的偏见，树立"凡是识字的、有识别人的本领的、有实际经验的普通工

---

① 《列宁选集》第 4 卷，人民出版社，2012，第 474 页。
② 《列宁全集》第 39 卷，人民出版社，2017，第 72 页。
③ 《列宁选集》第 3 卷，人民出版社，1972，第 464 页。
④ 《列宁全集》第 40 卷，人民出版社，2017，第 37 页。
⑤ 《列宁全集》第 35 卷，人民出版社，2017，第 416 页。

人和农民都能够胜任组织家的工作"的理念,① 充分调动人民群众参与管理国家和社会的积极性主动性，让人民群众真正成为社会主义的建设者和国家、社会的管理者。只有这样，社会主义建设才有不竭动力和可靠保证。

列宁领导俄国社会主义建设的时间比较短暂，但列宁关于发挥人民主体作用的思想及其实践，为后来建立社会主义制度的国家进行社会建设提供了理论指导和实践经验。古巴在社会建设过程中注意调动基层群众、社会组织的积极性主动性，实行基层自治等政策措施，正是列宁这一思想的具体体现。

三　保障群众的充分福利和全面自由发展是社会建设的根本目标

马克思、恩格斯揭示了人类社会的发展规律，论述了人类社会发展的最终目标是人的自由全面发展，形成"自由人联合体"。列宁在领导俄国进行社会建设的过程中，强调社会建设要以人的全面发展为目标，积极发展各项社会事业，为实现人的自由全面发展服务。

其一，要积极发展文化教育事业，提高人民群众的科学文化水平。十月革命胜利之初，俄国人民的整体文化水平较低，在每 1000 人中，识字的只有 319 人。② 列宁认为："在一个文盲的国家里是不能建成共产主义社会的。"列宁主张："必须使每一个工厂、每一座电站都变成教育的据点。"③ 为此，列宁提出要提高教师的地位，"应当把我国国民教师的地位提到在资产阶级社会里从来没有、也不可能有的高度"。④ 提高教师地位，最重要的就是改善他们的物质生活条件和工作条件。列宁还强调要善于吸收、继承人类优秀的文化遗产，"只有了解人类创造的一切财富以丰富自己的头脑，才能成为共产主义者"。⑤

其二，要着力消灭贫困。列宁认为，产生违反公共生活规则的极端行动的根本社会原因是群众受剥削和群众贫困。⑥ 他指出："我们要争取新的、更好的社会制度：在这个新的、更好的社会里不应该有穷有富，大家都应该做

---

① 《列宁选集》第 3 卷，人民出版社，2012，第 378 页。

② 参见张英琇、李健《打好摆脱社会主义"文化贫困"的持久战——列宁"政治遗嘱"中的文化忧思》，《马克思主义研究》2019 年第 10 期，第 134 页。

③ 《列宁全集》第 40 卷，人民出版社，2017，第 161 页。

④ 《列宁全集》第 43 卷，人民出版社，2017，第 362 页。

⑤ 《列宁全集》第 39 卷，人民出版社，2017，第 334 页。

⑥ 《列宁选集》第 3 卷，人民出版社，2012，第 193 页。

工。共同劳动的成果不应该归一小撮富人享受，应该归全体劳动者享受。机器和其他技术改进应该用来减轻大家的劳动，不应该用来使少数人发财，让千百万人民受穷。这个新的、更好的社会就叫社会主义社会。"①

其三，要促进全民就业。列宁认为，劳动是每个人的权利，"在一个经济遭到破坏的国家里，第一个任务就是拯救劳动者。全人类的首要的生产力就是工人，劳动者"，② "用为自己劳动取代被迫劳动，是人类历史上最伟大的更替"。③ 社会主义社会应该消除失业现象。列宁主张设立劳动介绍所来安排失业者就业，要求苏维埃、工会所属的有关机构要千方百计为失业者安排工作。④ 列宁还强调，必须把劳动者的劳动自由、从业自由与劳动效率结合起来，既要吸引和保证劳动者参加劳动，又要消除消极懈怠现象，提高劳动效率，打破"要提高劳动生产率，就得消除饥饿，而要消除饥饿，又得提高劳动生产率"⑤ 的两难局面。

其四，要完善社会保障。列宁认为，社会建设要解决人民的住房问题，"就必须剥夺现在的房主，或者让没有房子住或现在住得很挤的工人搬进这些房主的房子中去住。只要无产阶级取得了政权，这种具有公共福利形式的措施就会像现代国家剥夺其他东西和征用民宅那样容易实现了"。⑥ 对生活困难者要进行社会救助。对一时丧失劳动力的农民，要予以帮助；不能耕种土地的农民，可向国家申领赡养费。"俄共不仅对战争及自然灾害的受害者，而且对那些因不正常的社会关系而遭受损害的人们，都要组织广泛的国家救济。"⑦ 列宁还提出社会要提供非营利性质的公共服务，他说："公共食堂、托儿所和幼儿园就是这些幼芽的标本，正是这些平凡的、普通的、既不华丽、也不夸张、更不显眼的设施，在实际上能够解放妇女，减少和消除她们在社会生产和社会生活中的作用方面同男子的不平等。"⑧

---

① 《列宁全集》第 7 卷，人民出版社，2013，第 112 页。
② 《列宁全集》第 36 卷，人民出版社，2017，第 346 页。
③ 《列宁全集》第 33 卷，人民出版社，2017，第 207 页。
④ 参见黄刚《列宁社会主义劳动就业思想研究》，《燕山大学学报》（哲学社会科学版）2008 年第 4 期。
⑤ 《列宁全集》第 37 卷，人民出版社，2017，第 18 页。
⑥ 《列宁全集》第 31 卷，人民出版社，2017，第 172 页。
⑦ 《列宁全集》第 36 卷，人民出版社，2017，第 423 页。
⑧ 《列宁全集》第 37 卷，人民出版社，2017，第 21 页。

其五，要实现人的自由全面发展。列宁认为，社会主义社会建设要努力满足人的物质和精神需要，将资本主义旧人改造为社会主义新人，实现人的自由而全面的发展。① 列宁指出，必须"消灭人与人之间的分工，教育、训练和培养出全面发展的和受到全面训练的人，即会做一切工作的人。共产主义正在向这个目标前进，必须向这个目标前进，并且一定能达到这个目标，不过需要经过许多岁月"。② 列宁还特别强调，"工人阶级要获得真正的解放，必须进行资本主义全部发展所准备起来的社会革命"。③ 这个革命，就是要破除资本主义生产关系对生产力的束缚，解放和发展社会主义社会生产力，推进社会主义各项事业不断进步，"以保证社会全体成员的充分福利和自由的全面发展"。④

列宁关于发展社会事业、保障人民群众充分福利和全面自由发展的思想，与马克思、恩格斯的社会建设思想一脉相承，是社会主义国家进行社会建设必须遵循的基本原则。古巴革命胜利后，在社会建设过程中坚持改善民生、努力为每个公民谋福利，列宁的这一重要思想正是其直接思想来源。

第四节　何塞·马蒂关于社会建设的思想

何塞·胡利安·马蒂·佩雷斯（1853~1895），是古巴著名的诗人、思想家、政治活动家和杰出的民族英雄。1853 年，马蒂出生在哈瓦那一个贫穷的西班牙殖民军下级军官家庭。他在青少年时代就投身于古巴民族解放事业，15 岁时便参加了 1868 年独立战争。1892 年创建古巴革命党，并被选为党代表（主席）。1895 年发动和领导古巴第二次独立战争，5 月在多斯里奥斯战役中不幸牺牲。

马蒂虽然生活在西班牙殖民统治时期，但作为古巴解放和拉美人民反帝斗争的先驱，他的思想对古巴乃至整个拉美"社会主义"有着深刻影响。1959 年，卡斯特罗领导古巴人民推翻巴蒂斯塔独裁政权，走上社会主义道路。卡斯特罗

---

① 参见汤志华、李旭华《论列宁关于人的全面发展思想》，《当代世界与社会主义》2016 年第 1 期。
② 《列宁全集》第 39 卷，人民出版社，2017，第 29 页。
③ 《列宁全集》第 6 卷，人民出版社，2013，第 193 页。
④ 《列宁全集》第 6 卷，人民出版社，2013，第 193 页。

关于古巴革命和建设的思想与马蒂思想有着一脉相承的联系。卡斯特罗继承了马蒂思想，并将其与马克思列宁主义紧密联系起来，形成了古巴革命和社会主义建设的完整思想体系。1991 年 10 月，古共"四大"通过的《关于古巴共产党党章的决议》明确指出，"古巴共产党坚持共产主义的理想，古巴共产党是以马列主义和马蒂思想为指导的政党，是古巴社会的领导力量"。[①] 1992 年，古巴全国人民政权代表大会通过的《古巴共和国宪法》规定，古巴公民的指导思想是"何塞·马蒂思想与马克思、恩格斯及列宁的政治社会思想"。[②]

马蒂没有经历古巴社会主义建设的实践，但马蒂思想中也蕴含着许多关于社会建设的思想。这些思想是古巴社会建设的思想渊源，也是古巴进行社会建设的理论基础。

一　争取民族独立是社会建设的根本前提

15 世纪末，哥伦布到达古巴之前，古巴岛上的土著居民印第安人尚处于原始社会后期。生产方式比较落后，但正如恩格斯所说："西班牙人的征服打断了他们的任何进一步的独立发展。"[③] 1510 年，西班牙殖民者登陆古巴最东部海岸，开始了对古巴的征服。殖民者以残酷手段屠杀印第安人，视印第安人为奴隶，并强迫印第安人皈依天主教。印第安人在惨遭屠杀、奴役和疾病的折磨后，人口迅速减少。西班牙征服古巴前，古巴原有 10 万印第安人，到 1542 年，印第安人仅剩几千人。为弥补印第安人锐减造成的劳动力缺失，西班牙允许黑奴合法输入古巴。黑奴到达古巴后，被卖给有钱人，到主人的矿山、农场、甘蔗园劳动或成为家奴。西班牙殖民统治下的古巴社会，两极分化非常严重。处在最上层的是以总督为首的西班牙殖民当局、富有的奴隶主以及奴隶贩子和进口商人；处于中间层的是以土生白人（克里奥尔人）为主的中小生产者；处在最底层的是濒临灭绝的印第安人和大量黑奴。

西班牙殖民者的残暴统治使古巴社会内部矛盾不断加深。反对西班牙殖民统治、争取国家独立的斗争逐步兴起。1868~1878 年，古巴爆发了第一次

---

① 参见赵绪生《古巴共产党的价值观建设》，光明思想理论网，https://theory.gmw.cn/2014-09/22/content_13321141.htm，2014 年 9 月 22 日。

② 中国社会科学院课题组：《整体性视角下世界主要国家的马克思主义研究》，《党政研究》2015 年第 6 期，第 39 页。

③ 《马克思恩格斯选集》第 4 卷，人民出版社，2012，第 33 页。

独立战争（亦称"十年战争"）。战争期间，马蒂通过撰文写诗抨击西班牙的殖民统治，鼓励古巴人民英勇斗争、推翻西班牙统治、实现民族独立。第一次独立战争失败后，马蒂没有停止自己的文学工作，并积极投身于反对西班牙统治的新斗争中。1895年2月，古巴第二次独立战争爆发。3月25日，马蒂与多米尼加人戈麦斯将军共同签署《蒙特克里斯蒂宣言》，号召全体古巴人不分种族、肤色团结起来共同战斗。同年5月，马蒂在同西班牙殖民军队的战斗中牺牲。

马蒂思想与古巴及拉美地区的解放斗争紧密结合。争取古巴独立是马蒂思想的目标追求，也是马蒂思想的核心，马蒂为此献出了自己的生命。在马蒂的政论文章和诗歌中，充满了对"民族独立"的期盼与渴求。他提出要建立一个"自由的、有尊严的共和国"，① 国家要行使自主权，真正掌握自己的命运和发展。他反对投降派，主张古巴应通过全民革命建立"独立的共和国"。1891年他对在美国的古巴侨民发表演讲，号召"同所有的人和为了所有的人"，"行动起来为真正的共和国而战"。②

总体来看，由于历史条件的限制，马蒂还不是一个完全的马克思主义者，其向往的未来"共和国"与现实社会主义社会在本质上也并不吻合。但他的思想清楚地表明，只有推翻殖民统治、实现国家完全独立并建立起"真正的共和国"，才能实现"为了'所有人'的利益"的目标。这一重要思想表明社会主义社会建设必须以国家独立、民族解放为根本前提。

卡斯特罗是马蒂革命思想的继承者、发扬者。马蒂牺牲后，以卡斯特罗为代表的革命力量扛起了反对独裁统治的大旗。卡斯特罗认为，美国支持的巴蒂斯塔独裁统治集团，已经关闭了所有合法的、和平的道路，要建立真正独立的社会，只能通过武装斗争。从1953年起，卡斯特罗组织革命力量，开始了反对巴蒂斯塔独裁统治的斗争，经过艰难曲折的奋斗，终于在1959年1月推翻巴蒂斯塔统治，取得古巴革命胜利。古巴革命的胜利，不仅为建设公正平等的社会奠定了基础，也为在此基础上进行社会建设创造了条件。

---

① 宋晓平：《从马蒂到卡斯特罗：古巴革命的实践与思想轨迹》，《拉丁美洲研究》2008年第3期，第13页。

② 转引自徐世澄《试论何塞·马蒂思想——纪念何塞·马蒂150周年诞辰》，《拉丁美洲研究》2002年第6期，第5页。

二　和平与团结是社会建设的必要条件

在马蒂看来，争取民族独立、建立共和国只是革命的第一步。革命胜利后，要在古巴建立摆脱专制、贫困，人民真正享有"自由和尊严"的社会。"独立、自由和尊严"的共和国需要以社会团结为保障。何塞·马蒂认为，建设美好世界必须遵循和平理念，准备战争的目的是和平，革命不是为了把领导者变成总统，而是为了根绝革命。①

社会团结首先要实现思想上的团结。在争取民族独立的斗争中，马蒂认识到人民觉悟的力量，注重引导激发人民认同感和爱国情，有力推动了反对帝国主义和殖民主义的斗争。马蒂在《我们的美洲》一文中写道，他"坚信思想观念的价值，坚信思想观念一旦为人们所掌握就是不可战胜的力量"。②

马蒂还强调，"公正、平等、博爱"的社会才能更加团结。马蒂毕生为争取古巴民族独立而斗争，同时对未来自由平等的社会充满向往。他认为，古巴独立后建立起的社会应体现正义与博爱，并以此为社会价值追求推动社会团结。马蒂在《面对古巴革命的西班牙共和国》一书中写道："如果说专制统治下的自由是可怕的，那么，自由制度下的专制是令人厌恶、震惊和恐惧的。"③ 马蒂理想中的未来社会是主权独立、公正开放、正义博爱的，需要社会所有人共同努力。

对于如何在未来社会中实现正义平等博爱基础上的社会团结，马蒂提出了两个原则。一是立足于本国实际。他认为，"政府必须扎根于本国。政府的思想应该是本国的思想。政府的形式应该源自于本国的宪法"，"美洲的执政者不是只知道德国、法国执政之道的人，而是要知道如何治理本国的人"，"解决西班牙美洲问题的关键不在欧洲的书本里，也不在美国人的书本里"，④要从本国的实践中寻找答案。二是公正平等地分配社会资源。不公正的分配和不自由社会，将激起人民的失望和愤怒，不利于社会团结。马蒂在《我的

① 郭德厚、马瑾：《简论何塞·马蒂思想》，《法制与社会》2009 年第 24 期，第 115 页。
② 转引自李锦华《古巴共产党是如何继承和发扬何塞·马蒂思想进行治国理政的》，《当代世界》2008 年第 5 期，第 51 页。
③ 转引自王欣《何塞·马蒂思想及其对拉丁美洲"社会主义"的影响》，《长春工业大学学报》（高教研究版）2012 年第 2 期，第 144 页。
④ 转引自郝名玮《评马蒂的爱国主义思想和实践》，《世界历史》1995 年第 2 期，第 70 页。

种族》一文中写道，"人不能因为属于这个或那个种族就享有特殊的权力"，"超越于白人、混血儿和黑人之上的是人，是古巴人"，"真正的人，不论肤色黑白，总是互相以诚相见，以礼相待，以德为重，以能给生之养之的大地增添光彩而自豪"。① 因此，未来社会必须以正义、平等、博爱为价值追求，建设公正自由、友好协调的社会。

马蒂牺牲于争取民族独立的过程中，但他关于争取民族独立后，必须建立自由公正、平等团结的社会的思想，对卡斯特罗领导古巴建设社会主义有着重要的影响，对古巴社会建设也具有重要指导作用。古巴革命胜利后，面对国内外复杂形势，古巴共产党很快认识到增进团结、保持人民思想高度一致的重要性。党和政府对内发起教育革命，加强社会主义思想政治教育和爱国主义教育，提升人民文化素养和政治意识，增进社会凝聚力；对外开展"思想战"，组织群众游行反抗美国干涉，通过圆桌会议、电视广播、人民论坛等多种途径反击帝国主义的抹黑。同时，古巴坚持公正平等理念，积极发展社会事业，改善民生。即使处于特殊时期，古巴仍坚持实行全民免费教育、免费医疗、全面保障等举措，维护了社会团结，遵循和体现了马蒂的平等和博爱思想。

三 劳动和创造是社会建设的重要方式

关于如何进一步推动未来社会建设的问题，马蒂也有一些思考。其一，要劳动至上。马蒂非常注重实践和劳动，自称为"实践的诗人"。对待革命事业始终坚持亲力亲为，奋斗终生。马蒂在《我们的美洲》一文中指出："战争并不是要用牺牲来征服古巴，而是要用劳动建设一个思想自由、生活平等、和平吉祥的国家。"马蒂提倡人人劳动，人人工作，尊重每一位劳动者，社会必须保障劳动者的正当权益。"各部分真正的劳动者团结一致，反对那些恣意妄为、残酷剥削、花天酒地之徒……没有劳动、没有劳动者……一切皆停顿，一切皆乱套"，"只会吃喝，不想劳动而袖手旁观他人劳动者，说实在的，不是大活人"。其二，要敢于创造。马蒂强调，"一个新兴国家的执政者应是个创造者"；他认为，拉美许多国家"模仿人家的太多了，解救之

---

① 〔古〕何塞·马蒂：《长笛与利剑——何塞·马蒂诗文选》，毛金里等译，云南人民出版社，1995，第31~33页。

道在于创造","只有自己创造的财富和自己亲手争得的自由才能维持长久"。①

　　古巴党和政府在社会建设的探索中继承发扬了马蒂的劳动观和创造论。革命胜利后，古巴特别强调劳动在社会发展中的作用，注意培养人民的劳动意识。古巴明确要求，在中小学中普及劳动教育，每学期学生要到田间或工厂参加生产劳动。1976 年古巴宪法明确规定，教育"应以学习和生活、劳动及生产最紧密的联系为基础"，劳动和教育相结合原则始终贯穿于古巴教育发展中。古巴鼓励创造，并在有关政策上予以倾斜。如在社会保障制度和住房分配政策上，古巴规定要向工作职责重、压力大、有危险的劳动者，或者在创新创造方面有突出贡献的劳动者倾斜。

　　马蒂的这些思想虽时代稍远，但富有远见、充满哲理，对古巴社会建设乃至当前社会主义建设仍具有重要的借鉴意义。

---

① 转引自郝名玮《评马蒂的爱国主义思想和实践》，《世界历史》1995 年第 2 期，第 66~70 页。

第二章

苏联解体前古巴社会建设的探索 (1959~1991)

马克思、恩格斯指出:"历史的每一阶段都遇到一定的物质结果,一定的生产力总和,人对自然以及个人之间历史地形成的关系,都遇到前一代传给后一代的大量生产力、资金和环境,尽管一方面这些生产力、资金和环境为新的一代所改变,但另一方面,它们也预先规定新的一代本身的生活条件,使它得到一定的发展和具有特殊的性质。"①

任何社会建设都离不开一定的社会条件。古巴社会建设起步于 1959 年革命胜利之后,迄今已逾 60 年。社会建设是社会主义建设的内在组成部分。古巴社会建设的过程不可能游离于古巴社会主义建设的整体进程之外,孤立地发展。因此,分析古巴社会建设的历史进程及其特点,必须将其融入社会主义发展的整体进程之中。

任何一个国家和社会的发展都是在连续性与阶段性的统一中不断推进的,但由于所处的环境条件、所面临的主要矛盾、所确立的目标任务、所取得的发展成果等因素的发展变化,必然会在社会发展的特定时期表现出不同的阶段性特征。

古巴是在经济文化相对落后的基础上进行社会主义革命和社会主义建设的。由生产力和生产关系的矛盾运动所决定,古巴社会主义必然经历从低级到高级的发展过程。古巴革命胜利以来,社会主义在探索中发展,并取得巨

---

① 《马克思恩格斯选集》第 1 卷,人民出版社,2012,第 172 页。

大成就，但总体上看，古巴还是发展中国家，社会主义还不发达不完善。纵观古巴社会主义发展的历史进程，古巴社会主义大体经历了建立革命政权和民主改革时期、社会主义道路探索时期、政治经济的制度化合理化及新体制的运作和调整时期、"特殊时期"、"更新经济社会模式"时期等发展阶段。总体而言，苏联解体前古巴处于探索社会主义建设规律的时期，这一时期的主要特点是在实践中摸索社会主义发展之路，这一过程有成就、有经验，但也有曲折、有失误；苏联解体使古巴社会主义建设的内外环境、政治经济关系等发生了重大变化，经济陷入困境，古巴进入社会主义发展的"特殊时期"。"特殊时期"的主要特点是调整内外政策，保障基本民生需要，捍卫古巴革命成果，巩固社会主义制度；2008年劳尔正式担任国务委员会主席后，积极推进经济社会模式更新，古巴社会主义进入"更新经济社会模式"时期，该阶段的突出特点就是推进经济社会模式和思想观念的更新，推动新形势下古巴社会主义发展。

古巴社会建设在社会主义发展的不同时期，所面临的基本条件、所采取的措施手段、所体现的过程特点是有所不同的。与古巴社会主义发展的整体进程相适应，笔者认为，古巴社会建设大体经历了三个阶段：第一阶段是从1959年革命胜利到1991年苏联解体前，这是古巴社会建设在探索中推进并取得巨大成就的时期；第二阶段是从1992年苏联解体到2007年劳尔正式担任古巴党和国家最高领导人之前，这是古巴社会主义的"特殊时期"，也是古巴社会建设在困境中调整和艰难发展的时期；第三阶段是从2008年劳尔正式担任古巴党和国家最高领导人到现在，这是古巴"更新经济社会模式"时期，也是古巴共产党对社会主义进行再认识、对古巴社会建设政策进行调整和改革完善的时期。

苏联解体前古巴社会建设的实践及其所取得的巨大成就，奠定了古巴社会建设方面在世界国家特别是发展中国家中的先进地位，同时，也使古巴能够经受住苏联解体的考验，坚持走社会主义道路，并在新的历史条件下不断调整完善社会建设政策，继续推进社会建设各项事业的发展。

第一节　卡斯特罗关于古巴社会建设的基本思想

古巴革命是在以卡斯特罗为代表的革命者领导下取得胜利的。古巴走上社会主义道路后，卡斯特罗在领导古巴党和政府建设社会主义的过程中，不可能立即形成关于社会建设的系统理论，也不可能对社会建设所涉及的各个方面、各个领域做出系统安排、整体部署。卡斯特罗是古巴伟大的政治家、革命家、思想家。在卡斯特罗的思想理论中，尽管关于社会建设的思想没有形成完整的理论体系，但富含对社会主义社会建设的深刻认识和深入思考。卡斯特罗关于社会建设的认识和思考来源于马克思、恩格斯、列宁等经典作家的理论，与马蒂关于社会建设的思想也有着一脉相承的渊源关系，同时，在指导古巴社会建设的实践中不断得以丰富和发展。总体上看，卡斯特罗关于社会建设的思想主要包括以下方面。

一 公平正义是社会建设必须遵循的基本原则

公平正义是马克思、恩格斯所界定的未来共产主义社会的价值原则，也是马蒂设想推翻殖民统治、实现国家独立后新的社会的价值追求。卡斯特罗坚持了马克思、恩格斯关于公平正义的思想和马蒂关于公正平等的思想，并在古巴革命和社会主义建设的实践中予以丰富和发展。

卡斯特罗认为，公平正义是有条件的，不是每个社会都能做到公平正义，在殖民统治、独裁统治的社会中，没有公平正义。因此，建立能够实现公平正义的社会必须首先进行革命，通过革命推翻殖民者独裁者。他指出，"革命不是人类的发明，革命不是人异想天开的结果"，[1] "进行革命是为了纠正所有的不公正"，[2] "革命是团结，是独立，是为古巴和世界实现公正的理想而进行的斗争"。[3] 卡斯特罗身体力行，为推翻殖民者独裁者，实现国家独立、民族解放进行了艰苦斗争。

卡斯特罗强调，以革命手段推翻专制独裁统治后建立起的社会主义制度，必须坚持公平正义的价值追求。他指出，"社会主义是一个新的制度，它具

---

① 〔古〕萨洛蒙·苏希·萨尔法蒂编《卡斯特罗语录》，宋晓平等译，社会科学文献出版社，2010，第250页。

② 〔古〕萨洛蒙·苏希·萨尔法蒂编《卡斯特罗语录》，宋晓平等译，社会科学文献出版社，2010，第251页。

③ 〔古〕萨洛蒙·苏希·萨尔法蒂编《卡斯特罗语录》，宋晓平等译，社会科学文献出版社，2010，第238页。

有巨大的创造力，能够发展新的思想和新的经验"，① 因此，必须抛弃旧思想旧观念，树立与社会主义制度相适应的新思想新观念。他认为，"作为一种制度，社会主义是为了保护人、支持人、帮助人和使人不断参与创造一个最公正、最人道和最团结的社会的事业"，② 在思想上也必须树立与之相适应的公平正义观念，并使之成为社会主义社会的价值追求。

反对不公平不合理现象、实现社会公平正义是共产党人的毕生使命。卡斯特罗指出，"共产党人不是一种荣誉称号，也不是世袭称号，而是一种面对生活的态度。从开始成为共产党人到生命结束的那一刻，这种态度必须是始终如一"，③ "共产主义者代表着独立的思想，自由的思想，人与人之间真正公正和平等的思想"，④ 因此，"共产党人在探索高尚和人文目标的过程中，必须反对一切不合理现象"，⑤ 要"把整个一生都献给反对不公正、犯罪、滥用权力、不平等、饥饿、赤贫、贫困的斗争事业"。⑥

二　满足每个人的需要是社会建设的基本目的

卡斯特罗是坚定的马克思主义者。卡斯特罗领导古巴人民进行争取民族独立的斗争，就是要建立不存在人剥削人的公平正义的社会制度。他强调，社会主义制度，与一切剥削制度有着根本区别。卡斯特罗指出，"资本主义是人的本能和野心的膨胀，永远是人的腐败"，⑦ 而"社会主义是新的制度，是反对剥削的、巨大的历史性胜利，是对全人类的承诺"，"社会主义意味着

---

① 〔古〕萨洛蒙·苏希·萨尔法蒂编《卡斯特罗语录》，宋晓平等译，社会科学文献出版社，2010，第258页。
② 〔古〕萨洛蒙·苏希·萨尔法蒂编《卡斯特罗语录》，宋晓平等译，社会科学文献出版社，2010，第264页。
③ 〔古〕萨洛蒙·苏希·萨尔法蒂编《卡斯特罗语录》，宋晓平等译，社会科学文献出版社，2010，第28～29页。
④ 〔古〕菲德尔·卡斯特罗：《在古巴共产党第一、二、三次全国代表大会上的中心报告》，王玫等译，人民出版社，1990，第216页。
⑤ 〔古〕萨洛蒙·苏希·萨尔法蒂编《卡斯特罗语录》，宋晓平等译，社会科学文献出版社，2010，第30页。
⑥ 〔古〕萨洛蒙·苏希·萨尔法蒂编《卡斯特罗语录》，宋晓平等译，社会科学文献出版社，2010，第42页。
⑦ 〔古〕萨洛蒙·苏希·萨尔法蒂编《卡斯特罗语录》，宋晓平等译，社会科学文献出版社，2010，第16页。

消除不属于人民的经济与人民利益之间的矛盾"。① 社会主义的本质属性，决定了"社会主义就是为每个公民提供福利、幸福"。② 卡斯特罗形象地比喻：社会主义和共产主义意味着要让每个人得到他们需要的东西。他还强调："社会主义不会忽视任何一个子女，不会忽视任何一个儿童，不会忽视任何一个青年。"③

在社会主义社会，由于人民是社会的主人，所以社会的发展以满足人民的需要为目的。卡斯特罗强调，人的需要是多方面的。他指出，"社会主义不仅意味着物质的丰富，而且意味着给人民提供创造巨大的文化和精神财富的机会"，④ 要通过社会主义建设，创造丰富的物质财富和精神文化财富，不断满足人民群众的需要。

三 发展民生事业是社会建设的基本任务

卡斯特罗高度重视为人民提供福利的民生事业，把发展和改善民生作为满足人民需要的基本途径，也作为古巴社会建设的基本任务。他认为，"发展中国家必须把重点放在经济发展上，但是不能忘记社会发展"，⑤ 社会主义国家更要重视社会建设，因为"在社会主义社会中，没有社会的发展就不会有经济的发展"。⑥ 早在1953年，卡斯特罗在轰动世界的法庭辩词《历史将宣判我无罪》中就提出："土地问题、工业化问题、住房问题、失业问题、教育问题和人民的健康问题，这六个具体问题，我们将在取得公众自由和政治民主的同时，立即采取措施着手解决。"⑦ 1955年，他在墨西哥发表的《"七·二六"运动致古巴人民的第一号宣言》中提出要"改革教育方式"，使教育

---

① 〔古〕萨洛蒙·苏希·萨尔法蒂编《卡斯特罗语录》，宋晓平等译，社会科学文献出版社，2010，第261页。
② 〔古〕萨洛蒙·苏希·萨尔法蒂编《卡斯特罗语录》，宋晓平等译，社会科学文献出版社，2010，第261页。
③ 〔古〕萨洛蒙·苏希·萨尔法蒂编《卡斯特罗语录》，宋晓平等译，社会科学文献出版社，2010，第260页。
④ 〔古〕萨洛蒙·苏希·萨尔法蒂编《卡斯特罗语录》，宋晓平等译，社会科学文献出版社，2010，第260页。
⑤ 〔古〕萨洛蒙·苏希·萨尔法蒂编《卡斯特罗语录》，宋晓平等译，社会科学文献出版社，2010，第172页。
⑥ 〔古〕萨洛蒙·苏希·萨尔法蒂编《卡斯特罗语录》，宋晓平等译，社会科学文献出版社，2010，第263页。
⑦ 〔古〕菲德尔·卡斯特罗：《卡斯特罗言论集》（第一册），人民出版社，1963，第36页。

"扩展到古巴最边远的地区"；1957~1958 年，卡斯特罗开展马埃斯特腊山区游击战时，不仅对农民起义军进行军事训练，还开设文化教育课。革命胜利后，卡斯特罗把发展教育作为社会建设优先考虑的目标。他认为 "一切革命很快会成为一场宏大的教育进程。因此，革命和教育是同一件事"，[①] 他还强调 "教育就是一切，没有教育什么都不会得到发展"。[②] 卡斯特罗非常重视医疗卫生事业，他认为，福祉并不仅是创造财富，因为物质需求是会满足的，要让 "所有病人都有免费看病和住院治疗的权利"。[③] 卡斯特罗还非常关注人民就业问题。他认为，"失业者是人们谈论中最残酷的词""在社会主义中不应该也不能存在失业者，因为财富来源于劳动，也只来源于劳动"，[④] 因此，在古巴 "每个人都有劳动的权利，都有不受剥削和不遭失业的权利"。[⑤] 卡斯特罗还继承和发展了马蒂的人道主义思想，认为社会主义的公平正义体现在每个人具有平等的生存权、发展权，并得到有效保障。他指出，"社会主义国家存在的宗旨实际上是为了帮助人、保护人，在任何情况下保护人"，[⑥] 要通过社会保障制度，使 "人们不用为饥饿、绝望而操心，不用为失业的可怕后果、为家人因看不起医生买不起药死去而担心，不用为受不到教育而担忧，不用因为需要最起码的保障而绝望地劳动"。[⑦]

在当时的历史条件下，卡斯特罗关于改善民生、满足人民需要的思想是非常难能可贵的。卡斯特罗本人虽然没有将这些思想系统化理论化，使之成为关于社会建设的理论体系，但卡斯特罗对改善民生的认识与思考，抓住了社会建设的核心环节。事实上，1959 年革命胜利以来古巴的社会建设，正是

---

① 〔古〕萨洛蒙·苏希·萨尔法蒂编《卡斯特罗语录》，宋晓平等译，社会科学文献出版社，2010，第 67 页。

② 〔古〕萨洛蒙·苏希·萨尔法蒂编《卡斯特罗语录》，宋晓平等译，社会科学文献出版社，2010，第 69 页。

③ 〔古〕菲德尔·卡斯特罗：《在古巴共产党第一、二、三次全国代表大会上的中心报告》，王玫等译，人民出版社，1990，第 134 页。

④ 〔古〕萨洛蒙·苏希·萨尔法蒂编《卡斯特罗语录》，宋晓平等译，社会科学文献出版社，2010，第 57 页。

⑤ 〔古〕菲德尔·卡斯特罗：《在古巴共产党第一、二、三次全国代表大会上的中心报告》，王玫等译，人民出版社，1990，第 133 页。

⑥ 〔古〕萨洛蒙·苏希·萨尔法蒂编《卡斯特罗语录》，宋晓平等译，社会科学文献出版社，2010，第 80 页。

⑦ 〔古〕萨洛蒙·苏希·萨尔法蒂编《卡斯特罗语录》，宋晓平等译，社会科学文献出版社，2010，第 262~263 页。

在卡斯特罗强调的教育、医疗、就业、社会保障、住房保障等重点领域展开的。

第二节　1959 年革命胜利后社会建设的现实基础

古巴在社会主义制度建立前，经历了长期的反对外来侵略的历史。1492年，哥伦布抵达古巴岛；1511 年，古巴沦为西班牙殖民地；1899 年美国占领古巴；1933 年，美国扶持的巴蒂斯塔建立亲美政权，实行独裁统治。以卡斯特罗为代表的古巴革命者，通过蒙卡达兵营袭击行动、"七·二六"运动和武装起义等浴血斗争，终于在 1959 年推翻巴蒂斯塔独裁统治，建立共和国。1961 年，古巴公开宣布走社会主义道路。古巴社会建设就是在这种特殊的历史和国情中起步、推进和深入的。

一　社会建设的内部条件

（一）地理环境和自然资源

古巴位于加勒比海西北部，总面积约为 11 万平方公里，四面环海，是西印度群岛中最大的岛国，被称为"加勒比海上的明珠"。古巴地理位置优越，处在大洲和海洋航线的交界口，扼守巴拿马运河与美国东岸间的海路要道，被称为"墨西哥湾的钥匙"。古巴交通便利，有 50 多条国家航线将其与世界各地联系起来。古巴海岸线全长 6000 多公里，有圣地亚哥湾、哈瓦那湾、关塔那摩湾等优良港湾。然而革命之初，几乎所有航线和往来贸易都被国外势力操纵，所获收益从未真正应用于古巴本国发展。

古巴 1/4 地区为山地，绝大部分地区为平原，地质条件较好，适合发展农耕牧业。但是革命前，古巴实行的是殖民地单一性甘蔗种植模式，经济命脉完全被美国把持，是美国制糖业的后方基地。古巴农业优势和原料资源得不到充分合理的利用，产业畸形发展。

"古巴"一词源于泰诺语"Coabana"，译为"肥沃之地"。古巴有丰富的矿产资源，钴、锰、铬、铁、铜等具有开采价值资源的储量处于世界前列，镍的储量居世界第二，仅次于俄罗斯；铁矿资源占拉美总量的 25%，居世界第四。非金属矿产，如大理石、沥青和石材等也储量充沛。古巴位于拉丁美洲石油储量最丰富的地区，还源源不断发现新油田。古巴的传统矿产资源、能源虽数量充足，可使用年限长，但由于缺少资金和先进的技术设备，矿产资源、能源利用率较低。

古巴生长的植物有 8000 多种，植物资源非常丰富，其中半数属古巴特有，是桃花心木、黑檀木、红木、檀香木和古巴松等珍贵木材的主要产地。古巴的国树是红棕树（又称大王椰子），果实可榨油、作饲料，树叶可制成鞋和包装材料，树干可做房屋材料等，浑身都是宝。然而由于长期缺乏规划和保护意识，森林覆盖面积不断锐减，到 1959 年仅存 14%。革命胜利后古巴政府开始重视植被保护，采取针对性措施，"大力发展绿化造林，在山地种植桉树，在平原种植酸性果树，在沙地种植松树，取得了良好的效果"。①

古巴动物种类多样，被称为"博物学家的乐园"。古巴的生物呈现多样性，脊椎动物和哺乳动物数量少，无脊椎动物和节肢动物种类多，以古巴彩龟、美洲鳄和特有物种古巴鳄为代表。独具特点的是古巴的 105 种爬行动物全部无毒，境内没有毒蛇，没有大型伤人猛兽。作为加勒比地区最大的岛国，古巴渔业资源很发达，珊瑚礁鱼类、陆地蟹、鲨鱼、鲷鱼和金枪鱼的种群数量相当丰富。

得天独厚的自然资源和地理环境，构成了古巴人民饱受苦难又能世代延续的前提，奠定了古巴共和国立国的基础，是进入全新历史阶段后古巴各项事业起步的基本条件，更是开展社会建设的重要立足点。然而，古巴虽然在地理环境和自然资源方面有着天然优势，但正如卡斯特罗所说："古巴出口食糖而进口糖果，出口皮革而进口皮鞋，出口原铁而进口犁耙。"② 由于古巴长期遭受殖民统治和社会动乱，这些有利条件未得到合理利用，开发水平比较落后，自然资源对经济建设、社会建设的支撑作用并不坚实。

（二）政治条件

1511~1898 年，除了七年战争时期英国短暂占领古巴，古巴一直是西班牙的殖民地。由于古巴优越的地理位置和丰富的自然资源，美国对其垂涎已久，企图将其作为对外扩张、独霸西半球的桥梁，并在 1899 年对古巴进行军事占领。1901 年，美国参议院提出关于古美关系的《普特拉修正案》，旨在将古巴变成美国的专有附属国。1902 年，古巴成立所谓的共和国，实际上完全由美国操控。直到 1959 年革命胜利前，长达几百年的殖民战乱和外国势力

---

① 徐世澄编著《列国志·古巴》，社会科学文献出版社，2003，第 5 页。
② 〔古〕菲德尔·卡斯特罗：《卡斯特罗言论集》（第一册），人民出版社，1963，第 37 页。

肆意干涉，使古巴国内政治环境十分混乱，腐败问题严重，社会贫富差距巨大，阶级矛盾尖锐，人民苦不堪言。革命胜利前的古巴政治具有以下特点。

政治制度残缺。"政治制度是围绕政治权力的构成和行使、调解政治冲突和规制人们的政治行为的规则和规范的集合。"① 政治制度规范人们的政治行为，合理的政治制度是国家各项事业顺利进行的基础。革命胜利前，古巴政治制度保障的是社会少数人的利益。第一，1902~1959 年，名义上古巴的国体是资本主义国家，政体是总统共和制，但实际上政府完全被美国操控，毫无民主和制度可言。第二，宪法作用微乎其微。1940 年古巴决定修正 1901年《宪法》，新《宪法》顺利通过并生效。虽然新《宪法》在社会平等、人权保障和限制权力滥用方面有一定进步，但好景不长，1952 年巴蒂斯塔发动政变，公开废除宪法，实行独裁统治，宣布人民社会党为非法政党，以向美国示好，国内政治环境更加恶化。第三，本应发挥规范作用的法律法规和规章制度，以及公共机构的设置，被统治阶级任意无视和篡改，权力集中在少数特权者手中。

政治行为无序。当代政治学的革命性变化就在于"突破传统的局限于对政治制度、政治机构的静态分析，把政治作为一个动态的行为过程来研究"。② 政治行为是政治体系的重要内容，合理有序的政治行为意味着政治主体的行为应遵循法律和道德规范。在革命胜利前的古巴，巴蒂斯塔作为最高领导人，是个奉行绝对权力的独裁者，是美国在古巴的代言人。此时的古巴政府是独裁政权，巴蒂斯塔独断专行，人民没有民主权利，政治行为无序。

政治意识薄弱。政治意识是指在一定历史时期内，社会成员共同奉行的价值取向，是政治制度和政治行为的意识反射。古巴革命胜利前，巴蒂斯塔解散国会，取缔所有进步政党，颁行《反劳工法》，监控新闻媒体，严禁一切集会和工人罢工等捍卫民主的途径。当时古巴人民最大的愿望是通过斗争推翻独裁统治，逃离炼狱囚牢，改善困苦生活。古巴民众虽具有极其强烈的独立精神和革命意识，但民主意识、法律意识和道德意识还比较薄弱。良好的政治生态环境需要民众的精神支撑，在这样的历史条件下，古巴构建政治

---

① 童建挺：《政治制度：作用和局限》，《当代世界与社会主义》2009 年第 1 期，第 122 页。
② 金太军、洪海军：《论政治行为的动因及其制约因素》，《江苏社会科学》2000 年第 2 期，第51 页。

认同感将是一个艰难的过程。

1959 年革命胜利后，进入新阶段的古巴，初期并无体现新的社会性质的基本政治制度体系。完备的政治制度是一个国家可持续发展的基础条件，健康有序的政治体系是社会建设的制度保证，因而当时的政治环境并不利于古巴社会建设顺利开局。卡斯特罗很快认识到这一点，立即着手进行民主改革，建立革命政权及其制度体系，并全力清理反革命残余势力，为顺利开展社会主义各项建设扫清障碍、奠定基础。

（三）经济基础

西班牙入侵前，古巴经济模式是原始农业经济，以种植玉米、木薯和棉花为主。西班牙在其统治的近 400 年中，对古巴资源进行疯狂榨取：最初发展金矿业，直到金矿资源枯竭；随后是掠夺畜牧业和烟草业。由于欧洲战争和拉美独立运动，西班牙王室逐渐放宽自由贸易限制，古巴蔗糖业得以迅速发展，到 19 世纪中期，古巴已成为世界糖产量第一大国。西班牙的殖民之后是美国的殖民占领。美国为霸占古巴蓄谋已久，杰弗逊总统宣称一旦同西班牙作战，基于战略需要，就要占领古巴。[①] 美国军事侵占和政治干涉的目的就是实现对古巴的资源掠夺，以便为其称霸全球提供物质支持。因此，20 世纪初到 1959 年革命胜利前夕，美国一直控制着古巴的经济命脉，古巴经济长期深受美国影响和制约。革命胜利前古巴经济具有以下特点。

结构单一。西班牙殖民时期，古巴就形成了以蔗糖为中心的单一经济结构，蔗糖业成为古巴的经济命脉，其他产业都被统治阶级忽视或严令禁止。在古巴成为美国殖民地后，通过《普特拉修正案》，美国资本肆意侵入古巴，逐渐将古巴完全变成蔗糖加工和出口国，使古巴经济结构更加单一。据统计，20 世纪 50 年代，古巴蔗糖产量接近世界总产量的 20%；古巴国民经济收入的 90%来自蔗糖业。其他粮食作物的产量和蔗糖有天壤之别，"国内消费100%的小麦或面粉、98%的棉花和50%的大米要靠进口"。[②] 这种由殖民者主导的畸形经济模式使古巴经济缺乏根基，没有自主性，风险极大，隐患重重。

对外依附。古巴脱离西班牙殖民统治不久，又受到美国的控制，美国积

---

① 〔美〕菲·方纳：《古巴史和古巴与美国的关系》（第一卷），涂光楠等译，三联书店，1964，第 106 页。

② 肖枫、王志先：《古巴社会主义》，人民出版社，2004，第 44 页。

极扶持政治代理人，加紧控制古巴经济命脉，使古巴一步步沦为美国的经济附属国。古巴的国内生产和进出口严重依附于美国，古巴的经济金融政策完全由美国制定，经济发展没有自主能力，"在巴蒂斯塔统治末期，美国资本控制着古巴蔗糖生产的 40%、铁路的 50%、电力的 90%、外贸的 70% 以及 100% 的镍矿和 90% 的铁矿；银行和金融业也基本上操纵在美国资本手中"。[①]

基础薄弱。古巴经济结构单一且严重对外依附，经济发展的成果为外部势力所掌握，导致古巴国内经济水平长期停滞不前，工业化程度低下。"1948 年到 1958 年，古巴人均 GDP 年均增长率仅为 1%（拉丁美洲约为 2%）"，[②] 1957 年，公开失业率占劳动力的 17%，半失业率占 13%……50 年代全国有 1/3 的人口生活极其贫困，1953 年有 62% 的经济自立人口的月收入不足 75 美元。[③] 同时，古巴经济风险抵御能力低下。1929 年美国为了转嫁世界经济危机而提高古巴蔗糖关税，引起古巴经济一系列不良反应。古巴蔗糖产量和贸易收入锐减，生产规模缩小，失业率剧增，经济濒临崩溃。

经济发展是社会建设的基础。古巴的经济状况决定了古巴社会主义建设的经济基础是十分薄弱的，进行社会建设的物质保障非常欠缺。

（四）社会结构

社会结构一般指在特定社会历史条件下，由生产关系所决定的基本社会关系和制度关系构成的一种社会模式。合理有序的社会结构是推进社会建设的重要条件。革命胜利之初，古巴社会结构有两个主要特点。

人口结构复杂多样。1959 年，古巴人口总数为 663.75 万人，虽然人口数量不算多，却是世界上民族构成最复杂的国家之一。西班牙统治之前，岛上居住着大量印第安人；16 世纪初，西班牙占领古巴后对印第安人进行残酷镇压和奴役，导致古巴人口锐减，劳动力短缺，之后殖民者又开始罪恶的黑奴贸易。古巴白人大部分来自西班牙和法兰西；古巴黑人多数来自现在的加纳、几内亚和马里等非洲国家；白人后裔和黑人通婚，形成混血人种（穆拉托人）；还有部分华裔，主要是来自福建和广东的华工后代。经过几个世纪

---

① 梁宏等编著《变革中的越南朝鲜古巴》，海天出版社，2010，第 195 页。
② 〔巴〕塞尔索·富尔塔多：《拉丁美洲经济的发展：从西班牙征服到古巴革命》，徐世澄等译，上海译文出版社，1981，第 267 页。
③ 转引自毛相麟、杨建民《古巴社会主义研究》（修订版），社会科学文献出版社，2019，第 143 页。

的历史变迁，古巴人民打破种族界限，彼此融合和同化，逐渐形成独具古巴特色的民族大熔炉。每个民族虽有不同的外貌和性格特点，但在共同反抗殖民和奴役的斗争中，形成了坚定的爱国之心和顽强的奋斗精神，这些成为古巴人民面对苦难永不言弃的信念支撑。

阶层结构等级分明。1959 年古巴革命胜利前，社会阶层划分明显，阶级分化严重，贫富差距巨大，社会矛盾突出。农民阶级占绝大多数，他们在小片土地上世代耕种，生活极度贫困，还要忍受剥削和压迫，处于社会的最底层。与生活困苦的农民阶级形成鲜明对比的是殖民者、糖厂老板和中产阶级。殖民者贪得无厌，他们在政府的保护下为大型甘蔗加工厂种植甘蔗，肆意敛财；糖厂老板在古巴享有相当多的特权；由于历史原因，与其他拉美国家不同，古巴还有不少中产阶级，包括律师、医生、社会工作者和其他专业人士，他们虽然物质上不算绝对富有，但拥有较高的社会地位和政治权力。古巴的工人比其他拉美国家的工人拥有更多话语权，经济条件稍强，生活水平稍高。古巴工人自发组织工会，工会非常活跃，对工人维护自身权益起到一定作用。此外，古巴社会中最贫困、受教育程度最低的是有色人种，尤其是女性有色人种，但正是他（她）们为古巴革命和发展做出了巨大贡献。

古巴人口结构虽具复杂性、多样性，但在长期反对殖民主义斗争中所凝聚成的爱国主义精神和斗争精神，有助于古巴人民在艰苦的条件下团结一心，致力于社会主义建设；而社会阶层结构的不平等性，正是古巴改变不合理社会结构、构建平等和谐社会的直接动因。

（五）文化环境

一个国家的社会建设不仅需要物质层面和制度层面的保障，更需要文化环境的支撑。文化环境塑造着人们的价值向度，从而影响社会发展的走向和目标。主流价值观和道德观只有被大部分社会成员认可和遵循，才能充分发挥文化引领的积极作用，社会环境才能更加安定，社会建设的支撑精神才具有一致性和凝聚力。古巴历史孕育的古巴民族文化具有以下特点。

革命性。革命性是古巴精神最突出的特征。在几百年的反抗和斗争中，古巴人民形成了反对殖民主义、反对帝国主义、反对奴隶制和反对独裁统治的民族精神，强烈的爱国精神，反对民族偏见歧视的友爱精神，不屈不挠、不惧困难的斗争精神。古巴精神，是古巴人民能够生生不息的根本原因，是推动社会向前发展的精神动力。

包容性。"古巴文化是多种文化来源水乳交融的产物",[1] 内涵丰富,独具特色。第一,早期西班牙殖民者给古巴带来了典型的资本主义文化。他们一边毫不留情地进行血腥屠戮,一边却传播着"上帝庇佑,和平友爱"的教义,意图实现物质和精神上的双重统治。殖民者四处成立教会,大肆宣讲、"教化",同时兴办宗教学校、开办宗教医院。古巴最著名的高等学府哈瓦那大学的前身就是一所教会学校。直到革命前,教会在古巴公共事业方面都占据主导地位。第二,黑奴贸易给古巴带来非洲文化,尤其是语言、音乐和宗教等文化。非洲的音乐对古巴影响最为深刻,闻名世界的"伦巴"(Rumba)就是一种从非洲传入的综合艺术表现形式。第三,中华文化在古巴广泛传播。19世纪中期,大批华人远渡重洋来到古巴,其生活习俗、文化传统和民族精神融入古巴文化,在衣食住行、宗教、艺术、文化和革命斗争等方面影响深远。古巴这个不大的岛国吸收容纳了各种风格迥异的文化,形成了独特的民族文化。

多样性。历史悠久的大熔炉特征决定了古巴文化表现形式的多样性。第一,宗教信仰多样化。据1959年统计数据,古巴约有80%的人口信教,主要有天主教、基督新教、犹太教等。因此,革命胜利后古巴党和政府在制定社会政策时,必须考虑宗教的影响,充分调动信教群众的积极性。第二,文学艺术百花齐放。在经济社会发展极度落后的条件下,古巴在社会科学、自然科学和艺术领域取得了不小的成就。在政府并不重视的情况下,古巴涌现了一批著名的科学家,成立了哈瓦那医学、物理学和自然科学院;创立了《时代报》和印刷所;诞生了杰出的文学作家和作品,成立了古巴文学研究院;闻名遐迩的古巴音乐和舞蹈向世界展示了古巴人民的活力。第三,体育事业基础良好。一方面,古巴一直重视体育事业,革命前就将体育商业化,体育事业发展起步较早;另一方面,古巴人民身体素质好,身材高大,弹跳力强,性格外放,酷爱运动。革命胜利后政府提倡全民体育和全民运动,古巴逐渐成为世界体育强国,古巴的排球和棒球运动水平处于世界前列。

古巴民族文化所蕴含的革命性、包容性、多样性,为古巴社会建设提供了良好的文化支撑,对推进体现公平正义价值导向的社会建设具有积极的作用。

---

① 王承就:《古巴共产党建设研究》,博士学位论文,南开大学,2010,第41页。

二　社会建设的外部环境

任何国家建设都不可能脱离一定的国际环境和外部条件。和平稳定的国际环境和良好的国家关系有利于社会建设顺利开展和推进。由于国际环境和国家关系是一个不断变化的动态过程，不同历史时期的影响因素不同，具体表现形式也不同，因此，国际环境对国家建设的影响也是不断发展变化的。

（一）革命胜利初期面临的国际环境

1959 年 1 月，古巴革命胜利。新政权建立之后，"究竟走什么样的发展道路"成为古巴面临的现实课题。经过艰难探索，1961 年，以卡斯特罗为代表的革命领导力量，做出从民主革命转向社会主义革命的正确抉择，明确宣布古巴要建设社会主义国家。同年 7 月，"七·二六运动"、"三·一三革命指导委员会"和人民社会党合并为古巴革命统一组织。1963 年 5 月，古巴革命统一组织改称为古巴社会主义革命统一党。1965 年 10 月，该组织正式改名为古巴共产党。共产党是古巴的执政党，也是唯一的政党。20 世纪 50 年代末到 60 年代中期，是古巴社会主义革命时期，也是古巴社会主义建设探索起步阶段。从世界形势和社会主义发展历史来看，古巴社会建设起步阶段的外部条件呈现出以下特征。

二战后世界社会主义迎来发展契机。1945 年世界反法西斯战争取得胜利，不仅提高了苏联的国际地位，更彰显了社会主义制度的优越性，增强了社会主义的影响力和吸引力，为战后社会主义发展提供了有利的国际环境。第二次世界大战结束后，欧亚大陆陆续有十余个国家宣布走社会主义道路，各国共产党总数近 200 个，党员人数高达 9000 万人。地理位置上连成一片，领土总面积占世界领土面积的 1/4，总人口占世界人口的 1/3，工业总产量占世界工业产量的 2/5，实现了科学社会主义理论从一国到多国的实践。同时，世界社会主义运动的中心转到东欧，由社会主义国家组成的社会主义阵营形成。社会主义阵营以苏联为核心，思想上以马列主义为指导，军事上组成华沙条约组织，经济上建立经互会、形成社会主义市场。二战后社会主义阵地的扩展和欣欣向荣的形势，客观上为走上社会主义道路的古巴提供了相对有利的外部环境。1961 年古巴宣布走社会主义道路后，积极加强和社会主义国家的交流合作，推动了古巴社会主义建设事业的顺利开展。

世界民族民主解放运动蓬勃发展。20 世纪 50 年代，世界反帝国主义、反殖民主义运动迎来高潮。万隆会议后，民族解放运动在亚洲、非洲和拉丁美洲蓬勃发展，不结盟运动方兴未艾，77国集团走上历史舞台，彻底打破了帝国主义殖民体系。一百余个国家宣告独立，逐步形成了影响世界发展的重要力量——第三世界。在世界社会主义运动的影响下，有一百多个民族主义政党提出建设社会主义的纲领，将建设社会主义国家作为奋斗目标。世界民族民主解放运动的蓬勃发展，客观上为古巴巩固和发展社会主义创造了良好的国际环境。但值得注意的是，有相当一部分民族主义政党的指导思想并非科学社会主义。对新兴的社会主义古巴来说，面对错综复杂的国际形势和国际关系，如何区分各种非科学社会主义思想，如何应对纷繁多变的国际关系，如何妥善处理同社会主义国家和其他共产党的关系，是古巴共产党和政府亟待解决的重大课题之一。只有妥善处理好这些关系，古巴共产党才能在国际关系中赢得主动，才能团结一切可以团结的力量，社会主义政权才能更加稳固，社会主义建设才能平稳推进。

两极格局受到冲击，世界多极化趋势初现端倪。二战后初期资本主义内部矛盾重重，但西方资本主义国家最大限度联合起来，形成了以美国为主导的政治军事体系，以美国为首的西方资本主义国家与以苏联为首的社会主义国家冷战对峙。1949年北大西洋公约组织成立，企图对社会主义国家形成战略包围态势。随着国际形势变化，两大阵营的对立逐步演化为美苏两极争霸。与此同时，亚非拉民族解放运动高潮迭起，一大批新兴国家开始登上世界政治舞台，发展中国家成为国际政治中一支重要力量。新兴国家赢得独立后，谋求和平中立的发展道路，直接打击了超级大国的霸权主义行为，从根本上改变了超级大国任意操纵世界的局面。此外，一方面，由于世界经济发展逐渐不均衡，西欧、日本经济迅速发展，国家实力大增，以西欧主张"联合自强"、日本主张"多边自主外交"、德国推行"新东方政策"为代表，各资本主义国家开始谋求摆脱美国操控，实现国家独立自主。资本主义阵营中美国霸主地位受到动摇，开始形成美国、日本、西欧三强鼎立的格局。另一方面，社会主义阵营内部矛盾不断扩大，尤其是随着中苏关系破裂，社会主义阵营宣告解体。伴随着社会主义和资本主义两大阵营斗争形式的变化，特别是发展中国家的崛起，美苏争霸的态势也不断发生变化，世界多极化初现端倪。

总体来看，20世纪50年代到60年代的国际局势紧张与缓和交替，国际关系格局出现大变革和大调整。美苏关系对立依旧，但在关键时点又有妥协，古巴导弹危机和柏林墙事件是美苏关系的鲜明写照。随着第三世界的崛起，世界争取和捍卫和平的新兴力量持续壮大，奉行侵略和战争主张的霸权势力处于日益削弱和孤立的地位；社会主义阵营和资本主义阵营内部分化和解体，美苏两个超级大国对各自阵营中同盟国的控制能力不断减弱。20 世纪 40 年代以来，以原子能和电子计算机发明为标志的新科技革命出现，第三次科技革命蓬勃发展，经济全球化浪潮来势凶猛，世界民主化进程不断加速，世界社会主义进入发展新阶段，社会主义国家纷纷走上制度建设和改革创新之路。古巴革命胜利后面临的国际形势，既为古巴社会建设提供了良好机遇，也带来了巨大挑战。

（二）革命胜利初期的对外关系

1. 古巴与美国的关系

从一定意义上说，古巴革命史也是一部古美关系变迁史。20 世纪前半期，古巴经济、政治、外交等全方位对美依附。美国一直将古巴视为自己的后院和附属国，基于自身利益，在某些方面例如制糖业给予古巴一定的扶持，还会向古巴出口少量药品、食品和生活用品，但这无法从根本上改变美国对古巴的侵略性质。

1959 年，民心尽失的巴蒂斯塔独裁政权在卡斯特罗率领的人民力量攻势下终于垮台，随着古巴革命的胜利，古美关系也随之改变。起先美国公开承认新政府，卡斯特罗曾几次出访美国，并受到欢迎。但卡斯特罗宣告："古巴革命既不是资本主义也不是共产主义，而是橄榄绿色的人道主义。"[1] 这说明革命胜利伊始，古巴试图走出一条"非资非共"的发展模式。当时，美国对古巴新生的政权也持观望态度，客观上给古巴提供了一段短暂的休养生息时间。对于革命刚胜利的古巴来说，首要目标是守住来之不易的革命成果。随着古巴推进政治变革和经济制度改革，古巴社会环境发生了根本变化，这些变化触动了美国在古巴的利益，美国对古态度逐渐明了，由拉拢利诱变为敌视遏制。1959 年 8 月，美国全力组织美洲国家组成"反古战线"，企图彻底孤立古巴，并阻挠别国对古巴的所有贷款和援助；1959 年 9 月，美国召回驻古巴大使；1960 年 7 月，宣布对古进行经济制裁，取消进口糖量全部定额，停止对古巴的一切援助；1960 年 10 月，正式宣布对古巴实行贸易禁运；

---

① 〔美〕罗伯特·李：《卡斯特罗传》，长江文艺出版社，1998，第 206 页。

1961 年肯尼迪上台后，除了延续前总统的经济制裁计划，更加紧了对古巴的军事侵略。在古巴生死存亡的关键时刻，卡斯特罗做出了从民主革命转向社会主义革命的正确选择，宣布古巴是社会主义国家。为对付社会主义的古巴，美国又强压美洲国家对古巴实行武器禁运；1964 年，美国总统约翰逊宣布禁止向古巴销售一切食品和药物，一手操纵出台拉美国家对古巴的"集体制裁"决议。

美国对古巴步步紧逼，古巴国内反美情绪高涨，古美关系不断恶化。美国的经济制裁、外交孤立、军事威胁与"和平演变"的行径，给古巴政治、经济、社会和军事安全等方面带来极大影响，也对古巴社会建设造成严重干扰和制约。

2. 古巴与苏联及东欧社会主义国家的关系

苏联解体前，古苏两国往来频繁、合作紧密。古巴和苏联、东欧社会主义国家的关系，宏观上影响着古巴的政治经济改革和对外政策，对古巴社会建设也发挥了积极作用。

早在共产国际时期，苏联共产党就和古巴共产党建立了革命联系，但直到 1942 年古巴才与苏联建交，而 1952 年巴蒂斯塔独裁政权建立后，古巴和苏联的联系中断。1959 年 1 月古巴革命胜利后，苏联政府表示愿意在和平共处和国际合作的原则下，与古巴新政府发展关系，同时，东欧社会主义国家也陆续和古巴建交。随着古美关系持续恶化，古苏关系日益密切。"苏联与古巴关系的恢复最初是从经济领域开始的"，[①] 1960 年两国达成重要协议：苏联在本年购进古巴 42.5 万吨糖，以后 4 年每年购买 100 万吨糖；苏联向古巴提供 1 亿美元贷款，给古巴工业发展提供技术支持。1960 年 5 月，苏联和古巴正式恢复大使级外交关系，这意味着古苏关系进一步升级。苏联对古巴的援助扩展到军事领域，古巴也和东欧社会主义国家加强了军事合作。赫鲁晓夫甚至公开宣称"苏联尽一切力量不允许美国对古巴共和国进行武装干涉"。[②] 可以说，从 20 世纪 60 年代初到 80 年代末，古苏关系十分密切，双方领导人互访频繁，苏联成为古巴最主要的贸易伙伴。

---

① 蔡同昌、江振鹏：《苏联（俄罗斯）与古巴关系的演进》，《拉丁美洲研究》2012 年第 5 期，第 37 页。

② 转引自王承就《古巴共产党建设研究》，博士学位论文，南开大学，2010，第 61 页。

苏联给古巴的帮助像一把双刃剑。一方面，在革命刚胜利、社会主义事业起步阶段，苏联的帮助对古巴来说意义重大；另一方面，古巴在社会主义建设的探索实践中，也曾忽视本国国情和客观实际，照抄照搬苏联模式，"以苏为纲"的做法也使古巴在经济社会发展中出现曲折。需要强调的是，虽然苏联模式深深烙印在古巴社会的方方面面，但在社会建设领域，如教育、医疗和社会保障等方面，古巴立足本国国情，从实际出发，走自己的路，探索出不同于苏东国家社会建设的路径，并取得巨大成就。

3. 古巴与中国的关系

中古两国的友好关系源远流长。早在 19 世纪中期，中国华工抵达古巴，不仅给古巴带去了优秀的中华文化，而且积极参与古巴经济社会建设事业，投身古巴人民反帝反封建的民族解放斗争中。古巴人民非常珍惜与中国人民的传统友谊，1931 年在哈瓦那建立了"旅古华侨协助古巴独立纪功碑"，感谢中国人民对古巴的友好帮助。

古巴革命胜利后，中古关系翻开新篇章。政治上，为声援古巴革命，中国政府第一个承认古巴新政府，北京六十万人集会支持古巴反侵略斗争；经济上，双方签署协议，中国从古巴购进糖料，古巴从中国进口大米和日常消费品。1960 年，中国和古巴正式建交，古巴是拉丁美洲第一个同中国建交的国家，建交后两国关系迅速发展。中古两国签订贸易、科技、文化合作协定，中国向古巴出口仪器设备、化工产品和日用品，古巴向中国出口蔗糖、矿石、咖啡和水果等原材料。中国还帮助古巴培训技术人员，古巴也派出百余名西班牙语技术专家来华工作。中国还对古巴给予政治和外交上的支持。对美国多次意图入侵古巴的帝国主义行径，中国予以谴责，并发表公报声援古巴，反对美国对古巴的侵略和封锁。1963 年，古巴遭特大飓风袭击，损失惨重，中国赠予其价值近 5000 万元人民币的支援物资。另外，不仅官方高层间往来密切，民间交流也源源不断，两国人民不断增进了解和交流。

社会建设初始阶段的古巴处境艰难。危难之中，中国给古巴的政治外交支持，提供的物资、技术、人才等各方面的支援，不仅有利于巩固古巴社会主义制度，而且对古巴社会建设也产生了积极作用。

4. 古巴与其他亚非拉发展中国家的关系

从地缘政治和历史渊源的角度看，古巴与拉美国家有着天然的联系。西班牙殖民时期，统治者虽然限制古巴与其他拉美国家的贸易互通和交流往来，但双方依然交流频频，古巴几次独立战争都受到拉美人民的鼎力支持。古巴革命胜利初期，同大部分拉美国家建立了外交关系，但随着古巴和苏联关系逐渐亲密，美国开始肆意干涉，给古巴施压，并企图通过控制美洲集团，迫使各成员国切断与古巴的往来，把古巴排除在"泛美体系"以外。美国的打压，激起了古巴人民的强烈不满和抗议。1962年秋，古巴百万人参加的全国人民大会上，卡斯特罗宣读了《第二个哈瓦那宣言》，表明了古巴人民面对美国威胁，誓死捍卫主权、独立和革命的决心。美国的无理干涉，让古巴与拉美国家的关系被迫陷入僵局。截至1964年末，拉美国家只有墨西哥坚持同古巴保持外交关系。

古巴奉行"无产阶级国际主义"外交思想，始终支持第三世界各国人民反帝反封建的正义斗争，支持亚非拉国家的革命运动。1960年9月，古巴同朝鲜建立外交关系；1960年12月，古巴同越南建立外交关系；20世纪60年代至70年代，古巴同亚洲、非洲绝大部分国家建立了外交关系。古巴的国际主义精神赢得了国际社会的普遍赞誉，和古巴有着相同悲惨遭遇的亚非拉发展中国家也通过各种形式，积极支持古巴的社会主义建设。

正是由于其国际主义精神，古巴赢得了世界大多数国家和人民的尊重和同情，许多国家冲破美国的阻挠与古巴发展外交、经贸关系，给予古巴支持和帮助，使古巴的社会建设能够在美国的高压下得以推进和发展。

第三节　苏联解体前古巴社会建设的主要实践

马克思曾指出，"全部社会生活在本质上是实践的"，[①] 任何国家的历史进程实际上也是社会发展的实践过程。革命胜利以来，古巴社会建设作为古巴社会主义建设的一条主线，贯穿在社会主义建设的具体实践中。

1959年古巴革命胜利到苏联解体前，古巴经历了从社会主义革命到社会主义建设的历史转变。在社会主义建设过程中，以卡斯特罗为代表的古巴共产党人，把马克思列宁主义基本原理同古巴实际相结合，认真学习苏联等国家社会主义建设的经验，积极探索社会主义建设的规律，社会主义在曲折中不断发展。国家发展视域下的社会建设是一个循序渐进、逐步深入、不断完

[①] 《马克思恩格斯选集》第1卷，人民出版社，2012，第135页。

善的动态过程。同古巴对社会主义建设的认识和实践相联系，伴随着社会主义建设的深入，社会建设也得以不断推进。从 1959 年古巴革命胜利到 1991 年苏联解体前这 30 余年时间，是古巴社会建设艰难起步、不断深化并取得巨大成就的时期，是古巴社会建设进程中具有奠基意义的历史阶段。从一定意义上说，这一时期的古巴社会建设，虽经历过曲折，但奠定了古巴社会建设的四梁八柱，构筑起了古巴社会领域基本的制度体系。

一　优先发展教育事业，实行全民免费教育

教育是社会建设最基本最主要的内容。当今世界，不论是社会主义国家，还是资本主义国家，教育发展都是衡量其社会建设成果的主要指标。古巴革命胜利后，党和政府高度重视教育问题，把教育放到优先发展的地位。卡斯特罗多次强调"共产主义等于客观物质基础加上教育"，[①] 将教育视为立国之本和强国之基。优先发展教育拉开了古巴社会建设的序幕。

（一）古巴教育发展的现实基础

卡斯特罗以及古巴党和政府虽然强调优先发展教育，但革命胜利之初，古巴教育的基础非常落后，主要表现为以下两点。

第一，基础薄弱。早在西班牙殖民统治时期，西班牙王室为维护殖民统治，"教化"古巴人民甘被奴役，曾创办学校，进行所谓的"开化教育"，以达到控制古巴人民的目的。因此，相较世界其他国家和地区，古巴教育事业起步不算晚。然而，由于几百年的殖民统治和帝国主义压迫，革命前古巴教育状况非常糟糕。首先，殖民者和独裁者不重视教育发展。当时全国只有 3 所国立大学、几所高职院校和 6 所公立师范学校，教育资金匮乏，教育物资短缺，"教育资金都毫无例外地被历届官员塞进了腰包，甚至连教室和讲台都被变卖掉"，[②] 教育发展长期处于停滞不前状态。其次，缺乏合理的可持续的教育制度体系。古巴临时宪法未肯定教育发展的合法性，政府未设立主管教育发展的专门机构，甚至没有出台过教育发展的规划方针。最后，教育质量低下。革命前古巴教育水平长期居于拉美和加勒比地区后位。由于课程设

① 〔古〕萨洛蒙·苏希·萨尔法蒂编《卡斯特罗语录》，宋晓平等译，社会科学文献出版社，2010，第 27 页。
② 〔古〕菲德尔·卡斯特罗：《在古巴共产党第一、二、三次全国代表大会上的中心报告》，王玫等译，人民出版社，1990，第 98 页。

计不科学，教师水平参差不齐，学校实际上没有教学能力。接受过教育的少数平民并未从中受益，毕业后无技傍身，无力找到足以谋生的工作。

第二，普及率低。一方面，社会整体受教育率低。革命前古巴学校大多数由教会创办，优质的教育资源集中在统治者和上层阶级手中，大部分古巴平民没有受教育权，更无力承担教育费用。革命胜利前，古巴仅有 6 所公立师范学校，平均每省不到 1 所。1958 年，古巴有"一百万文盲，一百多万半文盲，六十万失学儿童，一万名教师失业"。① 另一方面，教育资源分配极其不公。古巴国内区域、城乡、种族、性别之间，受教育水平差异巨大。尤其在偏远的农村，"到乡下的公立学校上学的是无鞋无袜、衣不蔽体、骨瘦如柴的孩子，而且不到学龄儿童的一半，教师常常不得不用自己的薪金购买必须〔需〕的教学用品"。②

总之，革命前古巴教育事业基础薄弱，学校数量少，教学水平低，教育资源分布不公，教育经费不足，发展教育面临多方面的困难、矛盾和问题。

(二) 发展教育的基本原则

发展教育是古巴社会建设的重中之重。为了实现卡斯特罗提出的教育发展目标，革命胜利后，古巴党和政府确立了教育发展的基本原则。

1. 确保教育公平

古巴人民一直对长期存在的社会不公现象深恶痛绝，而教育不公是社会不公的集中体现。马蒂曾说教育是摆脱奴役的唯一方式。要实现人和社会的全面发展，教育是关键环节。卡斯特罗多次发表讲话，强调教育的重要性。他指出："教育就是一切，教育就是未来"，"没有教育就不可能有革命，没有教育就不可能有社会主义"。③ 因此，革命胜利后，变革古巴教育不公和落后的现状成为社会建设的首要目标之一，实现教育公平成为教育发展的根本原则和出发点。

2. 实行全民免费

卡斯特罗强调，教育事业等同于古巴的革命事业。古巴党和政府不仅致

① 〔古〕菲德尔·卡斯特罗：《在古巴共产党第一、二、三次全国代表大会上的中心报告》，王玫等译，人民出版社，1990，第 98 页。

② 〔古〕菲德尔·卡斯特罗：《卡斯特罗言论集》（第一册），人民出版社，1963，第 38 页。

③ 〔古〕萨洛蒙·苏希·萨尔法蒂编《卡斯特罗语录》，宋晓平等译，社会科学文献出版社，2010，第 69 页。

力于实现教育公平，而且强调人人接受教育，实现全民免费教育。革命胜利后，古巴对教育进行国有化改革，颁布教育法，为全民免费教育奠定基础。政府全力支持教育发展，确保教育资金投入不断增长，在较短时间内实现了从学前教育到高等教育的全面免费教育。所有教学物资由政府提供，住宿、校车、学习用具等费用也由政府负担。

3. 学习与劳动相结合

革命胜利后，古巴党和政府把学习与劳动相结合确立为教育发展的根本指针。学习与劳动相结合的原则体现了古巴教育的根本目的。1976年古巴宪法规定，教育的基础是"学习与生活、劳动与生产的密切联系。"卡斯特罗在古巴共产党第一次全国代表大会上提出，学习与劳动结合原则是教育战线最突出的成就之一，"它把马克思关于人的全面发展的光辉思想的部分内容以及马蒂关于应如何将教育古巴后代的英明深邃的理论付诸实践"。[①]一方面，引导学生热爱劳动，自觉投身于古巴的经济社会建设中；另一方面，以学习的方式使学生融入社会生产和实践工作中，使学生树立正确的劳动价值观，培养学生的责任心和奋斗精神。

4. 调动全社会参与

古巴党和政府强调，教育是每个人的权利和义务，因此，教育是全社会的责任，要调动全社会参与。1976年古巴宪法规定："国家鼓励公民通过群众和社会组织参与教育和文化政策的落实。"政府积极动员社会各界参与教育和文化事业，全社会参与办教育的"盛况"是古巴教育的亮点。

（三）教育发展的简要过程

古巴革命胜利前，卡斯特罗就形成了一套系统的教育发展理念。早在游击战争时，他便将教育理念融入军事训练和斗争中。革命胜利后，古巴党和政府将教育摆在战略性地位，迅速采取措施大力发展教育事业。围绕教育事业优先原则，古巴不断健全教育体系、优化教育结构、提升教学水平、提高教育质量，古巴教育事业取得巨大成就，在进入"特殊时期"前，古巴教育达到较高水平，位居发展中国家前列。

教育改革和发展是古巴社会建设的缩影，并集中展现不同历史阶段古巴

---

① 〔古〕菲德尔·卡斯特罗：《在古巴共产党第一、二、三次全国代表大会上的中心报告》，王玫等译，人民出版社，1990，第103页。

面临的社会条件和社会问题。纵观古巴革命胜利后至苏联解体前教育发展的历程，其大体经历了以下阶段。

1. 与捍卫民主革命成果相适应的起步阶段（1959~1962）

1959 年，古巴民主革命胜利初期，国内局势尚未稳定，新政府将教育确立为社会发展的起点。本阶段教育兼有政治性和社会性的双向功能。古巴希望，一方面通过教育引导人民提高政治觉悟，积极捍卫革命成果；另一方面尽可能提升全体国民教育素质，为今后教育事业和其他社会主义建设事业的顺利展开奠定基础。

首先，开展全国性扫盲运动。革命前，古巴"全国成人文盲率高达37.5%"，[1] 大部分集中在偏远农村。卡斯特罗决心首先解决此突出问题，为今后发展扫清人力资源障碍。1959 年古巴成立识字委员会，进行自上而下的识字运动，大约 10 万人接受了识字教育。1960 年，全国各省市县设立工作组，深入一线进行文盲情况调查，获取最新数据，进一步科学布局扫盲工作。政府投入 20 多万扫盲教师组成扫盲队，从改造身边文盲人群开始，确保"每个识字的人都教课，每个不识字的人都学习"。[2] 卡斯特罗将 1961 年定为"国家教育年"，扫盲是这一年工作的中心，古巴全国上下齐心协力，仅仅一年，扫盲运动就取得巨大胜利，"有 60 多万文盲人口掌握了基本阅读写作技能，识字率达到 97%"，[3] 国民整体素质有了较大提高。

其次，加强教育立法，逐步建立健全教育法律法规。为改变以往混乱无序的教育状况，古巴从体制上进行根本变革和制度规范。革命胜利初期，为了防止革命后遗留的教会成为散播谣言的据点，政府清理了教师队伍中的反动分子，整顿了所有宗教学校。1959 年，古巴颁布《教育改革法》，明确规定：教育是全民享有的权利，实行小学义务教育，确保教育资源分配公平。1961 年，颁布《教育国有化法》，宣布教育是公共和免费的，由国家负责教育工作。1962 年，为优化高等教育体制，古巴出台了《大学改革法》。相关教育法规的实施，标志着古巴完成了改造旧教育体制的任务。

---

[1] 徐世澄、贺钦编著《列国志·古巴》，社会科学文献出版社，2018，第 248 页。

[2] 毛相麟：《古巴教育是如何成为世界第一的——古巴教育发展模式的形成和特点》，《拉丁美洲研究》2004 年第 5 期，第 43 页。

[3] Dan Erikson, Annie Lord and Peter Wolf, *Cuba's Social Services: A Review of Education, Health, and Sanitation* (Washington, DC: World Bank, 2002), p. 13.

最后，普及基础教育。扫盲运动主要集中在 10 岁以上人群，取得的是短期突击性效果，从长远效果和可持续发展来看，必须大力扶持基础教育。古巴强调，儿童是祖国的未来，是将来建设社会主义的主体力量，普及初等教育事关民族未来。因此，古巴采取措施，大力推进基础教育：教育对象方面，保证任何家庭条件的孩子都能平等免费接受教育；师资力量方面，古巴政府建立了一批师范学校，逐步缓解教师紧缺的难题；教学设施方面，古巴提出把兵营变成学校，将巴蒂斯塔时期的 69 座兵营、监狱等改造成学校，新建一万所小学，在偏远地区建立了教育中心。1962 年底，古巴小学教育人数约达 11.662 万人，比 1958 年翻了一番。[①]

第一阶段的教育实践，不仅为古巴教育奠定了扎实的基础，对古巴革命的意义更远超教育范畴，可以说这是一场影响深远的"民族大融合和社会大支援"。[②]

2. 社会主义教育的转型阶段（1963~1979）

古巴实现从民主革命到社会主义革命的转变后，进行社会主义改造，逐步确立社会主义政治经济体制。一国教育事业的根本属性与发展走向取决于其社会制度，古巴教育事业发展也开始以社会主义为引领。虽然前期扫盲运动和完善法律法规给教育发展奠定了良好的基础，但党和政府意识到，古巴教育必须跟上时代的步伐，教育发展必须服务于社会主义建设。因此，古巴积极推进教育的转型。

第一，确立马克思列宁主义为指导思想。古巴以教育为中心的思想源于马蒂，他认为"教育是一切人类活动的本源，人人生来都有受教育的权利，也有教育他人的义务"。[③] 马蒂的教育思想和其他方面的思想奠定了古巴早期革命的意识形态基础，卡斯特罗是马蒂思想的继承者，继承发扬了马蒂的爱国主义和人道主义思想。20 世纪 60 年代中期，马克思列宁主义在古巴的传播更加广泛，影响逐渐深入，对以马蒂和卡斯特罗思想为基础的教育体系提出了新的要求。从根本上看，马克思列宁主义和古巴很多本土革命思想不谋而合，卡斯特罗创造性地将马克思列宁主义和马蒂核心思想结合起来，将

---

① 转引自徐世澄、贺钦编著《列国志·古巴》，社会科学文献出版社，2018，第 248 页。
② 徐世澄：《卡斯特罗评传》，人民出版社，2008，第 89 页。
③ Jose Martí, *Idearío Pedagógico* (La Habana: Editorial Puebloy Educación, 2001), p. 68.

马克思列宁主义确立为古巴教育的指导思想，并贯穿在古巴教育发展过程之中。1976 年颁布的《古巴共和国宪法》进一步明确"教育是国家的职能，马克思列宁主义学说是国家教育和文化政策的基础"。同年，古巴成立两个教育部，一个主管高等教育，一个负责其他层级的教育，并明确提出教育部以马克思列宁主义、马蒂主义和卡斯特罗思想为指导，统领全国教育工作。

第二，重视共产主义德育教育和劳动教育。古巴将共产主义德育教育和劳动教育视为社会主义教育的核心环节。在加强德育教育方面，古巴将社会主义道德精神始终灌输在全部学校活动中。学校要引导学生抵制资产阶级不良残余思想，将共产主义变成个人信仰和理想；培养学生的创造精神和集体主义精神，造就社会主义建设者；培养学生互助、自尊和奉献的精神；对学生进行社会主义法治教育等。在加强劳动教育方面，学习与劳动结合的教学方法在学校普遍推广。每天城乡学校各年级学生必须有专门时间参加生产劳动，每年城市中小学生必须完成固定学时的田间劳动；幼儿园和小学建有小菜地，专供学生劳动使用；中级学校、职业学校和高校建有工厂和农场。1970 年起，古巴建立了大批农村基础中学，实行半学习半劳动的学制。学习与劳动相结合的措施，培养了学生的劳动意识，有利于引导学生积极参与社会建设。

第三，确保国家教育全面发展。古巴认真总结革命胜利后教育发展的情况，针对教育方面存在的小学辍学率偏高、毕业率不高、教师教学水平停滞不前、培养方式不能与时俱进、不够重视职业教育和成人教育等问题，提出应注重提高教育质量，实现整个教育的全面有序发展。首先，改善落后的农村教育。由于城乡经济发展水平长期不平衡，农村教育停滞不前。因此古巴教育部门决定在农村，尤其是偏远地区，大量修建寄宿学校，保证欠发达地区学生能有接受教育的基本条件，并要求这些学校的教学方法和内容要体现因材施教理念，以便为当地经济发展培养实践型人才。20 世纪 70 年代初期，古巴还启动了"学校进农村"项目，旨在将教学、工作和研究结合起来。其次，发展薄弱的职业教育。职业教育与经济社会发展密切相关，但古巴对职业教育重视不够。1975 年，古巴出台《1976～1981 年完善全国教育体系计划》，强调教育要服务于社会，必须重视职业教育，并提出了发展职业教育的具体措施。最后，关注教育弱势群体。教育公平是社会主义教育的根本原则，实现教育公平也是古巴社会建设的重要目标之一。1971 年，在第一届全国教育文化大会上，有关专家学者对当前教育发展存在的问题进行了深入探讨，首要的便是教育公平问题。会上，卡斯特罗表明了改革教育不公的决心，并提出了改革教育不公的措施：重视有色人种女性、贫困农村儿童和特殊群体等教育边缘人群教育问题；成立"教育发展中心"和"奖学金项目部"；建立包含学前教育、职业教育、特殊教育和成人教育的综合教育体系，最大程度实现教育资源公平分配，让人人都能享有平等的教育机会；提高教育科研水平。此外，20世纪70年代开始，古巴扩大对外学术交流，加强与中国、苏联、德国等国的交流，注重学习引进世界先进科技成果，同时，对外输送教育医疗等优势领域的专家，通过交流互鉴，提高教学科研水平。

3. 教育改革的深化阶段（1980~1991）

总体来看，古巴革命胜利以来教育工作的重点落在探索方向和增量扩张上。经过不懈努力，到20世纪80年代，古巴特色的教育体系已基本建成，但在组织结构、教学管理、教学内容、教学方法、教师培养等方面仍存在不少问题。为实现可持续发展，古巴提出"优化提质"的政策，进一步深化教育改革。

第一，成立古巴中央教育学研究所（简称ICCP）。研究所聘请国内外教育学和教学法领域的专家，为古巴教育政策的制定和完善出谋划策，并对古巴教育子系统的组织结构、学校课程设计、教学课时安排等方面提出改良意见。

第二，出台《坚持完善国家教育体系的五年计划》（1986~1990）。该计划规定了完善国家教育体系的具体措施，明确提出今后工作的重点是提高古巴教育的现代化水平，加强爱国主义和国际主义的思想政治教育。

第三，提升高等教育质量。首先，保证高等教育入学机会、教育资源、学校成绩和工作分配等方面的公正平等，不对学校进行等级划分。其次，以社会需求为导向。注重培养学生的社会责任感，引导学生积极参加社会实践活动，鼓励学生学习掌握新兴技术，尤其是计算机、医疗生物等科学技术，提高学生综合素质。最后，制定高校教师技能培训计划。每年至少对教师免费培训两次，必要时教师可以申请出国培训；要求全体教师兼顾教学水平和科研能力，高校教师都要参与各类研究项目。教育体系的完善，推动了古巴教育特别是高等教育的发展。20世纪80年代是古巴高等教育发展的黄金年代。"1990年，古巴高等教育毛入学率已达21%"，[1] 为数不少的师生有机会

---

[1]　United Nations Development Programme, *Human Development Reports*, http://hdr. undp. org/en/indicators/63406.

去国外学习或进修。

第四，加强与拉美地区和其他国家的学习交流。1986年古巴成功举办第一届国际教育大会，来自世界各地的十余个国家，暂放意识形态争议，共同探讨教育理念，交流互鉴，古巴教育事业取得的成就得到各国普遍肯定。20世纪80年代末，古巴加入拉美和加勒比地区教育工作者协会，继续在区域教育领域发挥积极作用。

从1959年革命胜利到苏联解体前，古巴坚持"教育公平"原则，从扫除文盲入手，逐步普及基础教育，发展农村教育和职业教育，提升高等教育办学质量，形成了较为完备的国家教育体系。在发展教育过程中，坚持以马克思列宁主义为指导，加强爱国主义和共产主义道德教育，保证了教育的社会主义方向；贯彻"学习与劳动相结合"方针，培养了学生的劳动意识和创造精神；建立健全教育法律法规，实现教育发展的规范化法制化；国家主导教育管理体制和财政投入机制，保证了教育的"优先发展"。苏联解体前古巴教育发展的成就，奠定了古巴教育在发展中国家中的先进地位。

二 确立"医疗强国"目标，建立全民免费医疗制度

医疗卫生关系人民群众的身体健康，也是社会建设的重要方面。1959年革命胜利后不久，为提高人民的健康水平，古巴党和政府提出要建立"全民免费"和"人人平等"的医疗制度，并确立了建设"医疗强国"的目标。虽然古巴经济基础并不雄厚，但古巴从本国国情出发，积极探索和不断完善医疗卫生制度，医疗卫生事业取得举世瞩目的成就，在"1980年代后期，完成了覆盖全国的三级医疗网络，古巴医疗水平已跻身世界先进国家的行列"。[1]古巴发展医疗卫生事业的基本做法如下。

（一）不断完善医疗制度和医疗服务体系

1959年以前的古巴，医疗水平和各项数据指标在发展中国家并不落后，但医疗资源分布极不均衡。大（中）城市享有绝大部分医疗资源，最优质的私人医疗体系仅供少数权贵富人使用，有正式工作者可获得基本的社会保障医疗，其他平民只能接受资金缺乏、水平低下、设备落后的公共医疗体系的服务。比如，"首都人口仅占全国人口的百分之二十二，医院床位却占百分

---

① 毛相麟：《古巴社会主义研究》，社会科学文献出版社，2005，第194页。

之六十一"。① 然而，整个古巴农村地区只有一所医院，医疗网几乎零覆盖，大部分农村儿童饱受寄生虫病折磨，缺医少药，农民更无力支付看病费用。可以说，那时的医疗卫生状况是古巴经济贫富悬殊的缩影，反映了古巴社会矛盾的尖锐，更加速了推翻巴蒂斯塔独裁统治的革命。② 古巴革命胜利后到苏联解体前30年，古巴医疗卫生体系经历了在困境中起步、不断完善到体制基本确立的发展历程，助推古巴成为世界医疗强国。

1. 医疗卫生制度初步建立（1959~1970）

该阶段主要是对原有医疗体制进行改革整合，为建立新的医疗体系奠定基础。主要举措如下。

第一，对全部医疗资源进行国有化改革。1959年革命前，古巴的制药产业由两种企业组成，即美国把持的外资企业和古巴制药企业，前者占据70%的市场份额，后者不到30%，本土制药企业还存在资质参差不齐、制药品种单一等问题。1960年，美国意图破坏古巴革命胜利果实，发起策反运动，全力鼓动古巴的医生叛逃出境，其中包括大量医学院的高级教授和学者；同年，美国宣布与古巴断交，对古巴禁运一切医疗用品、药品和设备。面对医疗事业前所未有的困境，古巴采取的首要措施就是国有化改革。1961年，古巴成立公共卫生部，负责医疗体系国有化和监管运行工作，并决定将全部私人诊所和制药企业收归国有；降低常见医药品价格，并由国家统一定价；医疗卫生事业支出由国家财政支出，保证医疗物资投入。

第二，建立自上而下的国家基本医疗体系。古巴政府将革命前不同形式的医疗机构进行整合，建立由公共卫生部统一领导的国家医疗体系。古巴基本医疗体系分为国家、省级和市级三个层次："公共卫生部直接负责管理5所国立医院，20所医药学院，4家工厂和12个卫生服务中心；省市级管理委员会负责279家医院、436个综合诊所、27个口腔门诊、227个助产院和197个养老院的运营。"③ 新的体系有利于优化医疗资源配置和有效管理，为古巴医

---

① 〔古〕菲德尔·卡斯特罗：《在古巴共产党第一、二、三次全国代表大会上的中心报告》，王玫等译，人民出版社，1990，第113页。

② 参见 Martin Braem and Maggy Doumen, *Cuba: Mijn Slinger is Die van David* (EPO: Berchem Antwerp, 1990)。

③ Dan Erikson, Annie Lord and Peter Wolf, *Cuba's Social Services: A Review of Education, Health and Sanitation* (Washington, DC: World Bank, 2002), p. 22.

疗事业发展奠定了良好基础。另外，为适应医疗卫生发展的需要，公共卫生部制定紧急培养方案，增设医学院，设计专业速成课程，加快培育医务人才，增加医生数量，全力弥补医护人员巨大缺口。

第三，提高农村和基层的医疗服务网络覆盖率。为改变农村地区落后的医疗水平，有关部门对医疗资源和服务人员进行了统一分配。首先，在最偏远的地区建立医院和诊所，大力开展"农村医疗服务"项目，将医生、设备和药品送到医疗服务空白区域。其次，在农村和基层推广综合诊所，提升基层医疗服务质量，积极改善困难群众健康状况。最后，与扫盲运动相互配合，在全国范围内进行清洁环境和饮用水的工作，改造污水管道，加强环境保护宣传，提高全民卫生意识，特别关注老弱妇幼等易感染人群的卫生防疫工作。

经过十多年努力，古巴终于摆脱医疗发展困境，建立了医疗卫生服务体系基本框架，医疗水平进一步提高，从根本上改变了革命前医疗资源不均、医疗服务水平低下的状况。婴儿死亡率和人口死亡率大幅降低，几种传染病被根除，预期寿命大幅度提升，人民的健康水平得到较大改善。

2. 医疗卫生体系的巩固发展（1971~1979）

该阶段的主要目标是在巩固国家医疗体制的基础上，解决存在的突出问题，提高系统整体运行效率。

第一，建立以初级医疗服务为重点的三级医疗体系。该体系由初级医疗网、二级医疗网和三级医疗网组成，分别对应市级以下的小医院和综合诊所、省会和重要城市的中心医院以及国家级中心医院。初级医疗服务是本阶段改革的重点，原因在于它和基层居民、农村地区的联系最直接最紧密。为提高初级医疗服务，古巴公共卫生部推广"社区医疗模式"，实施方式是综合诊所。具体措施如下。将古巴169个城市划分为一个个健康区，每个区必须至少设立一个综合诊所，综合诊所负责该区域的一切医疗事物，服务人数在2.5万~3万人。综合诊所医疗队由"内科医生、儿科医生、妇产科医生、心理医生、护士和其他专业人士组成"，[1] 医疗队为每一位居民制定医疗档案，及时跟进患者医治情况，尤其关注重病和慢性病患者。综合诊所与二级、三级医疗体系互相配合，极大地满足了群众对医疗卫生的需要。

---

[1] Sarah M. Santana, "Cuban Healthcare System: Responsiveness to Changing Population Needs and Demands," *World Development* 15, no. 1 (1987): 114.

第二，坚持预防为主、防治结合的医疗服务原则。综合诊所配置全科医生和专业人士，时间上全天候诊，出发点在于主动防治，便于及时发现问题，第一时间进行有效治疗，以免小病恶化成大病。为了增强居民的自我保健防护意识，综合诊所还制定了妇女儿童卫生、牙病防治、传染病防治、食品安全、环境卫生等方面的计划，定时开展科普卫生教育活动。社区医疗服务项目的重点从医院转向社区，医疗理念从"有病治病"转向"预防保健"，有学者形象地评论该项目为"预防第一，时刻关注，直面患者，不只是应付病人的病情和抱怨"。[①]

第三，制定培养方案，增加医护人员数量，提高医护人员素质。随着古巴医疗卫生事业的发展，有限的医生数量已难以满足人民群众的需求，为解决医务人员缺口，古巴政府聘请专家组设计了一套完整的从医人员培养方案。首先，将捍卫社会主义革命意识和人民至上意识融入医疗教育课程中。革命胜利初期，古巴部分高级人才经不住物质诱惑叛逃海外，不仅给社会主义建设造成损失，更让党和政府明白，牢固的政治意识才能保卫革命果实，思想政治教育应融入社会生活的方方面面中。古巴要求，每个立志从医者必须有马克思主义信仰，要有心系人民的医德，这是成为社会主义国家医务工作者的根本前提。因此，成为医生之前，毕业生要进行宣誓：不为利益驱使，服务人民；摒弃个人主义，服从政府分配，集体至上。其次，医学理论和医疗实践相结合。长达9年的医疗培训项目由基础知识、临床操作、医院实习和农村扶助组成；如果想成为专科高级医生，还要深造3年。再次，加大基层医疗培训。改变过去精英导向的培养方式，兼顾高等医学教育和基础医疗教育，为社区医疗服务培养指定人才。最后，重视医疗理念和科技创新。医务部门扩大对外交流，引入国外人才和最新技术，并将新兴技术运用于日常治疗中。

该阶段的探索实践巩固了之前医疗卫生事业发展的成果，特别是三级医疗体系和综合诊所医疗模式的建立，进一步提升了古巴的医疗水平，各项医疗指标数据也进一步优化。无论城乡，儿童疫苗接种实现全国性覆盖；消灭了急性传染性脑炎等致死率极高的传染病。

---

① Milton I. Roemer, *National Health System of the World* (New York: Oxford University Press, 1991), p. 462.

3. 医疗卫生体系的进一步完善（1980~1991）

20世纪80年代起，古巴医疗体制改革进入深化扩展阶段。前期医疗工作在三级体系的建立和社区医疗服务推广上虽取得巨大成果，但仍有不少问题亟须解决。例如，一个综合诊所至少要负责本区域 2.5 万人的健康保健工作，人数过多，任务过重，大大超出可负担数量，医疗服务质量不可避免受到影响。因此，如何完善初级社区医疗体系成为现实课题。1984 年，古巴创造性地开始普及家庭医生服务体系。家庭医生制度是世界公认的先进医疗服务理念，并非古巴独创，而是始于英国等发达国家，"源于 20 世纪 70 年代末国际卫生界已有的科学共识：抓好初级卫生保健可以高效促进健康水平"。[①]
在广泛听取群众意见的基础上，古巴从当时的社会现实条件出发，结合国外先进医疗经验，依靠社会主义医疗体制，充分发挥和利用了这一制度的先进性，并拓展了家庭医生服务的内涵，优化了初级医疗体系的组织形式和实施效果。

古巴家庭医生制度的基本内容如下。

家庭医生制度的目标。升级初级医疗体系的组织形式，从根本上改善初级医疗体系存在的漏洞和不足，真正确保古巴每一个居民能获得最直接、早及时、最全面的医疗服务。

家庭医生的从业资格。这项制度的核心是家庭医生，因此医生的综合素质直接决定初级社区服务的质量和效果。古巴对家庭医生的考核标准非常严格。首先，成立专门组织评估有关人员的心理健康水平和政治思想觉悟，必须经过长达一年的"跟踪式"职业道德考察。其次，成为家庭医生的前提条件是具备全科医生的医师技能，接受六年制基础培训和两年制综合学习，通过书面考试和操作考试才能拿到职业资格证。最后，强化考核监督。由于家庭医生直接面向居民，直接影响群众的健康卫生水平，公共卫生部定期派出工作组走访家家户户，及时搜集群众意见，提出整改要求，对考核不合格者终身不得从事医疗事业。当然，政府和人民都非常尊重家庭医生，医患双方有良性的互动关系。家庭医生付出辛勤劳动，他们的工资较高，住房也由国家统一分配。

---

① 鄢一龙等：《天下为公：中国社会主义与漫长的 21 世纪》，中国人民大学出版社，2018，第82 页。

家庭医生的主要职责。为适应家庭医生制度的推行，古巴将原健康带划分为范围更小的健康区，每个健康区有 120~150 户家庭（600~700 位居民），该区域内设一个家庭医生诊所，诊所距离每户家庭不超过 600 米，每个家庭医生诊所至少有一名家庭医生和两名护士，医生和护士都住在诊所附近。此外，每个诊所都有指导组协助工作，指导组成员有专业医学顾问、社会学家、心理学家等。家庭医生的日常工作如下。第一，家庭医生第一时间对患者的症状进行诊治，诊所全天开放。如果患者不方便外出看病，医生可到家中问诊。第二，为每一户家庭创立健康档案，档案内含环境卫生、饮水卫生、房屋卫生、是否饲养动物、有无传染源等信息，还要为每一个居民，尤其是儿童建立健康卫生卡片，为所有居民定期体检，充分了解大家的健康水平和卫生习惯。第三，每月固定时间举办卫生保健知识科普讲座，进行宣传教育，提高大家的健康意识。第四，家庭医生诊所和社区医疗诊所无法治疗的患者，由家庭医生送至二级、三级医院治疗，全程掌握病情，负责全程的治疗与康复。

家庭医生制度提供了预防、治疗、保健、教育全方位的服务，将个人、家庭、社区、医院、政府各个因素灵活调动起来，是卓有成效的全国性基础医疗改良运动。截至 20 世纪 90 年代初期，古巴全国建立了 8000 多个家庭医生诊所，惠及古巴过半人口，家庭医生总人数占世界家庭医生总人数的 20%。

（二）大力发展制药产业和生物技术

医疗卫生事业的发展，离不开医药产业的支撑。没有发达的制药产业，难以建成真正的"医疗强国"。革命胜利后，古巴的制药产业可以说是从零起步。国内药品生产企业几乎全被美国把控，古巴仅有的几家本地企业技术落后、规模小、标准低，无法满足国内用药需要。20 世纪 60 年代初，美国开始对古巴实行经济封锁和贸易禁运，强行切断药品和医疗用品供给链，高度对外依赖的古巴深受影响。面对困境，古巴政府决心对制药产业进行国有化改革和现代化改造。经过不懈努力，到 70 年代末期，古巴自主生产的药品已能满足 80% 的国内需求。

20 世纪 80 年代开始，古巴医药产业发展的重点从生产转到使用和流通上。第一步是进行结构性改革，通过制度化来规范药品行业。1984 年，古巴公共卫生部改组全部医药企业，成立了医药产业公司联合会，由 11 家药品生产、医药原料生产、绷带和医疗用品供应公司，1 家药品分销公司，1 家医疗仪器和用品分销公司，1 家对外贸易公司，1 家核心管理公司组成，联合会各个成员企业的运营管理交易行为必须遵从法律法规，自觉维护古巴医药市场稳定有序。此外，古巴成立了技术药物实验室，负责制定药品质量标准，监管药品的生产、进口、出口流程是否合法合规。

古巴革命胜利后，由于多方面条件限制，古巴没有建立起独立的化学产业，药品生产原料依赖进口，为解决这一巨大隐患，古巴政府开始谋求发展生物制药技术。1981年，古巴决定自主生产干扰素。干扰素是治疗癌症的特效药物，当时只有8个国家有能力生产制造。古巴通过基因工程技术，成功研发出干扰素，是当时唯一能生产干扰素的发展中国家。1986年，古巴成立遗传和生物技术中心，中心工作人员由顶级的专家组成，政府在资金和政策上给予大力支持，该技术中心主攻现代生物技术研发和生物制品生产。经过多方共同努力，古巴在新型疫苗、新型药物、病理诊断等生物技术和基因工程的研究上取得重大突破。通过生物技术和基因工程项目，古巴发现了3种艾滋病毒蛋白，可用于艾滋病诊断、艾滋病筛查程序制造，制定出一套艾滋病公共卫生方案，艾滋病的防治工作取得良好效果。

生物技术应用领域的另一大突破是抗体生产。抗体是疫苗的基础，疫苗是有效的预防手段。古巴生产的疫苗，通过质量评估和安全测试后，立即投入批量生产。古巴公共卫生部规定，每个适龄儿童必须免费接种疫苗，包括卡介苗、小儿麻痹症、脊髓炎、白喉、破伤风、百日咳、乙型肝炎、B型流感杆菌、B型和C型脑膜炎、风疹、流行性腮腺炎、麻疹、斑疹等13种感染性疾病的疫苗，其中B型脑膜炎疫苗是古巴生物技术研究最具代表性的成就，当时欧洲和美国尚未研发成功。古巴通过接种疫苗，彻底根除了几类危害极大的传染病，儿童疫苗覆盖率几乎达到100%。20世纪80年代末，古巴已能自主生产国际领先的医疗药物和器械，部分产品还出口海外。

经过30余年的发展，古巴三级医疗体系基本完善，"全民医疗"基本实现，医疗总体水平处于发展中国家前列，一些指标居于世界先进水平，向"医疗强国"迈进了一大步。

三　以全民保障、全面保障为目标，建立健全社会保障体系

社会保障制度是社会建设的主要内容之一。革命胜利后，古巴党和政府以马克思列宁主义社会建设思想和马蒂"人本主义"为指导，以公正平等为

原则，以实现全民参保和全面保障为目标，积极探索和推进社会保障体系建设，社会保障制度不断完善。

总体来看，古巴社会保障（保险）制度起步较早。1913年古巴建立了军人养老金制度，并诞生了历史上第一部《社会保险法》；1916年，在工人运动施压下，古巴政府颁布了《工伤法》。随后4年，有关部门相继为交通、司法、行政部门的工作人员，以及教师、警察等公职人员设立保险金制度。1933年，古巴将职业病补偿纳入工伤保险中；1938年，正式开始执行生育保险制度。1958年，古巴共有52个社会保险机构，涵盖三大险种，为部分劳动者提供养老金，为高危工种从业者提供职业保障金，为女职工提供生育保险。

虽然当时古巴的社会保障水平在拉美地区处于前列，但存在不少突出问题。第一，管理制度存在缺陷。古巴的社会保障体系没有主管部门负责统一领导，52个机构各行其是；机构种类繁杂，内部普遍管理不善，工作人员可随意制定、更改保障条例、受保对象和赔付金额，社保机构坑骗受保人现象时常出现。第二，保险资金严重匮乏。一方面，古巴经济长期畸形发展，被外国势力垄断，经济水平落后，国家无力承担社会所需社保资金；另一方面，亲美独裁政权统治下，官僚主义和贪污腐败风气泛滥，国家下拨的资金经常被贪污挪用。正如卡斯特罗所说："古巴革命胜利时，大部分的退职退休基金会已被盗用一空。"① 第三，受保权益不平等。社会保障机构主要集中在城市，尤其是大城市，落后农村和偏远地区几乎无法接触到社会保障福利。1958年，古巴社会保障体系覆盖率仅为53%。参保人群获得的保险金额差别巨大，行政官员和警察可享有最高额保险费，普通民众如服务行业工作者只能得到最低保费。

社会保障制度是社会的"安全网"和"减震器"，社会保障体系直接关系人民群众的切身利益。革命胜利后，古巴党和政府决心对其进行彻底变革。

1959年，古巴政府合并了多家退休金委员会，成立了古巴社会保障银行，该银行属于政府托管的自治机构，负责全国社会保险工作。年末，政府出台新政策，规定社会保险要实现全民覆盖，最低退休养老金将从6比索提

---

① 〔古〕菲德尔·卡斯特罗：《在古巴共产党第一、二、三次全国代表大会上的中心报告》，王玫等译，人民出版社，1990，第121页。

高到 40 比索。1960 年宪法改革后，正式确立了国家在社会保障工作中的全面领导地位。古巴强调，建设完善的社会保障体系是国家的职责。据此，古巴撤销了自治性质的社会保障银行，社会保险和生育保险工作分别由国家专门机构劳动部和公共卫生部负责。1962 年颁布的第 1024 号法规定：工伤、养老、职业、生育等 18 个部门的社会保险机构由劳动部统一管理。同年 9 月，又制定了新的法案，古巴社会保障的内涵从全民参保升级为全面参保。所有劳动者不仅可获得工资补贴和养老金，还能获得医疗住院补贴、事故保险、疾病保险、抚恤金等。

1963 年，古巴第一部《社会保障法》出台，这也是第一部社会主义性质的社会保障法。该法标志着古巴社会保障制度的正式确立，实现了从社会保险到社会保障的飞跃。该法律确立了国家统领社保事业的职责，规定国家必须保护所有劳动者及其家庭的合法权益，明确了全面、普遍、公平、互助、公正的总体社保原则。其中具有代表性的措施如下。

（1）劳动者不再需要为社保金缴费，全部由雇主承担。

（2）社保体系加入工人疾病险和非工伤事故险；若患病或出现事故，工人可领取半年工资；若患病超过一年，工人可永久性获得退休金。

（3）建立较为完整的保障制度，涵盖工作险种、退休金、生育保险、教育保障、医疗保障、丧葬抚恤等。

（4）实行普遍就业，实现平等就业。

（5）无论何时何地何种工作，劳动工龄都可直接累加，直接核算工资和退休金。

（6）生活福利方面，实行免费医疗、免费教育、食物补给和住房费用减免政策。

（7）对低收入者和困难家庭给予一定的经济扶持，比如家有攻读学位的学生、家里仅有一个收入来源、家中劳动力服兵役、家有患肺结核的劳动者等，可减免房租，可获得就餐补贴。

（8）首次确立了妇女的社会保障权益，全体女性劳动者享有 12 周带薪产假，产妇和新生儿所需服务费用全免。

《社会保障法》经过十余年实践，取得巨大成果。在实施过程中，古巴根据形势变化和现实需要，陆续出台了若干法律法规，对社会保障制度进行补充完善。如 1968 年，为奖励业绩突出单位，古巴决定将所有劳动者的退休金提高到工资水平的100%；20世纪70年代初，公共卫生部制定了《母亲保护法》和《生育照顾法》，使社会保障制度更趋完备。

1976年，古巴通过了第一部社会主义宪法。宪法明文规定每个公民都享有教育、医疗、住房、劳动、社会保险和社会救助的权利，古巴社会保障事业进入全面制度化时期。同年，古巴出台《军人社保法》。1977年，古巴颁布《工人卫生和伤害保护法》。

1979年，古巴政府决定对第一版《社会保障法》存在的不足之处进行修订，尤其要解决"边缘"人口和弱势群体等长期被忽视的问题。1980年，新版《社会保障法》（被称为"第24号法"）正式生效，该法将古巴的社会保障体系正式确立为国家制度，不仅涵盖人群更加广泛，还提供更加丰富的保障内容。和1963年旧版相比，新社会保障法在以下方面进行了调整和更新。

第一，进一步细化退休金领取标准。一般劳动者退休年龄为男60岁，女55岁；高空、井下、特重体力劳动、有毒有害等特殊工种劳动者退休年龄为男55岁，女50岁。工龄少于25年者，退休金领取标准为平均工资的50%；25年以上者，每超过一年增加平均工资的1%；特殊工种劳动者加平均工资的1.5%。退休金年度最低限额为1020比索，任何人的退休金不得低于此领取标准。

第二，进一步放宽抚恤金领取条件。劳动者因疾病、工伤、年老等亡故，家属可一次性领取抚恤金。

第三，加大对产妇的照顾和权益保护力度。所有产妇都可享受全额带薪产假，时间从12周延长至18周，生育二胎以上的产妇可享受20周产假。

第四，增加了对零收入、低收入困难家庭的经济保障。无退休金、无子女照顾的孤寡老人，无人照料的残疾人，失去劳动能力的人，无劳动力无经济来源的家庭等，政府每月给予一定的经济援助，满足其基本生活需求。1963年旧保障法关注重点是有正式工作的劳动者，新的保障法扩大到全部社会群体，基本实现了古巴社会保障全民覆盖。

1985年，古巴社会保障覆盖面已达居民的100%。到20世纪90年代初，古巴已形成较为完备的社会保障制度。其基本内容如表2-1所示。

表 2-1　古巴社会保障体系的基本内容

社会保障体系的种类	1. 社会保险体系 疾病保险、事故保险、生育保险、老年养老金、残疾人养老金、亡故者亲属养老金、抚恤金 2. 社会救济体系 无养老金和无人照顾的老人、无家可归的流浪者、丧失劳动力且无人照顾的残疾人、孤儿等
社会保障体系的对象	军队人员、教师、警察、政府工作人员、个体经营者、艺术从业家、农业非农业合作社成员等各类劳动者；孕妇、产妇、儿童、退休者、病患者、伤残者和死者、低收入者、丧葬者等
社会保障体系的资金来源	社会保障资金独立于国家财政，使用上一般维持年度收支平衡，避免出现结余或赤字。主要来源为中央政府和雇主缴费。国家预算用于免费提供社会服务、实物补助、福利制度补助；雇主主要负责社会保险费用，缴费比例为工资总额的 14%。职工无须为社会保障缴纳任何费用

资料来源：徐世澄编著《列国志·古巴》，社会科学文献出版社，2003，第 206~208 页。

纵观革命胜利以来古巴社会保障制度的发展过程，可以发现：在社会保障制度建立和完善的过程中，政府始终发挥主导作用，社会保障资金由国家财政负担，参保者无须缴纳费用；社会保障覆盖面不断扩大，逐步实现 100% 全覆盖；社会保障制度的修改和完善以相关法律法规的配套为依托，为社会保障制度的实施奠定了法制基础。古巴的社会保障制度体现了公平正义的社会主义价值原则，显示了社会主义制度的优越性。

四　实行积极就业政策，努力扩大就业

就业是民生之本。根据古共"一大"中心报告，1958 年，古巴无工作的劳动力人口大约 70 万，约占总人口的 10.5%，其中近一半集中在农村。① 革命胜利后，古巴进行了经济改革、土地改革、企业改造等一系列改革。随着改革的推进，特别是所有制结构的根本性变化，就业人口的分布情况也发生变化，失业人口有所增加。当时大部分拉美国家深受西方国家发展模式影响，经济政策和就业政策带有浓厚的西方色彩，但古巴没有选择照搬国外的做法，而是从古巴现实社会条件出发，坚持社会主义制度，实行积极就业政策，努力扩大就业、减少失业，从而维护了社会稳定，巩固了社会主义的根基。从

---

① 〔古〕菲德尔·卡斯特罗：《在古巴共产党第一、二、三次全国代表大会上的中心报告》，王玫等译，人民出版社，1990，第 124 页。

1959年革命胜利到苏联解体前这一时期，古巴社会主义发展历经曲折，失业现象不断出现，但古巴党和政府始终高度关注就业问题，千方百计创造就业机会，保障劳动者的劳动权利和基本生活需要。

第一，通过失业保障金和培训教育解决失业问题。古巴的失业人口主要源于革命后企业改组改造。为保障失业人员生活，政府负责对失业工人及其家属发放生活保障金，第一个月全额发放，之后11个月发放原工资的60%，同时，积极向失业人员推荐就业岗位，基本保证每个工人失业年限不超过一年。政府还负责对失业人员进行技术培训和继续教育，提高其劳动技能，以适应新工作要求。

第二，通过调整经济和产业结构扩大就业。一方面，古巴积极转型升级经济结构，提升服务业比重，培育旅游业、医疗贸易等新兴产业和优势产业，创造更多就业机会。另一方面，在就业压力较大的落后地区，古巴大力发展农业和教育，推行"劳动和学习相结合"原则，这种方式既有利于缓解农产品短缺问题，又可减轻就业压力。

第三，重点关注青少年教育和就业问题。古巴有关部门经过调研和统计发现，许多待业青年都有深造意愿。因此，政府在青年人口密集区域大力开建学校和工厂，通过减免学费、发放奖学金等措施鼓励学生继续学习，学生还可在工厂里带薪兼职。这项举措，不仅解决了很多优秀学生因家境困难等原因无法继续学业的问题，更让许多无业青年有了新的出路。

第四，解决特殊人群和"边缘化"人群的就业难题。主要包括以下四类人群。第一类为各层次毕业生。每所学校设立专门的就业指导机构，在学生毕业前积极联系用人单位，充分了解单位对劳动力的需求和要求，然后将岗位情况通报给学生，以便双方做出选择。第二类为退伍军人。军人为古巴革命和人民做出了重大贡献，国家非常重视退伍军人的安置问题。有关部门首先了解每个军人的真实想法，有意愿有能力继续上学的军人可进学校学习，提升职业能力和水平，再为其余军人安排适合工作单位。第三类为刑满出狱人员。由于此类人员的特殊性，古巴劳动保障部成立了专门机构处理其安置问题。刑满人员出狱之前，工作人员主动联系并对其心理状况和职业技能进行评估，帮他们联系居住地附近的适合单位，用人单位不可拒绝接受；如果刑满人员想学习深造，通过考核评估者可以入学。社会工作者、街道委员会工作人员全程跟进罪犯工作和学习后续情况，及时发现与解决问题。第四类为有劳动能力的残疾人。每个工厂必须专门为残疾工人开设工作车间，车间须配有残疾人士需要的设施和设备；先天残疾人士可进入学校学习工作技能，配备专门辅导人员，然后再安排适合工作；残疾劳动者的工资、福利、养老金与健康人无差别；主动接受残疾人的企业可减免税费。

经过艰苦努力，到 20 世纪 80 年代，古巴就业情况实现根本好转。1981~1985 年这 5 年间古巴"向六十三万人提供了就业机会"。① 古巴就业形势改善的另一表现是，革命后随着妇女地位的提高，妇女就业人数不断增加，在就业人数中所占比重不断增长，同期"妇女劳动力从占百分之三十二增到占百分之三十七"。② 表 2-2 反映了古巴革命胜利后妇女就业率的增长情况。

表 2-2　1970 年到 1988 年古巴妇女就业人数占 15 岁以上女性总人数百分比变化

单位：%

	1970 年	1981 年	1986 年	1988 年
古巴妇女就业人数占 15 岁以上女性总人数百分比	18.3	32.8	40.5	41.2

资料来源：Labor Force Participation Rate, Female（% of Female Population Ages 15+）（National Estimate）- Cuba, https://data. worldbank. org/indicator/SL. TLF. CACT. FE. NE. ZS? end = 2013&locations = CU&start = 1970.

五　改革住房政策，实现居者有其屋

住房问题不仅与人民生活直接相关，还能反映社会结构和社会矛盾的现实状况。古巴革命先驱很早就意识到住房问题的重要性与紧迫性。古巴革命胜利后，虽面临内忧外患，但古巴党和政府十分关注人民的住房问题，适时颁布法规法令，不断调整住房政策，努力改善人民的居住条件和生活环境。

（一）革命胜利之初古巴居民住房状况

1959 年革命胜利之初，古巴居民住房情况呈现以下特点。

其一，住房短缺，条件恶劣。20 世纪以来随着现代化和城市化进程加速，古巴城市人口迅速增长，住房需求激增，在哈瓦那等人口密集的大城市供需矛盾尤其尖锐。古巴建设部资料显示，1959 年古巴城市缺住房约 25 万

---

① 〔古〕菲德尔·卡斯特罗：《在古巴共产党第一、二、三次全国代表大会上的中心报告》，王玫等译，人民出版社，1990，第 364 页。

② 〔古〕菲德尔·卡斯特罗：《在古巴共产党第一、二、三次全国代表大会上的中心报告》，王玫等译，人民出版社，1990，第 364 页。

套，农村缺 40 万套。但在当时的社会制度下，房屋建设完全由私人开发商把控，他们追求利益最大化，用尽手段缩减可供买卖的住房面积，肆意哄抬房价。因此仅有少数富人有能力购买房屋自住，其他平民因收入微薄，只能租住破旧老小房，甚至自己搭建存在巨大安全隐患的棚屋。早在 1953 年，卡斯特罗就一针见血地指出："住宅的悲剧同样严重，甚至更为凄惨。古巴有二十万间茅屋和草棚；在城市和乡村有四十万户人家挤在连最起码的卫生条件都不具备的破旧、矮小阴暗的房屋里面；二百二十万城市居民要缴付占他们收入五分之一到三分之一的房租；二百八十万农村和郊区居民没有电灯。"[①]与此同时，公共管理部门毫无作为。革命前古巴政府几乎完全依附于美国，根本无视国内人民改善居住条件的需求。管理者不仅任由私人部门操纵住房建设、扰乱市场秩序、忽视供需矛盾，还接连颁布住房租赁自由政策；推波助澜，对不法现象无意监管。卡斯特罗在《历史终将判我无罪》中形象描述："如果国家缩手不管，房东们就在能够收取高昂房租的时候盖些新房，否则，哪怕其余居民都睡在露天里，他们也不会砌一块砖的。电力垄断集团也是一样，他们只把路线铺设到有利可图的地方，在这些地方以外哪怕有人一辈子在黑暗中生活，他们也是漠不关心的。国家袖手旁观，而人民继续没有房屋，没有电灯。"[②]

其二，城乡居住条件差别大。1953 年进行的全国住房调查表明，不同阶级居民住房水平悬殊，城乡人口的住房条件更是差异巨大。根据调查结果，"城市 53% 的房屋质量基本合格，可以居住，而农村不超过 26%。农村有 25% 不宜居住的危房依然有人居住；危房比重占农村房屋总量的 47%，居住人口比重高达 53%；76% 的农村房屋条件较差，存在损坏。另外，城市居民用电率可达 60%，农村用电率仅为 9%"。[③]

（二）古巴改善住房条件的过程

从 1959 年革命胜利到苏联解体前，古巴党和政府把改善人民住房问题作为改善民生的一项重要任务，不断调整住房建设和分配政策，努力满足人民住房需求。经过几十年的建设，古巴人民的居住条件有了较大改善。从具体

---

① 〔古〕菲德尔·卡斯特罗：《卡斯特罗言论集》（第一册），人民出版社，1963，第 37 页。
② 〔古〕菲德尔·卡斯特罗：《卡斯特罗言论集》（第一册），人民出版社，1963，第 37 页。
③ Gary Fields, "Economic Development and Housing Policy in Cuba," *Berkeley Planning Journal* 2, no. 1 (1985): 56.

过程看，大体经历了以下阶段。

1. 改革旧的住房政策，大力推进住房建设（1959~1969）

古巴革命胜利后，大批商贾巨富逃往国外，古巴境内留下大量豪宅别墅。这些房屋面积巨大、装修豪华，一栋房子能容纳几户人家。古巴房屋改革的第一步就是将其全部收归国有，直接分配给普通百姓，尤其是居住条件极其恶劣的弱势群体，国家仅象征性地收取一点租金。并且规定房屋不可买卖，只能以房易房。

1959 年 1 月，政府出台第 26 号法令，严令禁止随意驱逐租户和投机倒把行为。这些现象在革命前普遍存在，人民饱受其害。1959 年 3 月，出台第 135 号法令，宣布所有房租减半。1959 年 12 月，出台第 691 号法令，宣布所有空地收归国有，由国家统一分配使用。1960 年 10 月，正式颁布《城市改革法》，奠定了古巴社会住宅政策体系的基础。该法案内容丰富，旨在减轻人民负担、扩大自由产权居民人数。该法规定：租住房屋低于国家居住标准的租户无须支付租金；租户每月向政府支付租金，交满 5~20 年（根据房屋年限和条件），可获得房屋产权；所有国家新建住房的月租不得超过家庭月收入的 10%；房产交易禁止强买强卖，保护居住者合法权益。此外，《城市改革法》明确规定古巴住房政策以社会主义思想为指导，追求公平正义，提出要缩小城乡差距、大力发展农村住房、改善农民居住条件。政府在农村新建住房，并给予自建住房的居民经济和技术援助，对困难家庭的住房进行整修，确保日常用电。截至 20 世纪 60 年代末，古巴政府总计修建农村住房 4 万余套，设立了 214 个新乡镇，安置了大量农业发展需要的劳动力。

除了颁布施行一系列法律法规，有关部门还从机构设置等方面为住房建设提供保证。1959 年 2 月，成立国家储蓄与住房协会（INAV），通过发放国家彩票的方式积累原始资金，国家用其进行住房建设，短短两年，建成一万多套优质住房，有效缓解了住房短缺。1960 年，成立农村住房署，主管新农村住宅建设，"国家在农村修建了大约 40% 的房屋，大大超过革命前的数据"。[1] 同年，古巴社会福利部和公共事务部联合发起"自助互助计划"，目标为城市居住条件最差人群。公共事务部修建了 4700 套房屋，33 个存在安全隐患棚户区

① Claes Brundenius, *Economic Growth, Basic Needs and Income Distribution in Revolutionary Cuba* (University of Lund: Research Policy Institute, 1981), p. 117.

的居民全部迁入。1962年，古巴成立土地规划部，也是第一个专门管理国家土地资源的职能部门。1965年，政府将公共事务部改组为建设部，具体负责城乡住房建设管理。

本阶段住房建设成效显著，较好地满足了人民的住房需求。但由于当时过于追求房屋数量的增长，设计人员忽略环境、人口、区域等差异，千篇一律地设计和规划住房，也留下了部分房屋缺乏实用性和持续性的问题。

2. 调整住房政策，由单一住房建设转向综合发展（1970～1979）

20世纪60年代起，美国对古巴实行贸易禁运，停止了木材、钢板等建筑原材料的供应，直接影响了古巴房地产业的发展。此外，古巴前期的住房政策虽短期内缓解了住房赤字，暂时满足了部分群众的住房需求，但从长远发展看，仅靠国家单一提高住宅数量存在不少问题。因此，70年代，古巴创造性地提出"综合计划"（integrated plan），取得良好效果。其主要内容如下。

第一，推动各产业全面协调发展。美国贸易禁运的打击让古巴意识到构建自主产业体系的重要性，古巴决定走多产业发展道路。一方面，实行本土资源国有化。早期的土地改革运动将土地资源全部收归国有，实现真正的自主分配和使用，也为后来古巴房地产等行业的发展打下了基础。古巴的制糖产业拥有得天独厚的自然条件，但长期被美国资本把持。为改变这种状况，古巴对其进行国有化改革，发动了"伟大的蔗糖收获"运动，尝试将该产业打造成经济发展的第一驱动力，再将所得收入用于服务业、制造业、建筑业等。另一方面，构建新产业体系。原材料高度依赖进口的古巴开始挖掘本国资源的使用潜力，从革命前的零基础起步，发展水泥和混凝土工业、开办预制建筑组件工厂、设立能源开发项目、建设完备的工业基础设施等，取得良好效果。1971～1975年，发电量由25.5亿度增长到65亿度；机械工业的生产增加了2倍；原来基数很低的钢产量，由2.4万吨上升到24万吨，增加了9倍；纺织品产量增加了1.5倍；面食产量由约1万吨增加到5万吨。[①]建筑产业也从中获得红利，70年代房屋总量达到历史顶峰。

第二，房屋建设方式多元化。20世纪60年代的新房建设主要由国家全程负责，但问题也逐渐显现。革命刚胜利的古巴，百废待兴，社会主义建设

---

① 〔古〕菲德尔·卡斯特罗：《在古巴共产党第一、二、三次全国代表大会上的中心报告》，王玫等译，人民出版社，1990，第44～45页。

基础薄弱，各方面都需要资金、技术、资源、人力支持，房屋建设面临财政困难和建筑工人短缺的问题。古巴为了摆脱困难，在适量减少国家集资建房的基础上，结合古巴现实国情，1971年，古巴共产党创造性地提出"小型工程队"房屋建造模式。"小型工程队"（microbrigade）模式的主要内容如下。所有生产单位可以自行组建工程队建造房屋，满足生产、劳作、生活等日常需求。每支工程队30人，由年轻工人和经验丰富的资深工人组成。老员工负责指导和监督全部工作。每个工人可以离开原工作岗位1~2年，时间一到就回原单位继续工作，再补充新的工人进来。从设计、建造到分配流程，工程队完全自主负责。如有需要，工人可直接向国家寻求原材料、设备和技术支持。"1972年，12715名工人组成了444个工程队；1973年，古巴65%的新房由其建造；1983年，工程队总共在全国修建了10万套新宅。"① "小型工程队"不仅有助于解决内部工人住房难题，更大大增加了全国房屋供给数量，减少了国家财政的负担。

第三，房屋设计理念向社会融合模式转变。古巴前期住房设计的指导思想主要是数量增加，但是整体设计缺乏长远考虑，住宅周边配套设施没有整体规划，环境问题和社会问题日益显现。古巴逐渐认识到，房屋设计、城市规划和地区发展紧密联系，缺一不可，应将房屋建设置于城市整体空间中。为此，古巴决定从两个方面进行改进。其一是提升农村的区域融合性。设计人员不再建造单处住房，而是将房屋视为一个社会整体的组成部分，称为"新型农村社区"（Las Terrazas）。每个社区由46处单层住房组成，使用最先进的建筑材料，居住环境依山傍水，树木环绕，非常优美。每个社区还被赋予不同的社会职能，例如，"植树造林计划"的工作人员全部搬入当地，组成一个农村社区，共同保护当地环境。其二是提高大中型城市的土地使用率。20世纪70年代起，每个省会城市必须建造一套高层公寓，公寓顶层配有餐厅。这种公寓可居住人口数量非常可观，有效缓解了当时大城市的土地和人口安置压力。

3. 住房建设模式的进一步修正与升级（1980~1991）

20世纪80年代，古巴社会发展以"纠偏"为主基调。第一个五年计划（1976~1980）的实践结果不仅有成功的经验，更有珍贵的教训。在住宅建设

---

① 转引自 Jill Hamberg, *Under Construction: Housing Policy in Revolutionary Cuba*（NY: Center for Cuban Studies, 1986）。

领域，党和政府也进行了总结与修正。

第一，改进"小型工程队"（microbrigade）的工作方法。20 世纪 70 年代末，卡斯特罗公开提出施工队在建设效率和技术应用两方面存在缺陷。工程队构成人员流动性过大，岗位不固定，影响整体施工效率。另外，工人完全自主安排，很多时候缺乏合理规划，不参考专业技术，不符合行业标准。80 年代起，有关部门将原工程队逐步改造成国家指导施工队，每支队伍配备专家担任总指挥，专家经验丰富，熟练掌握先进建造技术，可以保证房屋建设质量。

第二，进一步完善住房建设的法律体系和组织体制。1981 年和 1983 年，古巴分别进行了全国性的房屋人口普查和自住房屋普查，广泛搜集有关数据，征求社会各界意见，成立了国家住房协会。1984 年，经过大量调研和分析，古巴颁布新版《住房建筑法》。相比 1960 年旧法，新法更加符合当时的社会条件和发展水平。其一，通过市场机制来合理调控房地产的生产和销售活动，允许之前禁止的房产交易。其二，鼓励公众自建住房，居民购买建房材料可享受低利率贷款，尽可能通过多种渠道来提高国家住宅存量。其三，制定全新的租房条例。1960 年《城市改革法》规定房租不超过居民收入的 10%，虽暂时缓解了人民生活压力，但给政府财政带来巨大负担。新法采用新的房租费用计算公式，根据租住人支付能力和房屋大小来算定，不仅确保住房分配更加公平，还为今后各项建设事业进行了资金储备。

第三，更加注重环境保护和文物保护。革命初期，古巴谋求迅速发展，加快工业化和现代化进程，给当地的自然环境和人文环境造成一些破坏，在经济水平得到恢复、社会建设初具规模后，古巴政府制定各项方针政策时，更加强调人文精神和环境保护。一方面，政府大力推动"小树林计划"（Las Arboledas）。这是一项将环境保护和住房建设相结合的项目，目的是打造天然绿色宜居环境。政府还制定了环境保护条例，规定所有住房条件必须符合环保标准，建设中不可损坏周围环境，绿化率要达到一定水平。另一方面，20 世纪 80 年代起，一些历史学家联合发起历史建筑保护项目，旨在保护古巴的文化遗产和标志建筑。这项运动影响不断扩大，从专家学者联盟到社会部门，再扩展成全国性的运动；从首都等大城市文物保护扩大到全国文物保护。国家为支持这项运动，专门成立了国家保护修复博物馆学研究中心（CNCRM）。建筑学家 Coyula 高度评价这项运动，认为这项运动让古巴人逐渐意识到文物保护的益处，在环境塑造中寻求民族身份认同和意识表达，是一种更合理的生态社会经济发展方式。①

截至"特殊时期"前，古巴根据经济、政治、社会环境的变化，及时调整、不断完善住房政策，经历了从消灭"房屋赤字"走向提高房屋质量、从追求数量增长到关注空间模式、从国家统一分配到多元化住房供给、从单一地理环境建设到社会整体和谐规划的发展，根本改善了古巴人民的居住条件，是古巴社会建设的重大成果。据资料统计，"从革命胜利到1993年，古巴共建造了130万套住宅，在人口增长57%的情况下，住房存量增长了80%"，②极大地缓解了住房紧张状况。

六　凝聚社会共识，健全治理体制，维护社会稳定

社会治理是社会建设的重要内容。社会治理内涵丰富，其本身也是一个不断发展的动态过程。古巴革命胜利后，古巴党和政府虽然没有提出社会治理的系统理论，但非常重视社会的和谐稳定。从历史的角度看，古巴能够在严峻复杂的国际国内环境下巩固社会主义制度、发展社会主义事业，与古巴党和政府对社会的有效治理是分不开的。纵观古巴革命胜利后到苏联解体这一时期古巴社会治理的实践，其主要举措有以下几个方面。

（一）凝聚社会共识

古巴革命胜利后，面临的国内外形势错综复杂，特别是美国对古巴进行经济封锁和意识形态渗透，企图颠覆古巴社会主义政权。在复杂的国际国内形势面前，如何稳定民心，强化人民对社会主义制度的认同，是古巴党和政府面临的现实课题。因此，古巴社会治理的首要任务就是凝聚社会共识，稳定社会心理，增强全社会对古巴共产党和社会主义的认同感。古巴党和政府的主要举措有以下几点。

一是开展意识形态斗争。古巴革命胜利以来，卡斯特罗非常重视意识形态领域的斗争，多次强调思想斗争的必要性和长期性。革命胜利之初，卡斯特罗就提出打赢"思想战"的要求。1980年古共"二大"上，他又指出：

---

① 参见 Mario Coyula Cowley, "Por una Nocion mas Amplia de Monumento," *Arquitecturay Urbanismo* no. 2 (1984)。

② Mario Coyula Cowley, "Housing in Cuba," *Designer/Builder*, no. 15 (2000)：4.

"对所有革命者来说，思想斗争就是战斗的第一线，就是第一道革命战壕。"①
他强调要通过开展意识形态斗争统一思想、凝聚共识。古巴共产党号召开展
"思想战"，用以反击敌对势力的污蔑、抹黑，激发古巴民族意识和民族精
神。在同各种反动、腐朽思想进行斗争的同时，古巴还在全国开展了经常性
的思想政治教育和共产主义德育教育活动。在各级各类学校，加强对青年学
生的思想政治教育工作，通过普及历史教育、革命教育、道德教育、爱国教
育和国际主义教育，培养学生的革命精神、民族精神和爱国主义精神；在全
社会尤其是党员干部中，进行革命精神和艰苦奋斗精神教育，通过组织集体
活动、举办展览、召开群众大会、举行纪念日活动等多种形式，提高党员干
部和人民群众的思想觉悟，增强全社会抵御西方享乐主义和拜金主义等糖衣
炮弹攻击的能力，坚定社会主义信念和价值观。

二是发挥宣传阵地作用。古巴党和政府非常重视社会舆论和国际影响，
努力打造强有力的宣传阵地，对内确保人民"得到有关国际形势主要问题的
真实报道，提高政治文化水平"；对外"努力树立古巴革命的真实形象，摆
出我们的成绩、缺点和困难，宣传社会主义在社会经济生活各方面取得的成
就"。② 为此，古巴共产党建立了专门的宣传通报系统。该系统由 7000 多名
播报员组成，按小组划分，对接指定的党员和干部，进行政治和革命教育，
及时通报国家发展情况，尤其是紧急重大情况。古巴共产党还制定了长期编
写发行计划，定期出版有关革命教育、思想政治教育、道德教育的著作，在
基层组织和偏远地区修建图书馆，向公众免费开放。群众组成讨论小组，分
享学习心得，并对宣传工作提出意见。古巴共产党还采取措施，实现大众传
播工具多样化。如提高报纸杂志发行量，尽可能面向更多群众，充分发挥
《格拉玛报》《共产党员》等党媒官媒的载体作用。推动广播电视事业现代
化，增加儿童和青年频道、新闻和文化主题节目、社会主义教育影片，扩充
体育频道内容，让大众传媒不仅具有革命教育性，更有趣味性。

三是加强学术研究。古巴共产党成立了研究所。研究所由经历过革命考
验的学者组成，主要研究古巴社会主义革命史和共产主义运动史，通过出版

---

① 〔古〕菲德尔·卡斯特罗：《在古巴共产党第一、二、三次全国代表大会上的中心报告》，王
  玫等译，人民出版社，1990，第 317 页。
② 〔古〕菲德尔·卡斯特罗：《在古巴共产党第一、二、三次全国代表大会上的中心报告》，王
  玫等译，人民出版社，1990，第 314 页。

著作、发表论文，阐述古巴党的革命史、社会主义建设史，以古巴革命和建设的辉煌成就鼓舞人心、凝聚共识。

（二） 坚持公平正义的社会治理取向，发挥人民主体作用

"为什么人"的问题，是一个党、一个社会性质的集中体现，也是决定社会治理价值取向的根本因素。卡斯特罗多次强调，古巴革命是"一场贫苦人的、由贫苦人进行的、为了贫苦人的社会主义民主革命"，"社会公正是古巴革命所追求的基本目标和立足之本"，[①] "所有公民，不论肤色和血统，都有权利在各方面享有完全的平等"。[②] 古巴革命胜利后，古巴党和政府确立了"以人为本""公平正义"的社会治理价值取向，为社会建设提供了基本遵循。古巴党执政伊始就将满足人民基本需求、不断改善民生作为第一要务。虽然国家经济困难，但仍努力推进全民免费教育、全民免费医疗、全面社会保障，不断改善居民居住条件，坚持了社会建设的根本价值取向。

为发挥人民群众社会建设主体作用，古巴共产党尊重人民主体地位，注意调动人民参与国家管理与社会治理的积极性主动性。古巴要求领导干部经常去基层组织或生产第一线与群众座谈，听取群众意见；专门成立舆论中心和群众意见反馈部，随时了解民情民声民困；国家进行重大决策要进行全国范围大讨论，将群众意见作为重要决策参考，由高级领导干部直接审阅。"以人为本""公平正义"的社会治理价值取向，尊重人民群众社会建设主体地位，发挥人民群众在社会治理中的主人翁作用，是古巴能够在复杂环境下保持社会稳定的基础，也是古巴社会治理的重要特色。

（三） 建立健全社会治理体制

建立系统完备的社会治理体制是优化社会治理的现实路径。古巴革命胜利后，在变革旧的治理体制的基础上，党和政府逐步建立健全适应社会主义需要的社会治理体制，维护了社会秩序，保证了社会稳定。

第一，加强党的领导。党的领导是社会主义的本质特征，也是社会治理不断取得新成果的根本保障。古巴共产党在领导社会主义建设的过程中，非常重视加强自身建设，提高管党治国的水平。一方面，古巴共产党注重提高

---

① 宋晓平：《古巴革命的历史意义和成就》，《拉丁美洲研究》2009 年第 1 期，第 28 页。

② 〔古〕菲德尔·卡斯特罗：《在古巴共产党第一、二、三次全国代表大会上的中心报告》，王玫等译，人民出版社，1990，第 134 页。

党员干部综合能力。卡斯特罗亲自主持全国干部工作大会，会上带头进行批评与自我批评，共同分析当前国内外形势，交流重点难点工作；注重革命精神传承和接班人的培养，研究年轻党员干部长期培养和轮岗工作方案；重视学习马列主义，提升理论水平和执政能力；加强对外尤其是与社会主义国家的交流，派干部、专家赴国外学习、考察。另一方面，深化防治腐败和从严监督工作。卡斯特罗强调，"我们不是高高在上的人，而是从人民中来的人，为人民服务的人"，① 全体党员干部应是人民的公仆。古巴严令禁止一切特权现象。党员干部不住豪宅，不配专车，不拿高薪，不得去高档场所消费；高级领导干部及其亲属不能担任企业领导职务，儿女不能经商。同时，古巴共产党建立了一套从上至下的监督机制，在中央、省、市、县、区设立各级申诉委员会、群众举报监督委员会和审计办公室。党员干部要时刻接受群众监督；选拔干部要经过推荐、党组织会议和群众投票；所有党员干部实行任期考核，未达到工作目标的必须被免职。

第二，构建法治体系。法治是现代社会秩序的基本保证，依法治理是社会治理的基本方式。古巴共产党和政府一直重视构建符合国情的法律体系和有效机制，确保社会治理更加规范化、制度化和法治化。古巴做出重大决策、重要部署，一般通过立法形式，使其法治化。革命胜利以来陆续出台的与社会建设密切相关的《社会保障法》《土地改革法》《劳工法》《妇女保护法》《城市改革法》《社会主义宪法》《选举法》等法律法规，为古巴推进社会治理提供了法律依据，并逐步形成较为全面系统的社会治理法治体系。

第三，拓宽治理主体。社会治理是一个动态的过程。社会主义国家治理体系要在党的领导下，发挥政府职能作用，协调各参与主体关系，实现治理主体多元化，最大限度激发社会要素的活力和创造力。古巴共产党以"共治"和"善治"为导向，积极发挥群众和基层的作用，逐步实现治理主体的多元化。一方面，普及基层自治。县区一级的人大代表直接由人民选举产生，代表定期向人民汇报工作，直接对人民负责。以社区为基本单位，形成政府指导、居民自治的社区治理体系。另一方面，发挥社会组织作用。通过加强工会、妇联、青年团等社会组织建设，发挥社会组织在防范化解社会矛盾中的作用，增强社会组织对社会共识的宣传效力。"据 1986 年统计，工会、妇联、

---

① 〔古〕菲德尔·卡斯特罗：《卡斯特罗言论集》（第一册），人民出版社，1963，第 104 页。

保卫革命委员会、大学联、中学联和少先队的成员占各自群体的80%以上，其中工会会员占工人的比例和少先队员占在校儿童的比例高达99.5%。"① 古巴社会治理主体的多元化，初步实现了"自上而下"的政府管理和"自下而上"的社会自治的结合。

第四节　苏联解体前古巴社会建设的基本评价

古巴是在经济文化相对落后的条件下进行社会主义革命和社会主义建设的，社会建设的基础薄弱。但古巴党和政府从古巴的现实条件出发，积极探索经济文化相对落后的国家进行社会建设、改善民生的基本路径，取得了明显效果，特别是古巴的全民免费教育、免费医疗、社会保障制度得到国际社会普遍认可。尽管在社会建设的过程中存在问题和不足，但从总体上看，这些问题和不足是探索中难以完全避免的。对苏联解体前古巴社会建设应予以全面客观评价。

一　社会建设取得历史性成就

（一）基本实现人人享有免费教育目标，教育发展水平迈入世界先进行列

教育是古巴社会建设的着力点，也是最能体现古巴社会建设成就的主要方面。同1959年古巴革命胜利之初教育的落后状况相比，经过30余年的发展，到苏联解体前，古巴教育取得了巨大成就，基本实现了人人享受免费教育的目标，并基本建立起包括学前教育、基础教育、中等教育、职业教育、高等教育等多层次的综合教育体系，各级各类学校的教育质量不断提高。有关资料显示，古巴教育发展多项指标位于拉丁美洲地区第一、发展中国家前列，有的指标超过发达国家。英国《泰晤士报》曾发文称："在卡斯特罗的治理下，古巴这个贫穷的加勒比海岛国建立的卫生和教育体系连富裕得多的国家都会羡慕。"② 联合国开发计划署曾发布人类发展报告，高度肯定古巴教育所得成就。"'古巴的扫盲率令人瞩目，达到96.4%。无业家庭妇女均已达

① 转引自毛相麟《古巴社会主义研究》，社会科学文献出版社，2005，第60页。
② 引自陈久长《看古巴如何破解看病难》，《小康》2010年第3期，第84页。

小学六年级水平'。这在拉美地区是罕见的，在全世界也不多见。"① 根据有关数据，"20 世纪 80 年代，古巴已基本消灭雇佣 14 岁以下童工的现象，全面涵盖适龄儿童，确保能正常入学，小学入学率达 98.8%。中等教育入学率从 1960 年的 14% 增至 1990 年的 90%，高等教育入学率从 20 世纪 70 年代的 7% 增至 90 年代的 21%，古巴 14% 的劳动人口都有大学文凭"。②

古巴教育发展的部分成果如图 2-1、表 2-3 至表 2-5 所示。

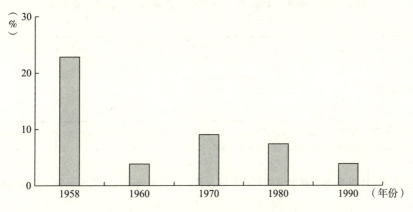

图 2-1　古巴文盲率变化情况（1958~1990）

资料来源：Miren Uriarte, *Cuba*, *Social Policy at a Crossroads*：*Maintaining Priorities*, *Transforming Practice*（University of Massachusetts Boston：Scholar Works at UMass Boston，2002），p. 10（综合文字和图片）。

表 2-3　1958 年和 1989 年古巴部分教育发展指数对比

单位：%，年

		1958 年	1989 年
15 岁及以上人口识字率		76. 4	99. 2
入学率	初等教育	54. 0	92. 0
	中等教育	29. 0	70. 3
	高等教育	4. 0	25. 0
平均受教育年限		3. 5	7. 8

---

① 转引自陈久长《卡斯特罗与古巴——出使岛国见闻》，湖南人民出版社，2002，第 175 页。

② Miren Uriarte, *Cuba, Social Policy at a Crossroads: Maintaining Priorities, Transforming Practice*（University of Massachusetts Boston：Scholar Works at UMass Boston，2002），pp. 11-12.

续表

	1958 年	1989 年
小学毕业率	3.5	99.0
大学学历人口占总人口的比重	0.8	5.0

资料来源：转引自 Juan Jose Cabello et al. ，"An Approach to Sustainable Development：The Case of Cuba，" *Environment Development and Sustainability* 14，no.4（2012）：580，表3。

表 2-4　1980 年、1985 年、1990 年古巴部分教育发展指数变化

单位：年，岁

年份	人均预期寿命	平均受教育年限	预期受教育年限
1980	73.8	7.8	12.1
1985	74.5	7.7	12.2
1990	74.6	8.5	12.3

资料来源：转引自 Juan Jose Cabello et al. ，"An Approach to Sustainable Development：The Case of Cuba，" *Environment Development and Sustainability* 14，no.4（2012）：578，表1。

表 2-5　1990 年古巴同部分国家及不同人类发展水平国家的主要教育发展指数比较

单位：年，%

	古巴	阿根廷	巴西	智利	英国	瑞典	葡萄牙	意大利	极高人类发展水平国家	高人类发展水平国家	发展中国家
预期受教育年限	12.3	13.2	12.2	12.9	13.7	12.9	11.8	12.8	13.3	9.7	8.4
学前教育毛入学率（占学前儿童比重）	90.0	—	—	81.0	50.0	64.0	34.0	90.0	64.0	24.0	—
中等教育毛入学率（占学龄人口比重）	89.0	71.0	—	76.0	84.0	90.0	60.0	80.0	89.0	46.0	—
受过中等教育及以上人口占比（25岁及以上人口）	53.9	37.3	20.1	50.1	52.2	68.3	22.5	49.7	—	—	—

资料来源：United Nations Development Programme，*Human Development Report*，http://hdr.undp.org/en.

（二）建立起完备的医疗卫生体系，人人享有免费医疗服务

1959 年革命胜利以来，古巴一直将提高医疗卫生水平和全民健康水平作为工作重点，将建设"医疗强国"作为医疗卫生事业发展的目标。卡斯特罗曾在第七届不结盟国家首脑会议上强调，"只要健康没有被认为是人的基本权利和社会的义务，只要不承认国家和社会有责任关注健康，只要在国内外

健康资源的分配不平等，只要不与贫困、饥饿、无知和不健康作正面的斗争，不发达世界在改善人的健康方面就不可能取得多少成就"。① 经过多年探索实践，20 世纪 80 年代末，古巴建立起完备的三级医疗体系。从预防保健、积极治疗到康复护理，无论是老人、妇女、儿童还是特殊人群，包括偏远农村的居民，都能够享受全面系统的医疗服务。古巴在医药科学研究、药品研发、治疗康复等领域也达到较高水平。反映医疗卫生水平的人均预期寿命、人口自然增长率、医生数量、病床数量、传染病发病率等多项指标位居发展中国家前列，有的指标超过发达国家水平，处于世界前列。根据古巴公共卫生部数据，1970 年古巴每 10 万人患肺结核人数为 30 人，1990 年每 10 万人中患病人数仅有 5 人，这在国际上也较为罕见。1959 年革命以前古巴主要致死疾病为心脏病、恶性肿瘤、腹泻痢疾、儿童疾病、心脑血管疾病等。20 世纪 90年代初，古巴主要致死疾病和发达国家一样为心脏病、癌症、中风、意外事故、流感和肺炎，但死亡率更低，不再出现一些第三世界国家普遍存在的致命性传染疾病。特别是古巴在儿科医疗领域取得突出成就，不仅建立了覆盖全国的儿科诊疗系统，还为妇婴人群研发了现代化的最新疗法。"所有古巴儿童都得到精心治疗，丝毫不比工业发达资本主义国家的百万富翁子女所受到的照顾逊色。"② 在古巴，"1985 年，每 443 个居民中就有一名医生，口腔科医生从每 2667 个居民中有一名提高到每 1864 个居民中就有一名"，③ 处于世界前列。这表明古巴的医疗服务达到了较高水平。

古巴医疗卫生事业发展的部分成果如表 2-6 至表 2-10、图 2-2 所示。

表 2-6　1958 年和 1987 年古巴主要医疗发展指数对比

	1958 年	1987 年
婴儿死亡率（‰）	55.4	11.1
产妇死亡率（‰₀₀）	125.5	9.2
每千人口医院床位数（张）	4.5	5.3

---

① 〔古〕萨洛蒙·苏希·萨尔法蒂编《卡斯特罗语录》，宋晓平等译，社会科学文献出版社，2010，第 254 页。

② 〔古〕菲德尔·卡斯特罗：《在古巴共产党第一、二、三次全国代表大会上的中心报告》，王玫等译，人民出版社，1990，第 365 页。

③ 〔古〕菲德尔·卡斯特罗：《在古巴共产党第一、二、三次全国代表大会上的中心报告》，王玫等译，人民出版社，1990，第 366 页。

续表

	1958 年	1987 年
每万人口医生数（人）	9.2	55.1
预期寿命（岁）	64.0	74.6
医疗总支出占国内生产总值的比重（%）	—	4.8

资料来源：转引自 Juan Jose Cabello et al. ，"An Approach to Sustainable Development：The Case of Cuba," *Environment Development and Sustainability* 14，no. 4（2012）：579，图 2。

表 2-7　苏联解体前古巴居民和医生、口腔科医生人数比例的变化情况

单位：人

	医生总数	居民：医生	口腔科医生总数	居民：口腔科医生
1958 年	6286	1076：1	250	27052：1
1970 年	6152	1393：1	1366	6276：1
1980 年	15247	641：1	3646	2682：1
1990 年	38690	274：1	6959	1524：1

资料来源：ONEI, *Anuario Estadistico de Cuba 2018*，Capitulo 19：Salud y Asistencia Social, p. 11.

表 2-8　古巴婴儿死亡率变化情况（1960~1990）

单位：‰

	1960 年	1975 年	1980 年	1985 年	1990 年
婴儿死亡率	43	23	18	14	11

资料来源：Mortality Rate，Infant（Per 1000 Live Births）-Cuba，https://data. worldbank. org/indicator/SP. DYN. IMRT. IN?locations＝CU.

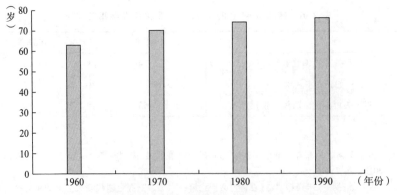

图 2-2　苏联解体前古巴人均预期寿命增长情况（1960~1990）

资料来源：Life Expectancy at Birth，Total（Years）-Cuba，https://data. worldbank. org/indicator/SP. DYN. LE00. IN?locations＝CU.

表2-9 1970~1990年古巴每十万人中因疾病死亡人数

单位：人

	1970年	1975年	1980年	1985年	1990年
心脏病	205.4	185.0	174.4	182.3	170.2
恶性肿瘤	122.4	114.4	111.1	113.9	112.8
中风	85.6	63.1	57.7	59.7	55.6
流感和肺炎	45.3	44.6	40.1	42.0	28.7
血管疾病	36.0	33.9	24.9	22.9	24.1
糖尿病	13.3	11.8	11.6	15.2	18.8
传染和寄生虫病	45.0	17.0	10.1	11.4	9.6

资料来源：转引自 *Cuba's Social Services: A Review of Education Health and Sanitation*，第34页，表4。

表2-10 1990年古巴同部分国家及不同人类发展水平国家重要医疗发展指数比较

	古巴	阿根廷	巴西	智利	葡萄牙	德国	美国	极高人类发展水平国家	发展中国家
预期寿命（岁）	74.6	71.6	66.3	73.5	74.5	75.5	75.2	73.8	63.0
婴儿死亡率（‰）	10.5	25.4	52.6	16.1	11.5	7.0	9.4	16.0	68.6
1岁婴儿中未接种麻疹疫苗人数占比（%）	6.0	7.0	22.0	3.0	15.0	25.0	10.0	16.0	27.0
1岁婴儿中未注射接种百白破疫苗人数占比（%）	3.0	5.0	14.0	2.0	4.0	7.0	4.0	5.0	11.0
成人艾滋病流行率（15~49岁,%）	0.1	0.1	0.2	0.1	0.2	0.1	0.1	0.1	0.5

资料来源：United Nations Development Programme，*Human Development Report*，http://hdr.undp.org/en.

（三）全民社会保障制度基本建成

1959年革命胜利前，古巴社会保障制度很不健全，社会保障范围狭窄，局限于社会保险；享受社会保障的人员很少，没有失业救济金，即使能够享有社会保障的少数人员，保障水平也非常低，而且大部分社会保险基金会的养老金被巴蒂斯塔政权的官员贪污。1959年革命胜利后，古巴不断改革和完善社会保障制度。1963年古巴颁布第一部《社会保障法》，1979年颁布新《社会保障法》，社会保障法规的每一次修改，意味着社会保障制度更加符合古巴国情，意味着保障制度的更加完善。到苏联解体前，古巴已基本建立起体现全民保障、全面保障的社会保障体系，实现了每个古巴公民"从出生到坟墓"的全面保障。同时，随着经济的发展，国家对社会保障的投入也不断增加，社会保障水平不断提高。国家财政在社会保障的开支从 1959 年的 1030 万比索增加到 1991 年的 12 亿比索，约占当年财政预算支出的 9%，30 余年间古巴社会保障开支增长近 116 倍。古巴是国际上公认的社会保障工作成绩最显著的国家之一，曾有国际组织称古巴为"社会保障领域，拉丁美洲四个领头羊之一"。①

（四）社会安全稳定得以保证

拉美是地缘政治比较复杂的地区，国家关系错综复杂。古巴走上社会主义道路后，美国对古巴进行封锁、遏制、打压，千方百计颠覆古巴政权，古巴面临的外部环境十分险恶。如何维护古巴政权安全、社会安定，是古巴共产党面临的严峻课题。在维护古巴领土主权安全和政治社会安全的过程中，古巴共产党一方面加强军队建设，强化捍卫国家主权的能力，并积极争取国际正义力量的支持；另一方面大力推进社会建设，以社会建设的成果显示社会主义制度的优越性，增强社会主义对人民群众的凝聚力吸引力，坚定人民群众的社会主义信念，巩固社会主义的制度基础。革命胜利后，古巴党和政府以改善民生为核心，实行全民免费教育、免费医疗，积极解决群众就业问题，不断完善社会保障制度，有效践行了社会主义公平正义的价值理念，真正做到了"在社会主义社会，人们不用为饥饿、绝望而操心，不用为失业的可怕后果、为家人因看不起医生买不起药死去而担心，不用为受不到教育而担忧，不用因为需要最起码的保障而绝望地劳动"。② 社会主义赢得了人民群众的拥护和支持，使古巴能够经受住各种风险考验，奠定了保证政权安全和社会稳定的群众基础。在发展民生事业的同时，古巴党和政府还注重做好社会治理工作。通过开展马克思主义思想教育、"思想战"等活动，筑牢社会安全的意识形态防线；通过发挥各种社会组织的作用，壮大了维护社会安全的社会力量。从总体上看，古巴社会建设的成果，是古巴社会主义制度得以

---

① Howard I. Blutstein, *Area Handbook for Cuba* (Washington, DC: U. S. Government Printing Office, 1971) p. 129.

② 〔古〕萨洛蒙·苏希·萨尔法蒂编《卡斯特罗语录》，宋晓平等译，社会科学文献出版社，2010，第 262~263 页。

巩固、社会安全稳定得以保证的重要因素。

二　构建起社会建设的基本框架和制度体系

社会建设是社会主义建设的内在组成部分。加强制度建设，构建社会建设制度体系，是建立和完善社会主义制度、实现国家治理体系和治理能力现代化的重要环节，也是社会建设可持续发展的基本要求。从社会主义国家社会建设的实践看，不论是在苏联解体前各个社会主义国家，还是当今社会主义国家，虽然在发展经济、改善民生方面都做了积极探索，但对社会建设没有形成统一的认识，特别是在社会建设的制度架构方面，大多数国家尚未形成制度体系。明确将社会建设纳入社会主义建设总体布局，形成社会建设系统理论并明确强调建立社会建设制度体系的是中国共产党。2019 年 10 月的中国共产党十九届四中全会《决定》，从"坚持和完善统筹城乡的民生保障制度，满足人民日益增长的美好生活需要""坚持和完善共建共治共享的社会治理制度，保持社会稳定、维护国家安全"两个方面，概述了社会建设两个方面的制度体系，是对中国特色社会主义社会建设理论发展和实践经验的科学总结。从民生保障制度看，《决定》主要从就业、教育、社会保障、医疗卫生四个方面提出进一步加强制度建设要求。

历史地看古巴革命胜利后的社会建设，其虽然没有形成系统的社会建设理论体系，但改善民生的重点也是放在教育、医疗、社会保障、就业、住房等基本民生问题上，而且在发展民生事业的过程中，古巴特别重视法律法规制度建设，民生领域每一项重大措施、每一项调整改革基本都有相关法律法规制度作为依据和保障，并且随着形势的变化及时进行修订完善。这也是古巴社会建设呈现出的一个显著特点。正因为如此，从一定意义上说，苏联解体前古巴的社会建设，虽经历过曲折，但构建了古巴社会建设的四梁八柱，筑起了古巴社会领域基本的制度体系，使古巴社会建设能够有序推进，并取得巨大成就，同时也为古巴经受"特殊时期"考验、巩固社会主义制度奠定了坚实的社会基础。

三　辩证看待社会建设过程中出现的问题

古巴社会建设是在探索中不断推进的。在社会建设的过程中，古巴出现过"平均主义""理想主义""忽视效率"等现象，在社会建设具体领域中也存在权力高度集中、国家大包大揽造成财政负担沉重等问题。

古巴革命胜利后,卡斯特罗特别强调公平基础上的"按劳分配",以保证每个人的尊严、权利和机会平等。20 世纪 60 年代,古巴开始实行平均主义和福利化的分配方式,食物免费配给,公共服务项目免费。卡斯特罗还接受格瓦拉的主张,向苏联学习,建立单一的生产资料所有制形式,实行全盘集体化和国有化,试图迅速消灭市场经济和商品生产,实行"共产主义"的平均分配。1968 年,古巴开展了"革命攻势运动",对全国 5500 多家私营商业和手工业单位全部实行国有化。卡斯特罗甚至认为古巴的"共产主义所有制、觉悟的提高以及平均分配方面都走在苏联前头"。① 受此认识影响,基本生活资料配给制成为主要分配方式。政府向每个家庭发放票证和"粮本",各家凭本购买生活必需品。此外,人民还享有多种福利、津贴或补贴。平均主义、福利化的政策,不仅在一定程度上影响了效率的提高,而且给国家财政造成巨大压力。进入 20 世纪 70 年代,卡斯特罗总结了过去的经验教训,并对 60 年代推行的"理想主义"政策进行了批判,提出要反对平均主义,注意提高效率。他反省道:"看起来我们当时好象在向共产主义的生产和分配方式日益靠近,实际上背离建设社会主义基础的正确道路愈来愈远。"② 在此基础上,古巴调整社会建设政策,在保持公平优先的基础上,减少免费服务和低价配给项目,减轻国家财政负担,同时,尽力保证居民福利,在教育、医疗、社会保障方面继续为全民提供免费服务。

古巴社会建设过程中所出现的问题,究其原因,一方面是古巴没有社会主义社会建设的经验,在实践中走弯路甚至出现一些失误是难以完全避免的;另一方面与当时国际共产主义运动的大背景有关。第二次世界大战结束后,国际共产主义运动蓬勃发展,一系列国家走上社会主义道路。这些国家大多是经济文化相对落后的国家,且对社会主义建设的规律把握不深,对社会主义建设的长期性、复杂性、艰巨性认识不足。特别是作为社会主义发展模范的苏联,超越自身发展阶段,在 1961 年召开的苏共二十二大上提出 20 年内要全面建成共产主义。受此影响,一些国家也制定了建成共产主义的时间表,

---

① 转引自〔美〕卡梅洛·梅萨-拉戈《七十年代的古巴——注重实效与体制化》,丁中译,庄绎传校,商务印书馆,1980,第 17 页。

② 〔古〕菲德尔·卡斯特罗:《在古巴共产党第一、二、三次全国代表大会上的中心报告》,王玫等译,人民出版社,1990,第 89~90 页。

开始向共产主义过渡。认识上的脱离实际，导致了实践中出现"冒进主义""平均主义""理想主义"等问题，必然反映到社会建设的具体政策之中。

　　基于上述分析，苏联解体前古巴社会建设过程中，虽然存在一些问题、失误，但成绩是主要的。正是古巴社会建设的成就，奠定了古巴社会发展在发展中国家中的先进地位，部分指标甚至达到或超过发达国家水平，彰显了社会主义制度的优越性。

·第三章·

社会主义"特殊时期"的社会建设
(1992~2007)

从 1959 年革命胜利到苏联解体前，经过 30 余年不懈探索和曲折发展，古巴社会建设取得巨大成就，为社会建设的进一步推进奠定了基础，积累了丰富经验。但 20 世纪 80 年代末 90 年代初，国际形势风云突变，东欧剧变、苏联解体。受其影响，古巴社会主义发展陷入困境，进入"特殊时期"。面对国际局势的深刻变化，古巴共产党和政府及时调整政策措施，应对"特殊困难"的挑战。经过艰苦奋斗，古巴守住了拉美这块社会主义阵地，社会建设也在调整中继续推进。

第一节 "特殊时期"古巴社会建设的历史背景

一 "特殊时期"面临的国际环境及其影响

20 世纪 80 年代末 90 年代初，东欧剧变、苏联解体。苏联解体标志着苏美对峙局面终结，世界社会主义运动陷入低潮。虽然 20 世纪 80 年代中期，古巴共产党已开始反思前期"理想主义"、"教条主义"和照搬苏联模式的错误，在全国范围内进行"纠偏"和"整风"运动，确保古巴社会主义大方向不变，但短短两年中，世界社会主义形势突变仍让古巴受到沉重打击，对古巴社会主义政权稳定、经济发展和社会安全产生不利影响。

（一）失去重要政治依托和军事保护

古巴革命胜利以来，一直面临美帝国主义威胁和干涉，美国采取各种手段，企图摧毁古巴社会主义政权。虽然古巴发展的先天条件和外部环境没有优势，但古巴社会主义得以持续的首要原因在于党和人民的顽强斗争，顶住了美国等敌对势力的压力。同时，基于全球战略和冷战格局考虑，拉美唯一的社会主义国家古巴，选择加强与以苏联为核心的社会主义阵营的联系。客观来看，苏联及东欧国家对古巴的政治支持、经济援助和军事保护在一定程度上有利于古巴政权的巩固，也是古巴社会主义发展的有利条件之一。东欧剧变、苏联解体以后，社会主义阵营瓦解，古巴失去了重要政治依托和军事保护，陷入空前孤立和举步维艰的困境中。

（二）经济遭到严重打击

古巴是经济互助委员会（以下简称经互会）的成员国。经互会是由苏联主导的社会主义国家的经济合作组织，类似于当时的欧洲共同体。1972年，古巴加入经互会，苏联和经互会是古巴最重要的贸易伙伴。1989年，苏东贸易占古巴对外贸易总额的85%。古巴长期以蔗糖出口苏联，苏联以优惠条件向古巴出口石油和生活用品，这种援助性质的贸易方式给予古巴巨大帮助。1991年，随着东欧剧变、苏联解体，经互会宣告解散，与古巴的贸易关系被迫切断。同年，俄罗斯宣布改变对古政策，结束记账式易货贸易，今后严格执行硬通货支付手段和国际市场价格定价。"1989年苏联对古巴的出口额为60.87亿美元，1991年降至28.77亿美元；同期古巴对苏联的出口也从61.41亿美元降至18.29亿美元。"① 苏联解体后，俄罗斯宣布原苏古贸易协议全部作废，停止对古巴的援建项目，撤回所有援古专家，贸易形式仅存石油换糖，石油和粮食供应大幅缩减，古巴和东欧国家的贸易关系也基本断绝。

（三）美国趁火打劫，加紧封锁遏制

古巴革命胜利、宣告走社会主义道路后，美国将古巴视为眼中钉，竭力通过经济封锁、军事威胁、贸易禁运、意识形态侵蚀等手段对古巴进行遏制打压。苏联解体后，美国企图借古巴之困，一举摧毁深陷危机的古巴社会主义政权。1990年开始，美国对古巴施压的重点转向经济封锁，1992年美国出台《古巴民主法案》，该法规定进入过古巴的（外国）船只6个月内不得驶入美国港口；无论美国国内公司还是海外公司，都不允许同古巴有贸易往来；

① 宋晓平、毛相麟：《世界新格局下的古巴：形势和对策》，《世界经济与政治》1994年第8期，第58页。

美国对所有援助过古巴的国家进行制裁。美国的霸权行径让古巴外贸环境不断恶化，对外经贸关系难以开展，经济遭受巨大损失。此外，美国加强对古巴的"和平演变"。首先，加大反古黑古宣传力度。美国政府在古巴裔人口最多的迈阿密地区，专门设立电视台、广播电台，每天 24 小时播放反古资料，煽动群众反古情绪。其次，扶持古巴国内反动势力。苏联解体后，古巴陷入危机，社会不安，形势敏感，不少反动分子趁机作乱。美国给予叛乱团伙多种支持，妄图通过颠覆活动消灭古巴社会主义制度。最后，以选举和人权问题为借口干涉古巴内政。美国自诩公正地发动"人道主义"声援，要求古共"给古巴国民自由和繁荣，卡斯特罗必须下台"、释放全部政治犯人（尤其与美国交好的）、允许美国扶持的反对派参加选举，充分暴露了美国意图摧毁古巴社会主义的不良居心。

苏联解体、美国封锁、经济恶化让古巴面临空前困难和危机，国内大批企业倒闭，失业率大增，人民生活水平下降，社会不稳定因素增多，古巴社会主义进入生死存亡的危急时刻。在 1990 年末苏联尚未解体时，卡斯特罗就宣布古巴进入"和平时代的特殊时期"（Período Especial），"古巴将采取一系列'战时'应急方案，解决目前最迫切的问题，满足最重要的需求"。①

二 "特殊时期"背景下社会建设的困境

进入"特殊时期"的古巴，社会主义发展停滞甚至衰退，尤其在经济领域损失惨重。社会主义建设是一项复杂的系统工程，各个环节相互影响、相互作用。"特殊时期"古巴的社会建设也面临重重困难。

（一）社会建设的资金支持锐减

经济是社会建设基础。进行社会建设需要资金保障。长期以来，古巴通过与苏联和东欧社会主义国家的贸易关系来推动经济发展。苏联解体前，苏联是古巴最大的贸易国。苏联和经互会国家给予古巴巨大经济支援。1986 年到 1990 年这 5 年，苏联提供的贸易补贴达到年均 43 亿美元，总额达古巴国民生产总值的 1/5。苏联以低于市价的"最惠国价格"向古巴出口石油等稀缺资源，古巴再以高价出口到世界市场，以差价赚取硬通货，所得收入约占

---

① Carmelo Mesa-Lago and Jorge Perez-Lopez, *Cuba under Raul Castro: Assessing the Reforms* (Boulder: Lynne Rienner Publisher, 2013), p. 15.

古巴国内生产总值的 40%。20 世纪 80 年代中后期，苏联因政治经济动乱，无法履行和古巴的贸易协定。1990 年，苏联对古巴的出口额只达到协定的 3/5；1991 年，苏联没有按时履行苏古贸易协定，年底只实现了 50%的商品出口。苏联解体后成立的新国家俄罗斯，直接宣布取消对古巴的一切援助，取消苏联提出的"30 年内向古巴提供 650 亿美元的价格补贴和软贷款"的承诺，两国贸易只限于石油蔗糖交换。苏联解体使古巴的贸易额跳崖式下跌，经济发展面临危机。1989~1993 年，古巴进出口贸易额和 GDP 分别下降了 75.6%、78.9%、34.8%。[①] 古巴经济的困境，必然影响古巴对社会建设的资金投入。

（二）民生所需的基本物资短缺

古巴虽自然资源丰富，但经济发展起步晚，工业化和现代化水平低，农业相对落后，难以自主将资源优势转换为推动发展的物质条件。"特殊时期"受影响最大的是能源资源供给。古巴的工业生产、农业生产和日常生活需要石油资源，但大部分石油依赖进口。1991 年古巴石油进口量减至苏联解体前的 10%，造成一系列不良后果。古巴汽车普及率较高，汽车是主要交通工具，石油是唯一的动力燃料，由于进口数量大减，有关部门不得不采取措施减少汽车使用频率，给人民出行带来极大不便。在古巴石油还用于发电。由于石油供应不足，发电厂生产受到影响，发电量不能满足日常用电，古巴不得不采取大中城市轮流停电计划，居民用电不能正常保障。在农业方面，由于缺乏石油等能源，不能生产合成肥料和农药，农业机械（比如拖拉机）也无法启动，农业生产陷入瘫痪，粮食产量供不应求，粮食短缺严重影响人民基本生活。另外，古巴许多生活必需品和消费品依靠从苏联和经互会进口，69%的基本配给主食（小麦、植物油、大米等）依靠进口。在"特殊时期"，为应对短缺，确保人民基本生活，古巴共产党只能采取扩大配给范围、减少配给数量等措施，人民凭供应卡领取定量生活必需品。古巴医疗事业虽成果丰硕，但部分药品原料和医疗器材依靠进口，而进口来源主要为苏联和部分西方发达国家。苏联解体后，古巴失去这些重要贸易关系，多种进口药品从药店和医院消失，美国经济封锁使医疗卫生工作更加艰难。部分哮喘病患者得不到药物治疗，病情加重甚至威胁生命。由于药品种类不全，食品严重短缺，古巴人民健康水

---

① 转引自张登文《苏东剧变后的古巴经济改革：措施、主要成就与思考》，《教学与研究》2011
年第 4 期，第 81 页。

平下降，营养不良现象普遍存在。"特殊时期"民生所需物资的短缺，不仅直接影响古巴人民的生活，给整个社会主义建设也带来消极影响。

（三）社会建设的内外环境恶化

社会建设需要良好的国际国内环境。"特殊时期"古巴面临的内外环境非常恶劣。卡斯特罗将"特殊时期"比喻为紧急"战争时期"，认为古巴"正处于革命以来最困难的时刻"，面临革命能否生存下去的"火的考验"。①国内外环境的恶化，给古巴社会建设带来十分不利的影响。从国内环境看，古巴原有外贸关系和经济来源被切断，资金、能源、原料、设备数量剧减，工厂停工、农业停滞、失业剧增、通货膨胀、工资贬值，直接影响人民的生活水平。经济形势持续恶化，还引发一系列社会问题和不安定因素。反动势力趁火打劫，活动频频，方式不断升级，影响不断扩大。有的组织甚至提出"变革现有政治制度"的反动主张。大批非法移民逃亡至美国迈阿密，继而引发社会骚乱，1994 年发生了震惊世界的"哈瓦那反政府"游行。由于生活水平受到影响，人民不满情绪爆发，社会心理和社会心态出现问题，社会犯罪活动有所抬头。从国际环境看，15 个社会主义国家中有 10 个发生剧变，世界社会主义运动陷入低潮。美国趁机加紧封锁、遏制、打压古巴，阻止他国与古巴进行任何外交或贸易往来，并大力扶植非法组织和反动势力，煽动反古情绪，制造社会动乱，企图颠覆古巴社会主义政权。

总之，"特殊时期"古巴社会主义面临重大考验。卡斯特罗多次呼吁全党全国人民团结一致，共渡"特殊时期"难关。同时，古巴共产党认真回顾总结革命胜利以来社会主义建设的历史过程，对社会主义建设的经验教训进行了深刻反思，提出应全面分析过去的失误和挫折，及时调整补救，并强调，即使在"特殊时期"的不利条件下，古巴党和政府绝不会停止推动社会主义建设向前发展，更不会停止与民生息息相关的社会事业建设。

第二节 "特殊时期"社会建设的政策调整

进入"特殊时期"后，古巴党和政府从实际出发，根据国际国内形势的变化，及时总结、调整了社会主义建设的指导方针和政策措施，并不断深化

---

① 毛相麟：《古巴坚持走社会主义道路》，《拉丁美洲研究》1992 年第 1 期，第 38、41 页。

对社会主义建设及其规律的认识，推进社会主义实践创新和理论创新。与之相适应，在社会建设领域，古巴也进行了相应政策调整。

一　社会建设必须立足于独立自主、自力更生

古巴走上社会主义道路后，根据国际国内形势的变化，不断改善与苏联和东欧国家的关系。卡斯特罗曾指出，古苏关系对古巴经济是重要且具有决定意义的。[①] 苏联解体前，基于各种因素的考量，特别是美国长期以来的敌视政策，古巴必须战略性利用甚至依靠苏联和经互会的政治支持、经济援助和军事支援，以巩固和建设社会主义，古巴经济逐步融入苏联和经互会体系。应该说，古巴加强与苏联和东欧国家关系，客观上保证了古巴经济的发展，对社会建设也发挥了积极作用。然而，随着多方联系日益紧密、合作领域不断扩大，古巴经济对外依赖程度日益加深，再加上革命胜利后，治国理政经验不足，古巴社会主义发展过程中也曾出现过"理想主义"和照搬苏联模式的"教条主义"错误，这不仅在一定程度上造成经济畸形发展、产业结构失衡、自主能力不强，更埋下缺乏抵御风险能力的隐患。1991年，古巴同苏东国家的往来贸易额占据国家外贸总额的85%，出口商品中，"63%的糖、73%的镍、95%的酸性水果和100%的电器零配件"出口到苏东国家，进口商品中，63%的食品、86%的原料、98%的燃料、80%的机器设备、72%～75%的制成品来自经互会国家。[②] 而苏联派驻专家援建古巴的千余个项目，大部分是产业发展和民生事业等基础设施项目，且在苏联解体后，苏联援建的所有项目几乎都被终止。失去苏东支持，古巴经济陷入瘫痪，社会建设也受到影响。总结古巴陷入"特殊困难"的教训，卡斯特罗认为这是苏联混乱和解体引发的，而对苏联和东欧社会主义国家经济上的依赖和本国经济结构的单一，是古巴陷入困境的根源。因此，他多次强调，社会主义建设必须坚持独立自主，今后要建设独立自主的社会主义，要走不被外部因素影响的社会主义发展道路。独立自主是古巴总结社会主义发展教训后提出的社会主义建设的根本原则，要贯彻体现在社会主义建设的各领域各方面。社会建设是古巴社会主义建设的主线和

---

① 转引自毛相麟、杨建民《苏东剧变与古巴改革》，《当代世界社会主义问题》2011年第3期，第63页。

② 〔古〕何塞·路易斯·罗德里格斯：《国际形势急剧变化中的古巴经济》，徐世澄译，《国际经济评论》1992年第9期，第68页。

着力点，独立自主建设社会主义，意味着社会建设也必须贯彻独立自主的原则要求，要通过独立自主、自力更生克服困难，推动社会建设各项事业的发展。

二 以"有条件的对外开放"推进经济发展和社会进步

古巴党和政府认为，"特殊时期"古巴社会主义的发展不能像过去那样高度依赖苏联和经互会，但也不能自我封闭，而应"有条件"地逐步扩大对外开放，在自力更生的基础上最大限度地利用外部资源，推进经济发展和社会进步。古巴共产党强调，只有对外开放，才能改善僵化的经济环境，优化生产资料配置，促进古巴经济形势好转，并最大限度地激发社会活力，为社会主义各项事业奠定基础。基于此，古巴开始探索"有条件的对外开放"之路。1991 年，古共"四大"主张要在外贸关系上进行开放，提出了对外开放的初步构想，鼓励外国资本在古巴急需行业和地区进行投资，外资可与本国企业采用多种合作方式。1992 年，古巴修改了 1982 年外资法，放宽部分限制，给外资提供更多的优惠条件。古巴还修订宪法，允许合资企业经营，给外资提供了法律保护。1993 年，古巴宣布私人持有美元合法，计划建立自由贸易区。1994 年，古巴宣布所有生产部门对外开放，重新开放农业自由市场和工艺市场，鼓励古巴侨民回国投资。1995 年，古巴政府出台了第 77 号法令，即《新外资法》，该法明确规定外资可进入的领域、可享受的权益、可采取的形式及相关制度规定。1996 年，古巴又颁布了第 165 号法令，进一步明确了自由贸易区和工业园区的具体规划方案，为外资开辟了更多发展空间。1997 年，古巴设立了第一个自由贸易区，并宣布进行金融体制改革。随着对外开放政策的推进，古巴对外开放的领域逐步拓宽，不仅涉及经济领域，而且涉及社会建设领域，这为古巴社会建设提供了新的发展机遇，但也带来挑战。古巴党和政府清醒认识到对外开放可能带来的影响，强调对外开放必须坚持三个前提条件："一是必须对古巴经济发展有利，只在那些古巴自己难以单独发展的领域吸收外资；二是外国投资必须有资金、有技术、有市场，不允许只是为了赚古巴的钱搞投机；三是国防、教育、卫生保健等领域不允许外资进入。"[①]"有条件的对外开放"，不仅有利于推动古巴经济发展，为社

---

① 崔桂田：《越、老、朝、古四国经济改革比较》，《当代世界社会主义问题》2004 年第 2 期，第 78 页。

会建设提供更坚实的物质基础，其本身也是推进古巴社会建设发展的重要助力，同时又能在一定程度上消弭对外开放对社会建设的影响、冲击，保持古巴社会建设的价值取向和性质特点。

三　社会建设要体现公平和效率的平衡

400 多年来，古巴人民饱受侵略、殖民和战争之苦，在追求民族解放、人民自由、社会平等的不懈斗争中，最终取得了民主革命的胜利，走上了社会主义道路。古巴是人民当家作主的社会主义国家，古巴共产党是以马克思主义、列宁主义、马蒂思想为指导的唯一执政党，社会主义的价值追求是实现社会公平正义。社会公平始终贯穿于古巴社会主义建设的理论和实践中，更是社会建设的价值尺度。革命胜利之后，古巴制定法律，明确人民平等享有各项权利；实行土地改革，满足弱势农民的土地需求。1962 年，正值经济困难时期和社会建设起步阶段，古巴开始实行配给制，"不像资本主义世界经常发生的那样，以牺牲贫民百姓为代价"，① 配给制平等地确保了人民不受投机倒把和恶意囤积的侵害。而在全民免费教育、全民免费医疗、全面社会保障等社会建设领域取得的成就，充分体现了公正平等的原则要求。但客观上看，古巴在社会建设过程中的某些政策带有浓厚的"平均主义"和"福利主义"色彩。很多时候，公平远大于效率，甚至放弃效率，一味追求绝对公平。苏联解体引发的一系列危机，使古巴深刻认识到，推进社会建设，不断改善民生，必须正确处理公平与效率的关系，只有公平与效益平衡才能保证社会主义的稳定和发展，也才能使社会建设持续推进。1997 年，古共召开"五大"，此次大会是"特殊时期"以来总结经验、探讨未来发展之路的重要会议。卡斯特罗在会上多次强调："社会主义不仅要公正，也要有效益、有质量"；"没有效益就没有社会主义"。② 他认为，以往平均主义、"一刀切"的政策忽视劳动者的效率，严重打击了劳动者的生产积极性，阻碍了社会活力，绝不是社会主义。由注重公平到强调公平和效率的平衡，是古巴社会建设价值取向的重要变化，并必然反映到社会建设的具体政策之中。

① 〔古〕菲德尔·卡斯特罗：《在古巴共产党第一、二、三次全国代表大会上的中心报告》，王玫等译，人民出版社，1990，第 26 页。
② 转引自崔桂田《冷战后拉美共产党的理论及政策比较》，《当代世界社会主义问题》2009 年第 4 期，第 80 页。

第三节 "特殊时期"社会建设的艰难推进

古巴进入"特殊时期"后，面对严峻的国际国内形势，卡斯特罗第一时间向全党全国发出"拯救祖国、革命和社会主义"的号召，[①] 古巴共产党和政府及时调整生存和发展战略。"特殊时期"的战略主线是依靠自力更生渡过难关，战略重点是改善国民经济，通过经济全面复苏带动其他各领域重新走上正轨。在"特殊时期"社会主义建设方针的指导下，古巴党和政府坚持发展以改善民生为核心的社会事业，社会建设在逆境中艰难推进。

一 及时调整教育政策，推进教育从量的公平向质的公平转变

教育事业一直是古巴社会建设的特色与核心。革命胜利以来，古巴非常重视教育的发展，将教育视为社会主义的基础和捍卫革命的关键因素。因此，古巴政府在教育领域投入巨大，从政策、资金上大力扶持教育事业发展。20世纪 80 年代末，古巴特色的教育体系已基本确立，免费教育和全民教育得到国际社会广泛认可，古巴整体教育水平位居发展中国家前列。

"特殊时期"的恶劣环境，严重制约了古巴教育发展。古巴党和政府根据形势的变化，及时调整教育政策，继续推进教育事业发展。

（一）强化马克思主义理论教育

苏联解体使世界社会主义运动遭遇挫折，古巴经济陷入困境，社会发展停滞不前，少数人对古巴社会主义前景产生怀疑甚至丧失信心。面对以美国为首的西方列强持续轰炸的"糖衣炮弹"和意识形态渗透，部分古巴人产生了错误的价值观和人生观，拜金主义、物质主义、享乐主义、极端个人主义甚至腐蚀了少数党员领导干部。"特殊时期"出现的一些矛盾和问题，也使一些群众对社会主义前景产生怀疑，对党和政府失去信任。卡斯特罗认为，出现这些问题，根本原因在于社会主义信仰根基不够牢固，马克思主义教育不够到位。他曾多次强调，古巴教育的目标是培养"全面发展的社会主义接班人"，[②] 只有加强

---

① 毛相麟、杨建民：《古巴社会主义研究》，社会科学文献出版社，2019，第 169 页。

② 参见 Lavinia Gasperini, "The Cuban Education System: Lessons and Dilemmas," in World Bank Group, *Country Studies: Education Reform and Management Publication Series* 1, no. 5 (Washington, DC: World Bank, 2000).

马克思主义教育才能让每个古巴人坚持正确的理想信念，从思想上坚定社会主义不动摇。因此，"特殊时期"古巴首先强调加强马克思主义教育，全面推进马克思主义教育的广度和深度。其具体举措分为两个方面。

1. 明确教学内容和教育对象

为适应加强马克思主义教育的需要，古巴在全国进行了一次教育现状大调查，广泛征集群众意见。通过调查，发现存在以下突出问题：教学内容不够全面、脱离实际；教学方法不够贴近学生、存在教条主义倾向；部分教师思想认识走偏，给学生错误指导。针对这些问题，古巴提出了教育改革的具体措施。其一，根据不同对象，确定教学内容。对不同年级的学生，安排不同难度、重点科目突出的教学内容，确保学生完全弄懂、掌握所学知识。小学以下的学生，提倡寓教于乐，增强学生的动手能力，增加实践活动；高中以上学生，注重理论学习和思辨能力的培养。其二，制定系统完整的课程，并在全国普及。这套系统的课程以古巴重要历史和人物、马列主义、马蒂思想和卡斯特罗思想为基础知识，以马克思主义哲学、马克思主义政治经济学、马克思主义社会发展规律学说为重要知识，融合各学科知识，层次清晰、重点突出、内容全面。学习目的在于引导学生科学认识坚持社会主义道路、坚持古巴共产党的领导的意义，以及正确认识资本主义和改革开放等重大现实问题，培育学生爱国主义和国际主义精神，坚定学生社会主义理想信念。其三，发挥"青年阵地"的主体作用。年轻一代是古巴社会主义的探索者和建设者，担负古巴社会主义永续发展的责任。然而，大部分青年人并未经历过革命的磨炼，思想认识方面容易出现偏差，是马克思主义理论教育的重点对象。卡斯特罗非常重视青年共产主义者的作用，他曾强调，"青年人要投身到伟大的事业、伟大的任务、伟大的工程中去"，"作为青年人的优势和他们面临伟大任务的优势是无可比拟的"。① 社会主义属于年轻人，因此，要发挥"青年阵地"作用，着力加强对青年的马克思主义教育。

2. 改进教学方法

古巴教育部门认为，要实现更好的教学效果，教学方法也应与时俱进。首先，不断改进课堂教学法。强调教师要结合学生特点、教学难点、社会热

① 〔古〕萨洛蒙·苏希·萨尔法蒂编《卡斯特罗语录》，宋晓平等译，社会科学文献出版社，2010，第138页。

点，采用"提示—讨论—讲解—总结—反思—提高"的多段教学法。与传统的生硬灌输知识不同，新教学法注重培养学生独立思考、团队合作和解决问题能力。其次，积极开展社会实践活动。将马克思主义教育和社会现实紧密联系。古巴强调社会是最大的学校，理论学习和社会实践应双向互动、有机结合。古巴学校定期组织学生参观革命遗址、拜访革命英雄、进行社会调查，召开交流会分享实践和学习心得。中小学教育坚持学习和劳动相结合。在高等教育方面，古巴提倡"大学为全社会服务"，推进教育理念现代化，将马克思主义理论学习与教育现代化结合起来。为此，古巴教育部提出全国开设计算机课。自 2000 年开始，古巴所有学校均开设了计算机课程，并配有专门的计算机老师。另外，古巴设立了远程教育系统，提高了偏远落后地区学校的现代化教育水平。"2003 年，古巴基本实现每所学校每个教室至少一台电视机的配置。"①

（二）进行新的教育体制改革

"特殊时期"，古巴认真总结了全国教育改革"五年计划"的经验，进行了长达几年的调研和准备工作，并结合面临的新情况和新问题，于 2000 年提出新的教育体制改革计划和相关方案。这是"'一场意义深远和史无前例的教育革命'，充分体现了古巴从追求教育发展量的公平向质的公平转变"。②

1. 培养优秀教师，满足教育发展需要

随着教育体制不断完善和升级，教育需求量越来越大，教育质量要求越来越高，师资短缺问题也越来越明显。为解决师资短缺问题，古巴采取措施，大力培养优秀教师：鼓励在职教师进修学习，不断提高文化水平和教学水平，政府资助进修学费并发放基本工资；举办师资培训班；增加研究生教师的人数；大力兴办师范类学校，培养专业教师，同时扩大现有师范学校招生人数；积极引导教师申报科研项目，既提高教师教学水平，又增强科研能力。

2. 缩小班级规模，提升课堂教学质量

此次教育体制改革前，古巴全国小学和初中班级人数一般为 30 多人，像哈瓦那等人口密集的大城市，班级人数最多可达 40 名。老师普遍反映无法兼

---

① 毛相麟：《古巴社会主义研究》，社会科学文献出版社，2005，第 186 页。

② 乐先莲、吴杭萍：《教育公平与政府责任——试论古巴政府在实现教育公平中的主导作用及启示》，《全球教育展望》2007 年第 12 期，第 45 页。

顾过多学生，学习生活中容易出现管理漏洞，课堂教学效果也不甚满意，难以一对一关照学生，更不利于学生个性化发展。因此，此次改革要求每所中小学实行小班化，班级人数最多不超过 20 人。同时，将教师全面负责制推广到每所小学和初中。每名教师要通过严格的教师资格考试，具备全科教学能力和良好职业道德，要负责每个学生在校的学习和生活，关注学生的精神风貌和心理健康，直到学生毕业。教师和学生家长要积极沟通，共同做好学生管理工作，促进中小学生健康成长。

3. 增加职业院校，满足社会发展需求

古巴随着经济社会的发展，急需大量受过教育的劳动力，尤其是在工农业生产领域，高素质的劳动力更为短缺。为此，古巴专门创办了一批职业学校，培养工、农、医、艺等技术型人才，及时输送到各地生产和建设一线。古巴的社会结构以基层社区为单位，全国每个基层社区都配有专业的社会工作者，社区在社会治理中的地位非常重要。为满足社区工作需要，古巴教育内容设计中非常重视社区工作、社区管理、社会工作等学科。此外古巴还增设大学预备学校。为了让每个学生能根据自身潜力充分发挥优势，选择最适合自身条件的大学和专业，古巴将部分中学改造成大学预备学校，因材施教，教师对学生进行一对一成长跟踪；结业时每个学生都会收到一份长达数十页的评估报告，能够在学生填报志愿、选择专业或实习工作时，给予更专业客观全面的指导意见。

4. 优化、普及高等教育

进入 21 世纪，鉴于前期教育发展已奠定良好基础，古巴政府提出"普及高等教育"的重大目标。这是古巴新的教育体制改革的中心环节，旨在进一步提高古巴人民的综合素质和文化水平。革命胜利以来，古巴高等教育办学模式比较单一，办学主体只有国家，没有民办或私立教育机构；教育层次只有本科和研究生。为此，古巴提出改革高等教育的新措施。其一，增设大学专业，增加大学招生人数，提升大学入学率。其二，强化"大学为全社会服务"的办学理念。新设专科教育，在保证教学质量的基础上，放宽入学资格。退休工人、农民、家庭妇女等社会人士都可以入学接受专科教育，提高他们的文化水平和工作能力。在全国各个基层社区设立教育中心，真正做到让大学融入社区。教育中心的学员大部分是附近社区的在职人员和应届高中生。每个教育中心开设多个大学预备学科，在本科入学前对学员进行短期培训。其三，创新大学教学模式。古巴教育电视台每天播出《人人上大学》节目，请老师讲授大学课程，人人都可观看，使暂时没有条件接受高等教育的人群也能获得高等教育。其四，提高大学教师综合素质。高等教育质量关系国家发展，对大学老师的综合素质要求很高。大学老师不仅要有扎实的教学水平和学术功底，更要有洞察未来发展的思维和眼光，这样才能更好地指导学生。古巴鼓励大学老师投身科研，将科研融入大学课程，引导学生共同参与。其五，加强与中国在高等教育领域的合作交流。古巴和中国的友好关系源远流长，在古巴困难时期，中国多次施以援手。同为社会主义国家，古巴对中国社会建设取得的成就深感钦佩，并通过多种方式加强双方合作：派送古巴教师，尤其是大学教师到中国学习进修；在古巴大学设立中国研究中心，配有中文原版资料，中国研究员到古巴协助指导；大学设立汉语言文学专业；每所大学都有精通汉语的古巴老师，都有在中国获得研究生以上学历的教师。

（三）重视发展特殊教育

1. 发展特殊教育是教育公平原则的体现

特殊教育，一般指专业老师通过专门设计的课程、教材、教学设备、教学法，对有特殊需求（special needs）的学生施教，并达到预期教学效果。特殊教育的对象指身心存在缺陷的学生、行为异常学生、有品德问题的学生等。实现社会平等是古巴社会建设的初心，卡斯特罗曾在古巴教育大会上强调，从一开始"革命就把所有人记在心上，绝对不把任何人忘掉，不论是盲人还是聋哑人，都不忘掉"。[①] 特殊教育是体现古巴教育平等的重要方面。

古巴始终关注教育发展的成果能否惠及弱势群体和边缘群体。特别是在"特殊时期"，古巴党和政府克服困难，尽力保证特殊教育不受影响，并能得到发展。1959 年以前，古巴仅有 8 所特殊教育中心。20 世纪 90 年代中期，随着特殊困难时期经济逐渐好转，古巴政府更加关注特殊教育，大力扶持其发展。到 21 世纪初，"全国已建立了 425 所特殊教育学校，在校学生 57000名，教师 13000 人"。[②] 古巴特殊教育走在世界前列，这对一个经济不发达的国家来说，相当不易。

---

① 转引自黄南婷《古巴特殊教育发展的特点》，《外国中小学教育》2011 年第 4 期，第 21 页。

② Lavinia Gasperini, "The Cuban Education System: Lessons and Dilemmas," in World Bank Group, *Country Studies: Education Reform and Management Publication Series* 1, no. 5 (Washington, DC: World Bank, 2000), p. 10.

　　古巴强调，特殊教育是教育领域不容忽视的重要环节。古巴宪法明确规定"任何公民都享有平等的教育权"，教育政策应向农村、基层、落后地区、困难人群、弱势群体倾斜。特殊儿童不仅有正常受教育权，还应对其给予更多关注。特殊人群是社会必不可少的成员，特殊教育是教育体系不可或缺的一环。特殊教育的核心是能挖掘、激发特殊群体的发展潜力，让特殊人群能掌握基本生活技能，正常融入社会生活和工作。

　　古巴要求特殊教育从业者必须具有良好的职业操守和强烈的责任意识。教师在特殊教育实践中发挥重要作用，教师综合素质直接影响特殊教育成效。因此古巴成立专门机构，负责教师培养和分配工作。特殊教育从业者上岗前必须经过更加严格的全面考核和实习评估。特殊教育教师普遍具有职业认同感，古巴社会也非常尊重特殊教育从业者，高度肯定他们的工作和贡献。国家将特殊教育教师都纳入国家编制，授予干部身份，其收入理想，社会地位也较高。

　　2. 发展特殊教育的基本举措

　　第一，针对差异，因材施教。古巴教育改革前期，在全国学校进行了班级人数缩减和教学设备现代化升级，为进一步优化特殊教育创造了有利条件。根据不同学生在记忆、阅读、理解、观察、沟通等方面存在的问题或障碍，教师在教学过程中能一对一了解个体差异，再运用个体化教学法，结合学生的问题、能力、性格、兴趣等因材施教，尽可能帮助特殊学生掌握学习和生活的基本能力。

　　第二，创造条件，融入社会。一方面，特殊教育中心积极创造条件引导特殊学生和正常学生共同学习生活。学校对特殊儿童进行分析评估，将学生受教育过程按需求划分为学习生存阶段、学习共处阶段和学习发展阶段，再结合个体综合指标，将特殊学生分入最适合的班级学习。古巴首创的"混合教学法"是领先世界的现代教学法，将特殊学生同正常学生合教于同一学校，从小开始培养他们的自信、自尊和平等互助的心理。另一方面，为无法进行社会生活的学生提供"上门教学"。这项举措起步于20世纪80年代，经过不断探索完善，90年代得到迅速发展。古巴制定了一套系统完整的特殊教育体制，并给每个特殊儿童建立了档案资料。如果有儿童因故无法到学校接受教育，特殊教育中心将派"巡回教师"（itinerant teachers）到学生家中，让困难儿童在家接受正规教育。"上门教育"不仅给特殊儿童送去宝贵的教育服务，还关注儿童心理健康，给予问题儿童心理疏导，全力帮助特殊儿童走出阴霾。

第三，多措并举，形成体系。古巴特殊教育关注特殊群体的短期困难，旨在帮助特殊群体具备正常社会生活技能。古巴政府还将医疗康复、特殊教育和就业保障结合起来，形成全面的帮扶体系。无论是有身体残障还是心理障碍，都首先保证其得到治疗和疏解，然后使其接受教育，培养其基本生活技能，并使其得到终身受益的社会保障，将解决当前困难和长期保障结合起来。2006年，古巴发起一项特殊教育改革运动，谋求新形势下特殊教育模式的完善和升级。此项运动的主要内容包括：在 18 所智力障碍学校和 1 所听力障碍学校进行测评实验，以便在职教师对通识课程的内容进行设计和调整；根据每个特殊学生的个体差异，结合专业科目测试，评估教学效果，并制定改进措施；将各个年级的新课本和练习册翻译成盲文，更方便视力障碍学生阅读学习；与特殊学生家庭积极沟通，呼吁父母外的更多亲人共同关注困难学生成长；综合考虑特殊学生实际生活工作能力，制定职业教育方案提升技能；全力减少校园霸凌现象。

古巴将教育视为国家发展、民族振兴的百年大计。即使在困难重重的"特殊时期"依然保持了教育事业的发展。特别是在发扬教育优势的基础上，古巴还创造性地对教育体制进行了改革完善，使古巴教育现代化水平大幅提高，部分重要指标甚至超过发达国家。"2005 年，古巴教育支出占 GDP 的10.6%，远超许多发达国家。预期教育年限从 1991 年的 12.2 年增至 2007 年的 16.9 年。1990 年初级教育老师接受专业培训已实现 100%覆盖。2005 年初级教育辍学率降至 3.1%。"[1]

"特殊时期"古巴教育事业发展的部分成果如表 3-1 至表 3-3 所示。

表 3-1 1990 年、1995 年、2000 年、2005 年古巴教育发展相关指数变化情况

	预期寿命（岁）	期望受教育年限（年）	平均受教育年限（年）	人类发展指数
1990 年	74.6	12.3	8.5	0.676
1995 年	75.4	11.3	9.2	0.654
2000 年	76.7	12.3	9.6	0.686
2005 年	77.7	14.6	9.9	0.730

资料来源：United Nations Development Programme, *Human Development Report*, http://hdr. undp. org/en.

---

[1] 参见 United Nations Development Programme, *Human Development Reports*, http://hdr. undp. org/en/countries/profiles/CUB。

表 3-2 2003 年古巴同部分发达国家教育发展重要指数比较

	古巴	西班牙	英国	德国	加拿大	美国
小学入学率（%）	100	100	99	86	95	95
达到五年级学生占比（%）	古巴	葡萄牙	瑞典	德国	加拿大	美国
	100	97	98	100	99	99
（满分100，取均分）三年级小学生数学成绩（分）	古巴	日本	荷兰	美国	加拿大	爱尔兰
	78.2	77.4	59.6	54.6	54.4	53.7
每个小学教室里最多学生人数（人）	古巴	挪威	丹麦	葡萄牙	加拿大	日本
	20	25	28	30	25	30
居民人数同教师人数比例	古巴	丹麦	葡萄牙	瑞典	法国	加拿大
	42.23∶1	53.6∶1	54.7∶1	55.4∶1	62.7∶1	66∶1

资料来源：毛相林《古巴社会主义研究》，社会科学文献出版社，2005，第170～171页。

表 3-3 2009 年古巴同拉美地区、加拿大部分教育发展指数比较

单位：%，年

		古巴	拉美地区	加拿大
成人识字率		99.3	90.0	99.0
入学率	初级教育	99.4	99.0	98.0
	中级教育	82.8	48.0	92.5
	高等教育	52.1	27.0	67.0
平均受教育年限		10.6	7.9	17.5
接受五年级教育人数占比		99.0	83.0	99.0

资料来源：转引自 Juan Jose Cabello et al. , "An Approach to Sustainable Development: The Case of Cuba," *Environment Development and Sustainability* 14, no. 4 (2012): 580, 表 3。

二 拓展医疗卫生事业发展之路，保证人民健康

"特殊时期"以来，由于国家经济发展陷入困境，古巴医疗与卫生事业发展面临种种困难。但与苏东国家改旗易帜的结局不同，古巴始终坚持社会主义制度不动摇。在医疗卫生领域，依据现实条件，探索出一条在困境中发展的古巴特色的"人民健康"之路。

（一）"特殊时期"医疗卫生事业面临的困境

1. 国家医疗卫生支出预算大幅缩减

古巴革命胜利后 30 年，医疗卫生事业飞速发展，这离不开国家财政的大力支持。即使在 20 世纪 80 年代，由于国际货币基金组织（IMF）施压，发展中国家和落后国家被迫减少外债、实施成本削减措施的条件下，古巴国家财政仍然坚持对医疗卫生事业发展的投入。20 世纪 80 年代，古巴的医院床位数年均增加 2800 张，从 1980 年的 53417 张增加到 1990 年的 77000 张；与此同时，医生和牙科医生的数量增加了 1 倍。[①] 1990～1993 年，古巴国内生产总值下降 35%，政府财政预算赤字居高不下，对外贸易严重滑坡。[②] 古巴经济无法继续承担高额支出，医疗领域的预算支出大幅缩减，"1989～1996年期间减少了 2.5%，其中 1993～1996 年期间减少了 6.3%"。[③] 财政支持骤然减少，古巴医疗卫生事业面临困境。另外，在各种因素影响下，古巴国家货币急速贬值。古巴流通货币是比索（peso）。1989 年，比索和美元的兑换率为 1∶1，1992 年变成 120∶1，最高达到过 150∶1（21 世纪初降至 20∶1）。比索价值暴跌，货币购买力下降，医疗领域进口的成本变得非常昂贵。由于缺少硬通货，古巴外汇收入又急剧下滑，本就困难的国家财政收入雪上加霜，也直接影响到国家对医疗卫生事业的投入。

2. 医疗器械、药品严重短缺

苏联解体前，古巴紧缺的药品、制药原料和医疗器材主要从美国进口，因此常受美国肆意变化的"政策"影响。"特殊时期"美国企图扼杀古巴政权，通过 1992 年的《托里切利法》和 1996 年的《赫尔姆斯－伯顿法》加紧了对古巴的经济封锁，严禁向古巴出口任何医疗用品，并强迫其他国家断绝与古巴的经贸往来。美国对古巴的医疗制裁导致古巴部分药品紧缺，医疗设备严重不足。

3. 国民健康水平下降

古巴经济衰退，生产停滞，食品匮乏，居民人均热量和蛋白质摄入低于

---

① 转引自王诺《古巴医疗体制的评价及其对中国的启示》，《拉丁美洲研究》2009 年第 2 期，第 51 页。

② 邬彩霞、闫晓荣：《苏东剧变以来古巴的经济建设改革历程》，《学理论》2012 年第 7 期，第 45 页。

③ 转引自毛相麟《古巴社会主义研究》，社会科学文献出版社，2005，第 203 页。

正常标准，出现营养不良现象，人民体质普遍下降。随着抵抗力的下降，患病率猛增。具体表现如下。其一，国家健康指标持续下降。1992年孕产妇死亡率升至历史高点；肺结核病再次出现；艾滋病感染率持续上升；维生素摄入不足导致部分省份暴发了流行性神经病变，病情严重者失明甚至肌肉萎缩。其二，卫生状况不断恶化。由于资金紧缺和美国贸易阻碍，古巴无法进口净水剂，水质变差，卫生达标饮用水占比持续下降。饮用水质的恶化，对人民身体健康构成严重威胁。

（二）完善医疗卫生制度，拓展医疗卫生事业发展之路

古巴全民免费的医疗卫生制度，是古巴改善民生的根本举措，也是古巴社会建设的重大成果。"特殊时期"，医疗卫生发展虽面临重重困难，但古巴党和政府多次强调，不仅要继续保持前期医疗建设取得的成果，还要给人民提供更好的医疗质量，并积极推进医疗卫生制度改革，探索"困境"中医疗卫生事业发展的新路，切实保障人民身体健康。

1. 推广中医药技术，提高医疗发展自主性

经互会解体、美国禁运不仅让古巴饱受药品短缺和医疗之困，也让古巴认识到独立自主发展的重要性。古巴决心提高医疗事业自主发展的能力。中国和古巴的交往源远流长，博大精深的中医文化深受古巴人民信赖。为减少对进口制药的过度依赖，古巴政府鼓励研发机构充分挖掘中草药的医疗价值，并向群众普及中草药的疗效和用法，发挥其在常见疾病治疗中的作用。另外，针灸疗法得到推广。针灸最初应用在古巴军队里，经过实践检验取得理想疗效后逐渐面向社会。针灸疗法因见效快、创伤小受到人民热烈欢迎，古巴大批医生通过系统学习掌握了针灸疗法。21世纪初，劳尔亲自推动古巴和中国达成协议，中国每年派遣专家到古巴对医护人员进行专业中医培训。古巴几乎每家医院都有中医学宣传栏，介绍中草药和针灸疗法的基础知识。时任古巴公共卫生部副部长阿拉多尔·拉米雷斯曾说："中国的传统中医在古巴医疗事业中已经成为一个主要支柱。"[①] 古巴通过引进和学习中医学，提高了综合医疗水平，同时大大降低了对美国等发达国家的依赖程度。

为提高药品生产自主能力，古巴大力扶持制药工业。古巴生物制药工业起步早、投入多、基础好，国家一直非常重视该领域的发展。古巴干扰素抗

---

① 陈久长：《卡斯特罗与古巴——出使岛国见闻》，湖南人民出版社，2002，第188页。

癌的有关研究起步很早，20世纪80年代末，此项技术水平已位居世界前列。但是"特殊时期"，经济困难，资源短缺，难以维持原有发展规模和水平，古巴相关产业一度停滞。20世纪90年代中期，古巴改革开放初见成效，经济形势好转，生物制药工业逐步恢复正常，医疗卫生领域重新走上正轨，现代化水平也得到提升。古巴政府把生物工程列为国家重点产业项目，制定并实施专项发展计划，全部研发中心都配备高水平科研人员和世界最先进设备，打造古巴生物制药优势产业。在器官移植和神经疾病治疗方面，古巴技术水平世界领先。古巴科研机构研发的抗癌干扰素、乙脑疫苗、乙型肝炎重组疫苗、细胞生长因子、降胆固醇药物、白癜风药、艾滋病诊断试剂盒等生物制品，具有国际竞争力，颇受海外市场欢迎，出口到50多个国家。古巴自主研发的药品不仅满足国内需求，还成为"特殊困难时期"一大重要创汇项目。

2. 发挥本土医疗优势，开展医疗外贸，开辟医疗事业发展新路径

"特殊时期"没有苏联和经互会的经济支援和贸易往来，古巴积极拓展外贸渠道，根据本国医疗发展现实条件，发挥本土医疗优势，走出了一条古巴特色的医疗外贸道路。

古巴医疗外贸的主要形式为保健旅游。古巴有"加勒比海明珠"的美誉。6000多公里的海岸线，300个优良海滩，众多名胜古迹，绝美的自然风光，使古巴旅游业享有得天独厚的条件。古巴政府将旅游业所得资金投入基础设施建设，不断完善居住条件和医疗技术，为保健旅游营造了更好的环境。20世纪80年代末以来，古巴将旅游和医疗保健结合起来，充分发挥自然风光、医疗技术、费用低廉优势，开展保健旅游项目。该项目在20世纪90年代迅速发展，吸引了大批海外游客（患者）。古巴还主导成立了多国参与、合资形式的旅游医疗服务公司，公司既能承接国际旅游保健业务，又能确保市场行为规范运行。全国主要旅游区都建有国际诊所和医院，构成系统的医疗服务体系，可为游客提供几十项古巴优势医疗服务。1996年以来，随着经济形势不断好转，古巴公共卫生部增建国际诊所，提高接待外国患者人数。通过多年发展，古巴将保健旅游打造成享誉国际的国家品牌。此外，古巴还出口先进药品、医疗器械、生物制品、医疗服务等赚取外汇收入，最具代表性的外贸方式是"石油换医生"计划。古巴向委内瑞拉派出数万名医务工作人员，指导、协助委内瑞拉建起数百个医疗中心、医学院和医学研发机构，这项医务出口也让古巴以最优价格获得社会主义建设急需的石油。

3. 推行《非常保健计划》，提升全民健康素质

古巴政府始终坚持"国家负责、全民覆盖、免费医疗"的原则，不断完善医疗体系。苏联解体前，古巴已初步建立起系统的三级医疗体系，涵盖预防、治疗、康复、保健各个环节。进入"特殊时期"后，人民生活质量受到影响，健康水平有所下降。为保障人民健康需要，提高全民身体素质，2002年古巴公共卫生部启动了一项为期数年的全民项目《非常保健计划》（*Extraordinary Health Program*）。该计划的目标是提高全国范围内初级医疗保障服务普及率，进一步改善不同年龄段人群的健康状况。

第一，提升初级医疗从业人员的业务能力。定期对相关人员进行专业培训并组织考核，考核内容主要为业务能力和职业道德水平，考核通过后才能继续在岗工作和晋升职级。政府聘请国内外各领域专家到诊所授课，派遣优秀医务人员去海外进修，回国后进行经验交流与知识普及。

第二，提高初级医疗体系的服务水平。古巴公共卫生部制定服务质量优化计划，提高家庭护理和预防医学水平，进一步提高社区参与程度。医疗服务关注的重点是妇幼保健、慢性和非传染性疾病、传染性疾病和老人护理；改善药物供应和患者随访工作，改进药品分配中效率低不规范的问题，合理调整制药行业结构体系；改善医院的服务供应和护理质量；根据群众反映的突出问题，增建一批牙科诊所，提高牙科服务质量和效率，确保提供 24 小时急诊服务。

第三，建立医疗系统互联互通网络。实现医疗单位和人员联网全覆盖，确保医疗信息、技术、知识、数据能及时交换，减少重复工作，提高工作效率，保证居民能第一时间去附近诊所就医，医生能及时掌握病患者信息，患者能得到及时诊治。

第四，加强综合诊所的医疗功能。对全国综合诊所进行调查，形成档案；盘查所有诊所医疗器械是否齐全、使用是否符合规范标准，配置不到位的诊所要配齐医疗设备，老旧设备要更新；在农村和偏远地区，及时对综合诊所进行升级和改造；综合诊所设置数量不足的地区要修建诊所，惠及当地百姓；不断完善诊所医疗项目和服务内容。

《非常保健计划》实施后，古巴初级医疗体系诊疗水平大幅提高，综合诊所医疗服务更加到位。

面对经济停滞、财政紧缺等困难，古巴坚持改革、完善医疗卫生制度，

成效显著。"特殊时期"古巴国民主要健康指数不断提升，古巴的公共卫生预算支出、医生人数、医疗服务机构等指标，都领先于拉美国家步入世界先进水平。根据联合国数据，"2005 年古巴用于医疗卫生事业的资金已占国民生产总值的 8.8%"，[①] "2007 年人均预期寿命 78 岁"，[②] 位居发展中国家前列。古巴人人都能享有基本保健权利：每个职工每年享受带薪休假 1 个月；妊娠期和产假女职工获得全额工资；一般公民每年一次免费体检，慢性病患者和老年人每 3 个月进行一次体检；古巴每个儿童都能免费接种 8 种基础疫苗。

"特殊时期"医疗卫生事业发展的部分成果如表 3-4 至表 3-8 所示。

表 3-4　1990 年和 2003 年古巴医疗事业从业者人数对比情况

单位：人，%

	1990 年	2003 年	增长数	增长率
医生 内含（家庭医生）	38690 （11915）	68017 （32291）	29327 （20376）	76 （171）
牙科医生	6959	10167	3208	46
护士和护工	69060	80354	11294	16
研发人员	51838	67942	16104	31
合计	166547	226480	59933	36

资料来源：转引自 Kamran Nayeri and Cándido M. López-Pardo, "Economic Crisis and Access to Care: Cuba's Health Care System since the Collapse of the Soviet Union," *International Journal of Health Services* 35, no. 4 (2005): 804, 表 1。

表 3-5　1989 年和 2003 年古巴医疗机构数量对比

单位：个，%

	1989 年	2003 年	增长数	增长率
医院	263	267	4	1.5
综合诊所	420	444	24	5.7
牙科诊所	163	165	2	1.2

---

① United Nations Development Programme, *Human Development Reports*, http://hdr. undp. org/en/indicators/181806.

② United Nations Development Programme, *Human Development Reports*, http://hdr. undp. org/en/indicators/69206.

续表

	1989 年	2003 年	增长数	增长率
研究机构	11	13	2	18.2
母婴护理室	148	276	128	86.5
献血处	23	27	4	17.4
老年看护中心	153	318	165	107.8
残障人士之家	23	34	11	47.8

资料来源：转引自 Kamran Nayeri and Cándido M. López-Pardo，"Economic Crisis and Access to Care：Cuba's Health Care System since the Collapse of the Soviet Union，" *International Journal of Health Services* 35，no. 4（2005）：805，表 2。

表 3-6 "特殊时期"古巴居民和医生、口腔科医生人数比例的变化情况

单位：人

	医生总数	居民：医生	口腔科医生总数	居民：口腔科医生
1995 年	56836	193：1	9148	1200：1
2000 年	65997	170：1	9917	1128：1
2005 年	70594	159：1	10554	1066：1
2006 年	71489	158：1	10751	1049：1
2007 年	72416	155：1	10887	1032：1

资料来源：ONEI，*Anuario Estadistico de Cuba 2018*，Capitulo 19：Salud y Asistencia Social，p. 11.

表 3-7 2007 年古巴同部分国家及极高人类发展水平国家预期寿命比较

单位：岁

	古巴	阿根廷	巴西	智利	德国	丹麦	美国	极高人类发展水平国家
预期寿命	78.0	74.8	72.6	78.0	79.6	78.5	78.1	77.2

资料来源：United Nations Development Programme，*Human Development Report*，http://hdr. undp. org/en.

表 3-8 2005 年古巴与部分国家和极高人类发展水平国家重要医疗卫生发展指数比较

	古巴	阿根廷	巴西	智利	挪威	丹麦	日本	极高人类发展水平国家
婴儿死亡率（‰）	5.6	14.7	22.1	7.8	3.2	4.0	2.8	8.4
1 岁婴儿中未接种麻疹疫苗人数占比（%）	2.0	2.0	2.0	10.0	10.0	5.0	2.0	6.0

续表

	古巴	阿根廷	巴西	智利	挪威	丹麦	日本	极高人类发展 水平国家
1岁婴儿中未注射接种百 白破疫苗人数占比（%）	1.0	1.0	1.0	8.0	1.0	7.0	1.0	2.0
成人艾滋病流行率 （15~49岁，%）	0.1	0.3	0.4	0.3	0.1	0.2	0.1	0.2

资料来源：United Nations Development Programme，*Human Development Report*，http://hdr. undp. org/en.

三　广开就业渠道，保障群众就业

（一）"特殊时期"的就业形势

"特殊时期"，古巴面临多方面困难。1993年卡斯特罗在部长会议上直言，苏联解体让古巴国内国际形势发生剧变，社会主义阵营解体使古巴遭受全面政治打击、军事打击和更加严重的经济打击。其中对古巴冲击最大的是经济领域。古巴能源燃料和各类原料高度依赖进口，苏联解体后，没有物资来源支撑，加上电力不足，大量工厂难以维持生产，进而停工、倒闭，不少在建工程项目陷入瘫痪，工业受到重创。古巴经济结构单一，以蔗糖为中心，但农业生产所需的化肥、农药等必需品依赖进口，苏联解体切断了古巴的进口来源，古巴农业生产受到严重影响，蔗糖产量锐减，不少糖厂倒闭。工农业生产活动的停止，使大量劳动者无事可做。根据世界银行数据，1995年，古巴失业率达到历史高点8.3%，① 就业形势十分严峻。

（二）保障就业的政策措施

就业是人民维持生活的基本途径，是民生之本，直接影响社会和谐稳定程度。古巴党和政府把就业作为"特殊时期"亟待解决的首要问题和社会建设的重中之重。"特殊时期"以来，为保证人民基本收入来源，维持基本生活水平，古巴政府采取积极的就业政策，多渠道创造就业机会，扩大劳动力就业，取得明显成效。

1. 优化经济结构，鼓励非公有制经济发展

面对紧迫的就业问题，古巴政府未采纳西方金融组织建议的"休克疗

① Unemployment，Total（% of Total Labor Force）（Modeled ILO Estimate）-Cuba，https://data. world-bank. org/indicator/SL. UEM. TOTL. ZS? locations＝CU.

法"（shock therapy），而是在坚持社会主义制度的基础上，进行结构性调整与完善，增加就业岗位，缓解就业压力。一方面，大力发展就业容量大的劳动密集型产业特别是服务业，扶持各中小企业发展。"特殊时期"以前，古巴产业结构比较单一，工农业占主导地位，第三产业尤其是服务业发展缓慢，对国民经济发展的作用微乎其微。服务业能吸纳大量劳动力，提高就业率。为适应扩大就业需要，古巴开始探索以服务业为重心的发展模式。古巴行业变得更加多元，出现了理发师、摄影师、修理师、画家等新兴职业。古巴旅游资源优质丰富，为推动旅游业发展，古巴政府决定将旅游业打造成国家支柱产业，并进行配套改革。例如，允许美元合法化和双币制流通（比索和美元）；允许在市场上建立部分美元商店，售卖各类生活用品；2004 年，又提出用兑换券代替美元流通（CUC）。此外，古巴政府放宽私人投资条件，开放就业岗位，大力吸引外资。20 世纪 90 年代以前，法律规定个人只能创办小型企业。古巴共产党"四大"召开后，陆续出台新外资法、税法等，进一步放宽限制，鼓励私人投资和外商投资。另一方面，推动个体经济发展。为激励个体经济发展，调动个体劳动者积极性，政府给予政策、资金、技术支持。比如，削减个体户缴纳税金，适当放宽个体经营贷款获批条件，个体劳动者可直接向部门专家寻求职业指导和技术帮助，可低价向工厂购买冗余材料，可在农贸市场和手工业市场直接进行交易。到 1996 年，全国个体劳动从业者达 20 多万人，有效缓解了就业压力。

　　经过一段时间的改革探索，古巴经济结构得到完善，就业人数保持增长，私营部门比重逐渐增加，多种所有制经济不断发展，多元化的私营部门比重不断提高，为缓解就业压力发挥了重要作用。具体情况如表 3-9 所示。

表 3-9　1981~2000 年古巴不同所有制行业就业变化情况

单位：千人，%

	1981 年	1995 年	2000 年
总就业人口	2867.6	3591.0	3843.0
国有部门	91.8	80.5	77.5
私营部门	8.2	19.5*	22.5
合营企业	—	0.5	0.7
国家私营企业	5.5	5.2	9.4

	1981 年	1995 年	2000 年
个体户	1.6	3.9	4.0
合作社	1.1	9.7	8.4

注：* 1995 年私营部门就业人口与各分项加总数有偏差，原文如此。

资料来源：转引自 Miren Uriarte, *Cuba, Social Policy at a Crossroads：Maintaining Priorities, Transforming Practice*（University of Massachusetts Boston：Scholar Works at UMass Boston，2002），p. 27。

2. 健全制度化专业化的就业服务体系

首先，规范和引导各就业服务组织或机构，逐步完善覆盖城乡的就业管理服务体系，建立区—县—市—省—国级全涵盖的全民就业服务网络。其次，加强失业调控。各雇佣单位建立联动机制，形成失业预警、失业保险和促进就业系统。更新古巴《劳工保护法》，严格规范各单位关、停、并、转造成的失业下岗行为，尤其是结构性失业，坚决捍卫劳动者合法权益。再次，及时解决工资拖欠问题，建立工资拖欠处理长效机制。最后，提高社会保障和就业服务领域工作人员的综合素质。为提高工作服务水平，2001 年，古巴社会保障部成立干部管理中心，对就业管理、服务人员实施培训，培训内容由思想政治、法律政策、信息技术、管理知识等课程组成，旨在提升服务人员思想素质，增强服务能力。

3. 妥善处理失业职工安置和再就业问题

安置失业职工直接关系古巴社会稳定。古巴采取了以下措施。其一，出台法律法规，慎重确定下岗人员的名单和数量。明确规定下岗人员名单必须通过集体决议，集体决议由企业代表、工会代表、社会代表、政府人员组成，决议要经过充分讨论和协商。其二，安排国家预算支出，保障失业人员及困难家庭基本生活。失业第一个月，下岗职工可领取全额工资；一年以内剩下的 11 个月，可领取原工资的 60%；4 年以内，职工在原单位领取失业金。待业的 4 年间，原工作单位或国家社会保障部门必须向失业员工提供 3 次就业机会，如果本人全部拒绝，不愿继续工作，政府部门和原工作单位将不再向其提供失业保障金。此外，失业员工再就业时，原则上工资水平不可低于原工资。如果再就业工资低于原水平，中间差额由国家预算补齐。其三，所有单位要成立安置失业人员的专门机构，负责员工职业技术培训和再就业工作。

4. 调整教育模式，以促进青年就业为重点

古巴政府将教育作为解决青年就业问题的重要途径。由于经济形势不佳，

古巴有大批没有工作的年轻人（高中毕业生居多），而女性失业人数比男性多 20%。为解决青年就业问题，古巴有针对性地加强了对青年的就业教育。古巴政府协调共产主义青年联盟、古巴工人中央工会、古巴妇女联合会等组织，在全国范围内设立社会学校、大学分校或职业学院，学制为 1~2 年，采用"劳动与学习"相结合的传统方式，安排青年学习知识，并到工厂、农场等实习，以实践收入冲抵学费。截至 2008 年初，古巴全国总计创立 200 多所社会学校，在校学生 3 万余人。社会学校课程设计具有很强的实用性，主要为基层管理、社区工作、社会服务、群众工作、弱势群体服务、人际交往与心理咨询等，直接面向群众，以切实解决群众困难为基本出发点。古巴政府还在经济落后的东部地区开展试点工作，通过扩大社会事业来拉动就业。

　　"特殊时期"以来，古巴政府采取积极有效的就业措施，取得良好效果，失业率从 8.27%（1995 年）降至 1.79%（2007 年）[1]，人民的基本生活得到保障和改善。

　　"特殊时期"就业工作的部分成果如表 3-10、表 3-11 所示。

表 3-10　1995~2007 年古巴失业率变化情况

单位：%

	1995 年	2000 年	2005 年	2006 年	2007 年
失业率	8.27	5.45	1.95	1.91	1.79

资料来源：Macrotrends Home Page，https://www.macrotrends.net/countries/CUB/cuba/unemployment-rate.

表 3-11　1991~2005 年古巴主要就业指数变化情况

单位：%

	就业率 （15 岁以上人口）	失业率 （劳动力总人口）	弱势人口就业率 （劳动力总人口）	青年失业率 （15~24 岁人口）
1991 年	47.0	7.6	8.6	13.0
1995 年	47.9	8.3	8.2	14.5
2000 年	49.4	5.5	7.7	10.3
2005 年	51.8	2.0	7.2	4.0

资料来源：United Nations Development Programme，*Human Development Report*，http://hdr.undp.org/en.

---

[1]　Cuba Unemployment Rate 1991－2023，https://www.macrotrends.net/countries/CUB/cuba/unemployment-rate.

四 改进住房建设模式和分配政策，努力满足人民住房需求

住房是人民最基本的生存需求之一，也是古巴社会建设的一项重要内容。古巴共产党和政府一直高度重视住房问题，经过 30 多年建设，古巴人民的住房条件有了很大改善，但也存在国家完全主导、住宅分配形式单一等问题。尤其在面临苏联解体冲击时，古巴房地产业几乎没有风险防范能力，遭受重创。"特殊时期"古巴党和政府克服困难，改革和完善住房政策，满足了人民基本的住宅需求。

（一）住房建设的现实困境

1. 房屋建设资金和材料严重不足

古巴社会主义计划经济体制下的住房建设、分配和买卖都由国家主导，房地产业流通由国家负责，国家财政是古巴住宅建设的主要支撑。苏联解体和美国封锁使古巴经济趋于崩溃，古巴长期以来建立起来的对外贸易关系被切断，国家收入锐减，石油等重要工业能源、建筑原料难以自产，因此住宅建设所需资金和材料极其匮乏，不少在建项目甚至被迫停工，规划中的项目无限期延迟。例如，政府计划在首都哈瓦那启动名为"小树林计划"（Las Arboledas）的大型住宅项目，该项目建成后可供 16000 名居民入住，但由于所需物资无法到位，整个工程仅完成预期的一半。

2. 住房政策存在历史遗留缺陷

一是传统住房开发模式较粗放。革命胜利后，考虑到当时人民的迫切需求，政府为尽快改善人民的居住条件，缓解拥挤的居住环境，大力推进住房建设，采取了保证住宅数量和存量较快增长的建设模式。单一粗放的增长模式虽短期内有效缓解了居住矛盾，但是高成本、建筑材料高度对外依赖、数量至上的住宅建设模式，不利于住房建设长期健康发展。同时，粗放型开发模式没有形成专业的产业结构，更不具备独立发展条件，一旦外部经济环境有所波动，这种模式便难以推进。二是房屋质量普遍不高。古巴住宅政策存在"质"和"量"的失衡。房地产业发展初期，古巴也曾脱离实际陷入激进主义误区。房屋建设常常伴随着材料浪费、严重污染、乱改工期等问题，房屋质量检测也没有统一标准。此外，由于初期所造的房屋质量普遍不高，使用年限内房屋修葺工作量加大。1994 年，古巴遭受强飓风袭击，房屋损毁更加严重。由于没有正规建材市场、专业维修队伍、维修补贴等，居民只能通

过黑市获得维修房屋所需的材料和人力，不得不承受黑市交易的巨大风险。三是房屋空间设计缺乏整体规划，住宅区功能设置不够完备。如住房建设很少考虑配套设施，居民生活条件不便利；住房与交通、城市建设、服务保障等领域无法形成体系，公共服务缺乏。

（二）住房政策的结构性改革

针对"特殊时期"的困难和人民不断增长的住房需求的矛盾，古巴党和政府及时调整住房政策。1991年，古巴首先颁布了《城市改革法》，宣布废除不动产抵押税法。允许外资进入房地产业，外资企业通过政府评估、审批可以和古巴国有部门合营；外国游客允许租住古巴房产；古巴居民最多可对外出租两间房，所得租金缴纳一部分给政府作为税金，资金用于住房的修葺和维护。1999年古巴颁布新法，规定国有房产可批准10～20年的抵押贷款，年利率不超过3%。整个"特殊时期"，古巴针对住宅领域生产、融资、分配、消费等环节存在的问题，进行了结构性改革和完善，取得积极成果。

1. 多渠道开辟住房供给来源

1959年革命胜利以后，古巴房屋建设秉持公正平等原则，形成以国家为主导的建设和分配模式。但这种模式存在缺乏活力、效率较低等问题，无法从根本上解决供需矛盾。"特殊时期"以来，在黑市的不良影响下，住房供需矛盾甚至变得更加尖锐。古巴政府决心从供给源头上开辟更加多元化的供给模式，以缓解供需矛盾。

第一，减少国家建设，加大修葺翻新力度。"特殊时期"以来，由于资金匮乏、原料短缺，古巴放缓了新建住宅步伐，转向提高现有住宅利用率，延长使用年限。哈瓦那是古巴居住密度最高的地区之一，拥有得天独厚的自然人文资源，也是世界著名的旅游胜地。古巴政府首先在哈瓦那开展试点工作。在全市进行房屋普查，排查条件简陋年久失修的劣质房屋和危房，对其进行维护和翻修，所需资金来自哈瓦那旅游收入和税收。此外，"1993年，国家授权城市历史学家工作处，拨款2亿美元旅游收入，专门负责城市文物保护和改善居住条件"。[1] 1996～2000年，古巴虽然只新建了少量住房，但哈瓦那2/3的住宅得到了维护和整修，居民的居住环境得到较大改善。

第二，重新启动"小型工程队"（microbrigade）。"小型工程队"是古巴

[1] Mario Coyula Cowley, "Housing in Cuba," *Designer/Builder*, no. 15 (2000): 6.

工人创造性的尝试，曾在住宅建设领域发挥巨大作用。这种自行组织、独立设计、自建住房、自主分配的模式在 20 世纪 70 年代非常流行。直到 80 年代初，考虑其建设的住房成本偏高、质量较差，技术水平较低，工人缺少专业知识和专门培训，国家逐渐禁止"小型工程队"方式。80 年代末期，在各种因素作用下，该模式又逐渐兴起。由于"特殊时期"经济困难，为减少成本、提升工作效率，缓解激增的住房需求，古巴决定再次推行"小型工程队"建设模式。政府鼓励生产部门在保留工人岗位的前提下，组织建设工程队，工资由国家承担。90 年代，"小型工程队"模式变得更加多样化。志愿者自行成立建筑队伍，队伍中有专业的建筑师进行设计和指导。但是由于建筑材料和资金不充足，工程队主要工作还是附近住房的修葺和翻新。在困难时期，这种模式受到居民的好评和支持。

第三，推动其他非国家建设项目。古巴政府鼓励以社区为单位开展住房建设，探索多元化的建房途径。其中，代表性的项目如下。

社区综合改造项目（comprehensive workshops for neighborhood change）。1988 年该项目启动，并在"特殊时期"发挥了巨大作用。整个项目被划分为以社区为单位的工作室，共成立了 20 个工作室，总计服务 50 万周边居民。每个工作室由建筑师、工程师、社会学家等专家组成，对所属社区的基本情况、房屋存量、人力资源进行调研评估，最终制定适合本地发展的住房政策。社区工作室的服务内容是多方面的，不仅有改善住宅条件，还有亲密邻里关系、提升儿童教育水平、推进当地经济发展等功能。工作室有权进行自主项目融资，主要资金来源为旅游收入、国家支持或国际非政府组织援助等。该项目在降低成本、提高效益方面有一大亮点，即"循环使用冗余建筑材料，运用传统建造技术进行房屋维修，避免过度依赖预制材料"。[①]

以"居在古巴"（habitat Cuba）为代表的合资项目。"居在古巴"项目由古巴政府牵头，在古巴 6 个省份开展。法国、意大利、挪威、加拿大、美国等国家的国际机构为其提供资金支持，但相关工作只涉及建筑材料购买。所有参与"居在古巴"项目的工作人员必须进行培训，学习先进的专业知识。1995 年起古巴国家经济形势逐渐好转，"居在古巴"项目不断深化。该

---

① Roberto Segre, Mario Coyula and Joseph L. Scarpaci, *Havana: Two Faces of the Antillean Metropolis* (Chichester: John Wiley & Sons, 1997), p. 163.

项目聘请了 500 名建筑师，为有意翻新住宅的居民提供合理建议，协助拟定房屋修葺计划。另外，"居在古巴"项目还推动了建材替代计划。苏联解体前，古巴建材大部分依靠进口，价格昂贵。在推进项目的实践中，古巴发现竹子和黏土非常适合作为进口替代材料，从而进行推广。

外资住房建设项目。在古巴住房生产体系中，私人住房虽出现时间最晚，所占比例最小，但特殊时期以来发挥作用越来越大。1994 年起，古巴开放房地产业，实行一系列优惠举措招商引资。1998 年，房产领域吸引了 12 亿美元的外资。2000 年，3 家合资企业成立，19 个房产开发项目获批。外资主要来自西班牙、意大利、加拿大、法国、英国、以色列、摩纳哥等国。外资合建代表性项目是蒙特卡洛宫酒店，酒店规模宏大，由 29 栋建筑组成。但是，外资开发项目主要为高级酒店和公寓，古巴普通居民很难直接享受建设成果。

2. 进一步规范房产融资行为

古巴房地产业的进一步发展，需要合理的投融资环境，但面临不少障碍。古巴缺少健全的房地产法律体系和抵押贷款制度。缺乏法制保障，让不少实力雄厚的开发商不愿涉足，效益可观的开发项目也难以启动。古巴相关政策游移不定，政策的不稳定性和不确定性使开发商无法信任。古巴政府给外资的各项资料不足，外商无法对土地市场进行分析和预估。这些政策性的缺陷不利于房地产业可持续发展。

革命胜利初期，古巴颁布了《城市改革法》，规定了部分住房可用于租住，但看似"公平"的租住方式却饱受诟病。以家庭收入决定租金直接造成不平等。例如，不少家庭实际居住环境拥挤、位置偏远、条件恶劣，却因人头较多要支付高额租金；有的家庭只需支付少量租金，却能享受面积宽敞、位于中心地段的房屋。另外，法律规定在古巴只有房主有权买卖捐赠财产，却没有明确的房产政策来判定谁是房主。

20 世纪 80 年代末 90 年代初，古巴颁布新住房法，旨在进一步规范房产交易行为。新法亮点如下。首先，建立了以住宅价值为基础的融资体系。住宅价值取决于所处地段、土地价值、建筑类型和面积，但价格不得超过市场价值的一半，房屋定价标准变得更加合理。其次，完善居民购买方式。居民通过国家银行向古巴政府申请个人贷款（非抵押贷款），可以购买房屋、自建房屋或修葺房屋，但不可购买私有土地，不可进行房屋倒卖。无法按时偿还贷款的居民，可以申请贷款减至个人收入的 20%，或者申请延长贷款时间。再次，该法令特别规定，所有国家银行都能自主发放低利率贷款，所得收入用于住房建设。所有外资金融业务必须通过古巴国家银行审核批准；在同外商进行融资合作时，国有资金必须达到一半以上。最后，更加灵活地制定古巴居民贷款规定。贷款无须首付，不用财产担保，偿还率基本为 97%~99%。具体贷款条件如表 3-12 所示。

表 3-12 古巴不同类型房屋贷款利率和年限

单位：%，年

	独栋别墅	无电梯公寓	高层住房	农村山区合租房	其他农村合租房	自建住房
贷款利率	3	3	2	2	3	3
贷款年限	15	15	20	25	30	10

资料来源：Teddy Kapur and Alastair Smith, *Housing Policy in Castro's Cuba* (HUT-264M, 2002), p. 17.

3. 进一步优化住房分配方式

与市场价值相比，古巴住宅分配更看重社会价值。1959 年以来，古巴一直坚持"为每户家庭提供一套适宜住房"的建设目标，"按需分配"住房成为最主要的分配方式。然而，人民持续增长的住房需求使古巴政府必须不断扩大住房总量，即使在住宅存量最可观的 20 世纪 60 年代，居住需求仍然难以满足。随着经济发展，城市化和现代化进程加快，人口迅速增长，20 世纪 70~80 年代住房需求猛增，曾有一年国家收到 15000 个居住申请，但当时只有 7000 处空房。尖锐的房产供需矛盾甚至影响了古巴经济和社会发展，古巴开始反思以往房屋分配的政策和实践，并进行以下尝试。古巴要求所有工会组织对工人住宅问题进行调查，根据个人实际情况进行分配调整。政策向困难家庭、失独家庭、多人口家庭倾斜。国家各个行政部门可为员工修建房屋；对非政府建设住宅采取国家、集体协调的分配方式。20 世纪 80 年代中期，古巴启动"纠偏"运动，与民生密切相关的房产业是重点，房产分配工作更是重中之重。住房分配原则强调以岗位贡献和社会效益为导向。农村地区新建的住房，首先分给对当地发展做出直接贡献的农民和工人；只有在新工业区和落后基层社区，相关管理人员、技术工人和专业人士才有资格获得优先分配住房资格。该政策一直延续到"特殊时期"。

"特殊时期"古巴经济十分困难，特别是在苏联解体后的一段时期，国家财力非常有限。但古巴党和政府仍然关心人民群众的住房问题，通过调整住房建设模式和分配政策，尽力满足人民住房需求。随着国家经济状况的好转，住房建设的数量也不断增多，特别是2006年，达到11万多套，在一定程度上缓解了住房紧张的局面。

"特殊时期"古巴住房建设的基本情况如表3-13所示。

表3-13　1990~2007年古巴住房建设情况

单位：套

	总共建造	国家建造	非国家建造
1990 年	36326	22510	13816
1995 年	44499	24034	20465
2000 年	42940	20670	22270
2005 年	39919	14585	25334
2006 年	111373	29692	81681
2007 年	52607	22419	30188

资料来源：ONEI, *Anuario Estadistico de Cuba 2016*, Capitulo 12：Construccione Inversiones, p. 293.

五　开展思想斗争，纠正社会偏差，筑牢社会安全防护网

苏联解体以来，以美国为首的西方敌对势力加紧和平演变和意识形态入侵攻势，企图扰乱古巴民心，制造社会动乱。国内反对派和"非法组织"也借机发难，肆意造谣，抹黑古巴党和政府，甚至公开进行违法活动，要求彻底变革政治经济制度，妄图实现以压促变；经济倒退使人民生活水平受到影响，国内外敌对势力的渗透，使不少党员和群众出现思想混乱和认知错误，甚至对古巴社会主义前景失去信心。如果不及时纠正这些危险倾向，将威胁古巴社会安全和政权稳定。在这种情况下，如何加强社会治理，及时纠正人们的思想认识偏差，有效防范敌对势力意识形态渗透，筑牢社会安全防护网，成为古巴党和政府面临的重大课题。

（一）社会偏差的主要表现

1. 社会心态失衡

1991年，古巴政府启动经济改革，制定具体方案优化经济结构。1993年起，全国各地逐步推进改革开放，社会资源和利益分配不可避免出现不均衡、

不一致现象，甚至会出现原有利益受损、减少等问题。这些现象与苏联解体前轻效率、"一刀切"的"社会公平"有着本质不同。而经济改革和对外开放的实践，客观上会造成收入差距和贫富差异，并且短期内难以完全消除。这些新情况新问题，容易造成社会公众心理失衡，而不良社会心态极易被国内外反动势力利用，形成反党反政府反社会思潮，直接影响社会稳定。

2. 社会情绪不满

社会氛围和社会情绪是社会状况的"晴雨表"。构建和谐社会关系，尤其是保持执政党、政府同民众的密切关系，是社会建设的重要环节，对"特殊时期"的古巴格外重要。随着对外开放和经济社会改革进程不断深入，某些消极社会问题逐渐显现。其中，危害最大的腐败行为和官僚作风开始在古巴出现。虽然情况并不严重，但贪污腐败和官僚主义会直接损害党群关系，降低政府公信力，引发不满情绪，激化社会矛盾，甚至危及古巴社会主义革命成果。卡斯特罗多次强调："反腐败是一场生死存亡的斗争"，"在腐败未侵蚀党的肌体之前，就必须把毒瘤切除"。① 表明了古巴共产党对腐败等消极现象所引发的社会不满情绪的关注。

3. 社会风气恶化

一方面，古巴经济发展和社会变革加速推进，相关法律法规制度的完善工作没有跟上脚步，使某些不良风气乘虚而入。经济困难时期，一些不法商人通过"黑市交易"投机倒把，趁乱赚取不义之财，不仅损害人民切身利益，更助长了机会主义、拜金主义、享乐主义、功利主义、个人主义等资本主义腐朽思想，污染社会风气，古巴社会弱势群体和边缘群体受冲击最大。另一方面，古巴革命精神和艰苦奋斗精神的重要意义被淡化。革命精神是古巴人民战胜困难、取得胜利的精神支柱，艰苦奋斗精神是古巴人民不断前进的精神动力。如何让新一代的年轻人继承和发扬老一辈的革命精神，也是古共始终关注的问题。"特殊时期"以来，古巴加大改革开放力度，各种社会思潮涌入国内，社会价值观取向也变得多元化，西方社会中的部分不良思想对未经革命淬炼的年轻一代充满诱惑，加上外部势力的诱导，有些古巴群众社会信仰和革命精神弱化甚至消失，责任感、危机感、使命感、认同感逐渐

---

① 转引自李莹、梁庆培《卡斯特罗党风廉正建设思想研究》，《时代人物》2007 年第 11 期，第76 页。

被私利掩盖，对古巴社会风气造成恶劣影响。

（二）纠正社会偏差的举措

古巴"特殊时期"不仅是社会主义克难攻坚的关键时期，还是全社会大转型大变革的重要时期。"在社会急剧变迁时，社会心态变化快、形态复杂，无论对个体还是对社会组织和制度的影响都很大。……对社会心态的把握和调适，也是社会变革的一个无法忽视的社会心理资源与条件。"① 稳定社会心态是古巴社会建设的着力点，也是古巴捍卫社会主义制度的社会基础。古巴党和政府强调，"特殊时期"古巴社会建设的第一步应该是稳定社会心理、优化社会风气、和谐社会环境，必须通过积极的思想教育，纠正偏差，营造良好的党群关系，强化民心基础，同心同德，推进社会主义各项事业发展。

1. 进行全国性持续性的社会动员

1989 年东欧剧变之初，卡斯特罗就喊出"誓死捍卫社会主义，誓死捍卫马列主义"的庄严口号。同年底，卡斯特罗发表长篇讲话，明确宣告古巴绝不搞多党制，绝不走资本主义老路，动员全体古巴人民为"特殊时期"做好准备，全力迎接"战时紧急状态"。此次讲话意义重大，国外媒体称其为《第三个哈瓦那宣言》。1991 年，古巴共产党召开"四大"，卡斯特罗连续发表了近 5 个小时的讲话，分析了当前古巴的困难形势，提出应对计划。大会发布决议，指出，最高奋斗目标是在古巴建设社会主义；古巴共产党是马列主义政党，是古巴"社会的领导力量"；"党的组织原则是民主集中制"。② 会后，古巴共产党在全国展开宣传和动员。这次全国动员不仅是政治动员，更是革命动员。古巴党和政府通过领袖动员、媒体动员、群众参与动员等多种方式，将"拯救祖国、革命和社会主义"的革命目标贯彻到全国各地，让人民明确奋斗方向和方针。全国性持续性的宣讲动员，鼓舞和凝聚了民心，提高了人民的思想政治觉悟，增强了人民对社会主义的信心，激发了人民的革命性和积极性。

2. 开展意识形态战役

意识形态作为社会主义建设的关键领域，是国家安全和社会稳定的防护

---

① 杨宜音：《个体与宏观社会的心理关系：社会心态概念的界定》，《社会学研究》2006 年第 4 期，第 117 页。

② 倪润浩：《古巴共产党第四次代表大会闭幕》，《瞭望》1991 年第 43 期，第 39 页。

网。苏联解体以来，古巴形势愈加复杂，社会价值观逐渐多元化，古巴意识形态安全面临严峻挑战。古巴共产党始终关注意识形态领域斗争，1959 年革命胜利初期，就发动大规模思想战，确保全民思想统一、认识一致。进入"特殊时期"后，面对复杂的国际国内形势，古巴共产党以苏东国家为鉴，开展了涉及范围更广、延续时间更长、参与人数更多、斗争形式更多样、动员内容更深刻的意识形态战役。这次意识形态战役，是一场前所未有的净化社会思想的战役。意识形态战役的主要形式，一是大力弘扬爱国主义精神。古巴共产党组织全国范围的教育和讨论，教育党员和群众，深刻反思苏联解体的教训，强调古巴的民族性和独立性精神；采用多种方式广泛宣传古巴的民族英雄，普及历史知识，进行爱国主义教育，武装人民头脑。二是坚决与国内的反动思想言论和美国的无理干涉做斗争。1996 年古共召开四届五中全会，强调要加强思想政治和共产主义德育工作。此次会议的议题为如何在人民群众中开展一场"强大的意识形态战役"，并制定了具体实施方案。总体指导方针是将改革开放和思想战有机结合，全力打破美国经济封锁和政治威胁。1997 年，古共召开"五大"，出台中心文件《团结、民主和捍卫人权的党》，并修改了《古巴共产党章程》，中心文件的核心思想是"社会主义和共产党的领导是当前及今后古巴唯一正确的选择"，中心文件是"反驳西方国家的职责和非议、统一全党全民的认识、加强人民群众团结的强大思想武器"。①卡斯特罗还发表文章，深刻揭露新自由主义的本质，强调新自由主义是帝国主义在其世界霸权阶段的意识形态，要防范新自由主义对古巴的冲击。

3. 完善群众利益的诉求处理机制

人民是古巴社会主义永续发展的依靠力量。特殊困难时期，古巴共产党把做好群众工作、改善人民生活、增强社会团结和凝聚力作为社会建设的一项重要任务，并提出具体要求。其一，党员干部，尤其是高级领导干部，要定期定点到基层体察民情，切实了解民生、解决民困。每年古巴政治局委员必须成立考察组，至少 6 次深入农村基层。其二，确立"民知、民议、民为、民查"的工作方针。人民群众可直接向古巴高级领导人写信，卡斯特罗每天都会抽出时间阅读群众信件，第一时间了解群众诉求。任何重大决策实施前都会进行全民大讨论，广泛听取群众意见，及时改进政府工作；不断扩宽党

---

① 黄宗良、孔寒冰主编《世界社会主义史论》，北京大学出版社，2004，第 572 页。

和人民群众直接交流的方式，增进人民对执政党意识形态的认同感。其三，引导群众运用合法合理方式争取权益。为反击美国的遏制打压，古巴政府明确支持、有效组织古巴人民进行示威游行，反对美国霸权主义行径，强烈抗议美国对古巴的无理干涉，积极争取合法权益。2000年7月，首都哈瓦那举行了盛况空前的人民大游行，参与人数超过100万，卡斯特罗亲临现场，抗议美国"侵略"。在"七·二六"运动庆祝大会上，卡斯特罗严厉批判了美国干涉古巴的霸权行为，明确表示："只要帝国主义和霸权主义存在一天，古巴的'思想战'就不会停止。"①古巴通过理性方式激发人民爱国热情和对社会主义的认同感，还得到了国际社会的认可和声援。其四，将满足民生需求与开展"思想战"紧密结合。思想教育工作和发展民生工作是相辅相成、不可分割的。在进行"思想战役"的同时，古巴进行了全国民意调查，搜集一手资料和数据，了解民情民意。卡斯特罗等中央领导人组成工作组，制定了150余条社会发展的专项计划，指派专门机构全程跟踪政策落实情况。

六　深化对马克思主义宗教观的认识，引导宗教发挥积极社会功能

宗教问题事关社会关系和社会稳定。妥善处理宗教问题，发挥宗教积极作用，是当今时代社会治理的一项重要内容。由于历史原因，古巴信教群众人数众多，宗教力量不断增强，成为古巴社会结构中最重要的社会力量之一。化解宗教消极社会影响，发挥其在团结信众、凝聚社会共识等方面的积极作用，对"特殊时期"古巴完善社会治理、维护社会稳定具有十分重要的意义。

（一）"特殊时期"的宗教形势

古巴是一个宗教历史悠久、教派复杂、信教群体庞大的社会主义国家。苏联解体后，古巴经济下滑，生产停滞，失业率上升，人民生活水平下降，人民情绪有些失控，社会心态不稳，社会不安定因素增加。宗教成为不少群众宣泄消极情绪的途径，部分群众甚至将宗教视为脱离困境的精神寄托，有着深厚宗教传统和宗教历史的古巴，宗教组织和信教人数大幅增长。古巴"特殊时期"，既是"矛盾凸显期"，也是"转折变革期"。古巴群众尤其是受教育程度较低的群众，更易走向极端，稍有偏差，宗教的消极作用便会放大。例如，有些宗教教义容易让人趋于保守，沉溺于自身得失，丧失生活

---

① 转引自李锦华《古巴共产党开展"思想战"战略》，《当代世界》2007年第11期，第41页。

力，变得麻木冷漠。宗教灌输的"来世"思想，容易诱导古巴信教群众逃避现实困难、消极忍耐，客观上导致群众放弃革命追求，不能积极投身社会事业和社会活动中，不再关心国家前途命运。在"特殊时期"，如果没有民心认同、民力支持，对古巴摆脱困境极为不利。另外，古巴教派繁多，关系复杂。主要宗教包括基督新教、天主教、非洲传统宗教、犹太教、唯灵论等，各教派普遍有排斥异教倾向，教派之间存在历史矛盾，彼此沟通协调难度较大，若处理不善容易激化矛盾、引发冲突，直接影响国家安全和社会稳定。

同时，美国趁火打劫，企图通过宗教渗透，颠覆古巴社会主义政权。美国长期对古巴社会主义政权虎视眈眈。苏联解体后，美国将宗教视为精神武器，利用宗教在古巴进行思想渗透和分裂活动。美国密切联系古巴宗教势力中的反动分子，向古巴人民传播反党反社会主义思想，大力扶植宗教反动组织和势力，煽动宗教狂热分子，肆意进行游行示威等非法活动，甚至不顾人民安全鼓动暴力恐怖行径，给古巴社会安定造成巨大威胁。

（二）宗教政策的战略性调整

古巴共产党从实际出发，不断深化对宗教的认识，与宗教的关系也经历了从紧张对立、相互磨合到和谐共处的过程。20 世纪 90 年代以来，面对国内外新形势新变化，古巴对宗教政策进行了一系列战略调整。

1. 全面深化对马克思主义宗教观的认识

古巴是社会主义国家，古共运用马克思主义宗教观来认识宗教。马克思认为宗教是权贵统治百姓的工具，"由于有了异端裁判所，教会已成为专制政体的最令人畏惧的工具"。① 马克思还认为"宗教里的苦难既是现实的苦难的表现，又是对这种现实的苦难的抗议。宗教是被压迫生灵的叹息，是无情世界的情感，正像它是无精神活力的制度的精神一样"。② "宗教是人民的鸦片"③这一著名的宗教"鸦片论"，被列宁称为马克思主义宗教观的基石，也是古巴共产党对宗教的基本态度。在社会主义建设实践中，古巴逐渐发现，只关注宗教的消极作用，会加大政府和信教群众的隔阂，削弱执政基础，甚至在客观上容易为美国制造宗教分裂提供便利。因此，古巴党和政府开始关

---

① 《马克思恩格斯全集》第 13 卷，人民出版社，1998，第 509 页。
② 《马克思恩格斯选集》第 1 卷，人民出版社，2012，第 2 页。
③ 《马克思恩格斯选集》第 1 卷，人民出版社，2012，第 2 页。

注宗教和社会主义建设目标的共通之处，比如社会主义的公正友爱、自由平等等理念。早在 20 世纪 80 年代末，卡斯特罗就提出要在全国范围内开展"如何全面认识宗教及'鸦片论'"的大讨论。卡斯特罗认为："宗教既不是鸦片，也不是灵丹妙药……要看它来保卫压迫者和剥削者，还是保卫被压迫者和被剥削者。"① 他提出古巴党内要消除宗教歧视思想、消灭对立情绪，双方可建立战略联盟，为国家和平和发展共同努力。这表明古共以务实的态度深化了马克思主义宗教观，澄清了长期以来党对宗教的模糊认识。

2. 落实宗教信仰自由政策，允许优秀宗教人士入党

为团结宗教力量、扩大党的群众基础、吸纳更多优秀人才入党，古巴共产党在深化对马克思主义宗教观认识的基础上，在党的组织制度上实现了突破。1991 年，古共召开"四大"，首次提出"允许优秀宗教人士加入古巴共产党"，入党后可继续参加合法依规的宗教活动。卡斯特罗也多次强调，"成为信教徒与社会主义、共产主义政治观念不是互相排斥的"，② "一个人可以是马克思主义者，也可以是基督教信徒，还能和以马克思主义思想为指导的共产主义者共同努力改变世界。最重要的是，两者都是真正的革命者，都愿为消灭剥削现象和社会财富公平分配而不懈斗争"。③ 1992 年，古巴人民代表大会完善了1976 年宪法。新宪法明确规定"国家尊重和保障宗教信仰自由……在遵守法律的前提下，每个公民有信仰自己喜欢宗教的自由"，新宪法放松了部分宗教活动的限制，全面放开合法宗教活动，依法保障宗教自由。同时，卡斯特罗开始用"世俗的"来取代之前"无神论的"表述。1993 年，古巴历史上第一次出现宗教组织领导人当选古巴人大代表。2005 年，古巴新《宗教法》出台，该法进一步细化管理宗教事务，旨在引导宗教活动更加规范、公开、有序。

3. 深化宗教问题研究

古巴专门成立了社会宗教研究室，主要从事宗教基础理论研究、古巴本土宗教历史研究、古巴宗教组织与教义传播研究，还对世界各地的宗教样态进行研究。该机构不仅开展科学研究，还向群众普及历史文化知识，定期举

---

① 转引自毛相麟《古巴社会主义研究》，社会科学文献出版社，2005，第 238 页。
② 〔古〕萨洛蒙·苏希·萨尔法蒂编《卡斯特罗语录》，宋晓平等译，社会科学文献出版社，2010，第 40 页。
③ Sheldon B. Liss, *Fidel!: Castro's Political and Social Thought* (London: Westview Press, 1994), p. 170.

办展览，开设综合课程等。作为国家宗教研究智库，古巴社会宗教研究室每三年举办一次宗教研究国际研讨会，来自世界各地的宗教领袖、专家学者汇聚一堂，开展学术交流。截至2008年，古巴已有十几所宗教研究机构，分布在古巴哈瓦那大学、马坦萨斯大学、教会理事会研究中心、国际移民研究中心等知名高等学府和研究机构中。

（三）开辟宗教外交新局面

苏联解体后，古巴摆脱了苏联模式的制约，有利于以更加独立自主的方式开展外交活动。古巴政府创造性地以宗教外交为切入点，在坚持马列主义基本原则的前提下，灵活务实开展宗教外交，开辟多元化的外交渠道，国际关系不断改善，为社会建设营造了更好的外部环境。

1. 以宗教组织为载体，展现古巴国家形象

古巴规定，宗教组织的一切活动必须符合古巴宪法，得到司法部许可。古巴境内有十余个宗教团体，包括伊斯兰教、东正教、佛教、福音教、基督新教等多个教派，信教人群庞大，古巴政府为保证宗教组织有序运行，实行依法治教，在符合国家法律规范的基础上尊重"信仰自由"；古巴鼓励国内宗教组织加强国际交流。古巴宗教组织举行国际会议前，可将会议方案和申请书提交给政府，通过后政府将给予人力物资支持。古巴还借助宗教进一步向世界展现国家文化和形象。古巴教会理事会历史悠久，是推动古巴文化事业和社会事业的重要机构，与西班牙、德国、荷兰、加拿大、巴西、哥伦比亚等国建立了合作项目，举办了不少具有国际影响力的国际会议，向世界表达了古巴为人民谋求美好生活、捍卫世界和平的主张，有力回击了美国长期以来对古巴的污蔑。另外，古巴支持宗教组织参与国内外教育、医疗、食品、慈善等民生事业，不断推动其与政府部门的合作。

2. 改善与教皇的关系，营造良好国际环境

1996年，应教皇保罗二世邀请，卡斯特罗访问梵蒂冈；1998年，教皇应邀回访古巴。卡斯特罗和教皇的互访引起世界关注，尤其受到拉美国家欢迎。保罗二世在古巴发表公开演讲，批评美国对古巴的霸权主义行径，充分肯定古巴社会主义建设和改革开放的成就。媒体称此次互访"无疑是古巴外交的最大胜利，因为它大大改变了世界对古巴政府的看法"。[①] 同年，古巴政府放

---

① 徐世澄：《卡斯特罗评传》，人民出版社，2008，第202页。

宽了部分宗教限制。如恢复了圣诞节（1969年曾废止），允许法定节假日进行弥撒等宗教活动，允许媒体刊发积极的宗教文化知识等。此外，教皇访问古巴后，不少国家主动提出和古巴恢复或建立外交关系。1998年1月，危地马拉与古巴复交；4月，加拿大总理出访古巴，这是近20年来第一位访问古巴的西方发达国家政府首脑。古巴也抓住良好时机，向世界展示国家建设取得的成就，改变了不少国家对古巴长期存在的偏见，客观上对美国形成道义压力，为古巴社会主义建设争取到相对缓和的国际环境。

3. 借助宗教往来，发展多元外交关系

一是突破困难与俄罗斯建立合作关系。苏联解体后，俄罗斯走向前台。俄罗斯是资本主义国家，建国初期采取亲西方的外交战略，古俄关系降至冰点。古巴积欠苏联债务，又不得不依靠俄罗斯供应军备，在两国关系中始终处于不利地位，古巴敏锐发现可以运用"宗教外交"来"加强与俄罗斯的传统友谊与合作关系"。2008年，古巴首都哈瓦那落成一座东正教教堂，最高领导人劳尔出席落成仪式，这是近一个世纪以来西半球第一座建成的东正教教堂。俄罗斯国民信奉东正教，对此十分激动，对古巴也好感倍增。同年底，俄总统梅德韦杰夫对古巴进行历史性访问，并给古巴带来急需的物资援助。古俄关系开始走向全新阶段。

二是保持中立，与以色列、阿拉伯国家保持友好关系。阿拉伯国家和以色列发生冲突时，古巴选择参加不结盟运动，维系同阿拉伯国家的关系，同时，维护古巴境内的犹太教组织和群众安全，古巴尊重犹太教的做法得到以色列肯定，和以色列的友好关系也得以存续。通过宗教外交，古巴克服了巴以冲突的立场对立，和以色列继续保持文化经济往来。

三是积极修复和欧盟的关系。由于政治经济等制度差异，革命胜利后，欧盟一直"疏远"古巴。罗马教皇在欧洲进行游说，古巴也主动释放善意，通过和境内宗教人士合理沟通，古欧关系逐渐"破冰"，古巴和欧盟经贸往来逐渐增多。

宗教问题，涉及政治、外交、社会等领域的多方关系。处理宗教关系既是党和政府开展社会治理工作的重点，也是难点。古巴共产党从基本国情出发，灵活运用马克思主义宗教理论，跳出政教对立、意识形态差异的绝对限制，实行依法治教，挖掘宗教教义和马克思主义的内在一致性，全力避免、克服宗教存在的消极影响，合理引导宗教发挥积极作用。从对社会建设的功效看，在社会主义"特殊时期"，古巴务实的战略性宗教政策有利于最大程度团结一切可以团结的力量，增强社会凝聚力，维护社会和谐稳定，并赢得更多国际支持，基本实现了"宗教服务社会"的目的。

第四节 "特殊时期"社会建设的基本评价

"特殊时期"是古巴社会主义在艰难中发展的时期，也是古巴党和政府反思怎样建设社会主义、怎样实现社会公平正义并进行政策调整的时期。同社会主义的发展进程相适应，"特殊时期"古巴社会建设也历尽艰难。总体上评判"特殊时期"的社会建设，应明确以下几点。

一 社会建设在困境中推进，保障了基本民生

苏联解体使古巴面临的国际国内形势发生重大变化，社会主义面临生死存亡的险境。卡斯特罗指出："苏联消失的时刻发生了真正急剧的变化，我们实际上不得不承受双重的封锁。社会主义阵营的垮台使中国在各方面遭受到沉重的打击，我们遭受政治上的打击，军事上的打击，尤其遭受到经济上的打击。"[1] 濒临崩溃的经济状况，使主要依靠国家财政支撑的各项社会事业缺乏资金支持。在极度困难的情况下，古巴党和政府及时采取应对之策，在政治、经济、社会、外交等领域陆续推出改革举措。但卡斯特罗强调，古巴社会建设的基本原则不会变。在1997年召开的古共"五大"上，他重申"古巴今后在教育、医疗、社会保障等涉及民生的领域依旧不收取任何费用，这些是国家无偿给予人民群众的基本福利，人民的基本福利不会改变"。[2] 整个"特殊时期"，古巴克服困难，着力恢复发展经济，推进社会建设，在保证社会保障制度有效实施的同时，对教育、医疗、住宅等政策进行改革，全力保证群众就业，尽力满足群众住房需求，古巴革命胜利后建立起来的社会建设基本制度得到坚持和完善，基本民生得到保障，而且随着经济状况的改善，保障水平不断恢复和提升。

---

[1] 转引自徐世澄《古巴模式的"更新"与拉美左派的崛起》，中国社会科学出版社，2013，第125页。

[2] 转引自李菲菲《古巴特殊时期的民生改革研究》，硕士学位论文，山东大学，2013，第19页。

"特殊时期"，古巴党和政府全力保障教育事业正常运转，实现了没有关闭一所学校，没有取消一个教师岗位，相反还开设了师范院系，使所有想上学的孩子都有学上。① 古巴还根据形势的需要，进一步强化了马克思主义理论教育，坚持了古巴教育发展的正确方向；推进教育体制改革，发展职业教育，优化、普及高等教育，提高教育质量；大力发展特殊教育，保障了特殊人群的受教育权，体现了社会的公平正义。

古巴积极探索经济困难条件下医疗卫生事业发展之路，大力推广中医药技术，提高医药研发技术水平；发展医疗外贸，开辟医疗事业发展新路径；推行全民非常保健计划，着力提高初级医疗服务保障水平。"特殊时期"古巴的整体医疗服务水平并没有降低，不少指标还得到提升。

古巴千方百计开辟就业渠道，将失业率由 1995 年的 8.27% 降至 2007 年的 1.79%，职工的收入也得以提高。在"特殊时期"，古巴坚持实行全面社会保障制度，没有降低基本保障标准。

人类发展指数（简称 HDI）是评估一国社会建设成果的公认指标。通过古巴"特殊时期"人类发展指数的变化（见图 3-1），可以发现，刚进入"特殊时期"的最初几年，由于经济恶化，古巴人类发展指数（简称 HDI）急速下降。1994 年后，古巴经济形势好转，国民生产逐渐回归正轨，HDI 也触底反弹，并稳定提高，在"社会主义模式更新"起步阶段的 2009 年基本恢复到"特殊时期"之前的水平。这一发展趋势说明古巴社会建设的探索并未因难止步，而是克难奋进，不断恢复和发展。

二　巩固了国家安全的思想和社会基础，保证了社会平安稳定

"特殊时期"的复杂环境和严峻形势，给古巴社会主义政权安全、制度安全和党的领导带来巨大风险和挑战。加强社会建设，完善社会治理，保持社会稳定，对坚持党的领导、巩固政权安全和制度安全具有十分重要的作用。在"特殊时期"十分困难的条件下，古巴党和政府高度重视社会治理工作，维护了社会稳定。古巴共产党一方面强调坚持社会主义公平正义原则，继续实行免费教育、免费医疗、全民社会保障，积极推进就业，同时，改进住房

---

① 〔古〕菲德尔·卡斯特罗：《全球化与现代资本主义》，王玫等译，社会科学文献出版社，2000，第 61～62 页。

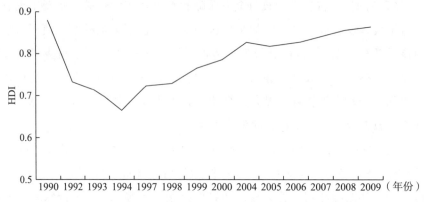

图 3-1　1990~2009 年古巴人类发展指数（HDI）变化情况

资料来源：转引自 Juan Jose Cabello et al. , "An Approach to Sustainable Development: The Case of Cuba," *Environment Development and Sustainability* 14, no. 4（2012）: 577, 图 2。

建设模式和住房分配政策，满足了基本民生需求，为社会稳定奠定了群众基础。另一方面，根据形势变化，进一步加强社会治理，努力争取和团结一切可以团结的力量，强化维护政权和制度安全的社会基础，消除影响国家安全和社会稳定的隐患。古巴共产党广泛发动群众，开展意识形态斗争，纠正社会偏差，弘扬爱国主义精神，自觉同敌对势力的言行做斗争，筑牢了社会安全的意识形态防护网；注意发挥人民群众的社会主人翁作用，党员干部深入群众之中，听取群众意见，了解民情民意，改进工作方法，凝聚群众力量，形成维护党的领导和社会平安稳定的合力；坚持和发展马克思主义宗教观，允许优秀信教群众入党，扩大了党的群众基础，赢得了广大信教群众的支持；灵活开展宗教外交，改善和有关国家的关系，为巩固国家主权和制度安全争取了更多国际支持。

三　对社会建设政策的调整，为社会建设可持续发展奠定了基础

苏联社会主义制度是 1917 年十月革命胜利后建立起来的，作为第一个把科学社会主义理论变为现实的国家，战时苏联社会主义模式一度被后来建立社会主义制度的国家所仿效。1961 年古巴走上社会主义道路后，不可避免会打上苏联模式的烙印。特别是在当时国际背景下形成的古巴与苏联、东欧社会主义国家的特殊关系，使古巴社会主义建设受到苏东国家的深刻影响，甚至埋下隐患。进入"特殊时期"，国际国内环境的变化，对古巴社会主义建设的方针政策造

成巨大冲击。从一定意义上说，"特殊时期"的主题就是解决古巴社会主义的生存与发展问题，主线是摆脱苏联模式的影响，实现自力更生和自主发展。正因为如此，这段"特殊时期"促使古巴党和政府深刻反思社会主义建设的方针政策，包括社会建设的政策，适应新形势的需要，转变思想观念，修正以往革命和建设中存在的经验主义和教条主义等错误，采取适合古巴国情的方针政策，实现社会主义的健康发展。古巴在社会建设方面强调要独立自主、自力更生，实行"有条件对外开放"，推动社会建设，实现公平与效率的平衡等，实际上是对既往社会建设经验教训的深刻总结。从这个角度看，"特殊时期"也是古巴发展的重要转折期。其间各项政策的调整改革，拉开了古巴转变思想、"稳步推进改革开放"的序幕。正如拉美学者佩雷兹所说，"处在'特殊时期'，古巴不仅面临经济危机，更面临一次社会大变革，一场意识形态、价值观念、人民信念等领域的综合变革"。①

"特殊时期"以来，同古巴共产党对社会主义建设的再认识相适应，古巴积极探索具有本国特色的社会建设之路，改革和完善社会建设政策，坚持改善民生，强化社会治理，不仅巩固了 1959 年革命胜利以来社会建设的成果，而且在社会建设的政策措施上有新的调整和发展，这些改革调整，更符合古巴国情，有利于社会建设的可持续发展，同时为之后"更新经济社会模式"时期的社会建设奠定了基础。

---

① Louis A. Perez, *Cuba: Between Reform and Revolution* (New York: Oxford University Press, 2005), p. 288.

· 第四章 ·

"更新经济社会模式"时期的社会建设（2008 年以来）

进入"特殊时期"后，为捍卫社会主义革命和建设成果，古巴采取了一系列改革措施，并取得一定成效，经受住了苏联解体和美国封锁的严峻考验。2006 年，古巴共产党先后召开中央政治局会议和五届五中全会，两次重要会议进一步强化了古巴共产党的领导地位。五届五中全会闭幕不久，古巴共产党总书记卡斯特罗因病将最高职权暂交劳尔。2008 年，劳尔经大会推选正式成为国务委员会主席和部长会议主席，2011 年 4 月古巴共产党第六次全国代表大会上劳尔当选古共中央第一书记。劳尔自 2008 年正式接任古巴党和国家最高领导职务以来，致力于对社会主义的革新和发展，他首先提出要对社会主义进行"结构变革"和"观念变革"，进而推动社会主义建设理论和实践的"模式更新（actualización）"。"模式更新"对古巴经济社会产生了深远影响，古巴进入"更新经济社会模式"的新时期。与之相适应，古巴社会建设也进入了新的调整和发展阶段。

第一节 "更新经济社会模式"的背景及其对社会建设的影响

一 "更新经济社会模式"的历史背景

1959 年革命胜利后，在卡斯特罗的领导下，古巴最终走上社会主义道路。古巴社会主义发展虽历尽曲折，但古巴共产党始终强调坚持以马克思列宁主义为指导，走社会主义道路。随着古巴社会主义的发展，特别是国际形势的深刻变化，古巴共产党对社会主义的认识不断深化，对改革和完善社会主义必要性的认识更加深刻。特别是劳尔担任古巴党和国家最高领导人后，为了应对复杂的国际国内形势，提出了"更新经济社会模式"（updating of the economic and social model）的思想。总体上看，古巴"更新经济社会模式"的背景如下。

首先，克服经济困难的需要。其一是国际金融危机波及古巴经济。2007年美国爆发次贷危机，并迅速蔓延至欧洲，2008年欧洲大多数国家陷入金融危机，进而对全球经济造成冲击。受此危机影响，一方面，古巴出口的资源价格暴跌，来古旅游人数减少，古巴经济支柱旅游业外汇收入锐减；另一方面，古巴长期需要进口的食品、日用品等初级消费品价格上涨，古巴财政对外支出增加。2009年，古巴经济增长率为1.4%，远低于既定目标6%。[①] 1999~2009年这10年间，古巴外汇收入减少，只能缩减进口规模，国内市场又出现供应短缺。其二是美国长期以来的经济封锁和贸易干涉，给古巴经济造成巨大损失。如何应对美国的遏制封锁，实现经济发展，是古巴党和政府需要解决的现实课题。其三是自然灾害的恶劣影响。飓风和旱灾是古巴最常出现的自然灾害。1994年到2009年，古巴惨遭近20次飓风袭击，2008年这一年内就出现3次，总计造成205.6亿美元的损失，使古巴经济雪上加霜。

其次，转变发展方式的需要。苏联解体前，古巴实行同苏东一体化的发展模式，服从经互会分工，以酸性水果、蔗糖和镍生产为中心，造成经济结构单一、产业发展失衡。"特殊时期"以来，古巴根据国内外条件的变化，调整发展模式，积极开辟创汇渠道，大力促进服务业发展，重点发展国际旅游、生物制品、医疗药品和器材出口等优势产业。进入21世纪，古巴利用医疗、教育服务出口，换取急需的石油等能源物资。然而，转变发展模式绝非短期易事。虽然古巴坚持探索适合本国的发展模式，但面对的问题也纷繁复杂。2010年，服务业带来的利好逐渐减弱，其他产业也陷入发展乏力、停滞不前的困境。工厂大量停工，田地无人耕种，工农业产品、食品等高度依赖进口。另外，经济效益不高，劳动生产部门和政府管理部门效率低下，冗员过多，机构闲散。因此，转变经济发展方式，推进经济发展，亟须对原有经

① 《古巴今年经济增长低于预期》，新浪财经，http://finance.sina.com.cn/roll/20091222/0732713 5890.shtml，2009年12月22日。

济模式进行更新。

最后，改善人民生活和维护社会稳定的需要。古巴党和政府始终将改善民生视为第一要务。随着更新开放在探索中不断深入，相关配套政策跟进不到位，古巴贫富差距现象逐渐显现；双币制带来种种弊端，外汇收入减少，工资收入降低，影响人民生活水平；公平和效率的失衡也损害人民的利益。另外，相比 20 世纪 90 年代以前，古巴社会问题变得更加复杂，表现形式更加多样。例如，盗取国家财产、贪污腐败、投机倒把、黑市交易、非法移民、非法卖淫和赌博等，这些问题直接威胁社会安定，需要通过不断"更新经济社会模式"逐步加以解决。

二 "更新经济社会模式"思想的发展轨迹

劳尔是古巴"更新经济社会模式"思想的提出者和推动者。"更新"理念顺应国家和社会发展需要，在社会主义建设的实践中产生并不断发展。2006 年 7 月，劳尔暂时接替卡斯特罗担任最高领导职务，此时古巴经济尚未从"特殊时期"恢复过来，经济增长缓慢，人民生活水平较低，"国家收入来源仅限于旅游业和医疗服务出口，大量国有企业亏本经营"。[1] 为改变这种状况，劳尔强调古巴要进行改革，并初步提出要"更新"古巴社会主义经济社会模式的思想。2007 年，劳尔首次提出全国"需要进行结构性和观念的变革"，这为"更新"模式奠定了思想基础。2008 年，劳尔提出"芸豆比大炮重要"的著名论断，强调"满足民众基本需求是当前要务"。[2] 2009 年 8 月，劳尔正式提出要"'完善'和'更新'社会主义模式"。[3]

2011 年 4 月，古巴共产党召开"六大"。2011 年是古巴走上社会主义道路 50 周年，"六大"距离"五大"（1997）已有 14 年，意义重大。"六大"的主要议题是经济和民生问题。会议正式提出要"更新经济社会模式"，并出台《党和革命的经济社会政策纲要》，该纲要包含 313 项具体的更新提案，确定了古巴"更新模式"的主要任务。同年 10 月，古巴召开中央工会扩大

---

① William M. Leogrande, "Cuba's Perilous Political Transition to the Post Castro Era," *Journal of Latin American Studies*, no. 2（2015）：388.

② 徐世澄：《从古共六大到古共七大：古巴社会主义模式的更新》，《拉丁美洲研究》2016 年第 5 期，第 3 页。

③ 徐世澄：《劳尔·卡斯特罗执政后古巴的经济变革》，《探索与争鸣》2011 年第 4 期，第 64 页。

会，劳尔在会上强调要不断推进"更新经济社会模式"进程，绝不照搬他国，绝不放弃社会主义根本制度，这是"古巴特色产物"。2012年1月，古共召开第一次全国会议，劳尔直言："一定要纠正过去半个世纪犯过的错误，要让社会主义世代繁荣和可持续发展。"[①]

2016年4月，古共"七大"出台《古巴社会主义发展的经济社会模式理念》和《2016~2030年国家社会经济发展计划：给国家愿景、轴心和战略部门的建议》两大重要文件。前者被劳尔称为新时期社会主义建设的"根本大纲"，是更新经济社会模式的理论基础和本质特征。在古共"六大"和"七大"上，劳尔都反复强调古巴社会主义模式更新的重要性和必要性，并主导通过了更新社会主义模式的指导性文件。

劳尔拉开了古巴"社会主义模式更新"的大幕，对适合古巴国情的发展道路进行了初步探索，在守旧思想和更新思想、公有制度和市场经济、改革成效和速度、经济发展与政治稳定等对立中谋求平衡统一，在政治、经济、社会、外交等多个领域取得丰富成果。特别是劳尔始终强调坚持社会主义制度，积极推进经济社会模式和政治领域更新，不仅推动了古巴社会主义的发展，而且为其他社会主义国家以及世界社会主义运动提供了宝贵经验。

2018年4月，劳尔践行了在第二次当选古巴国务委员会主席时做出的承诺，第二届任期结束就卸任国家最高领导职务，继任者为迪亚斯-卡内尔。迪亚斯-卡内尔1960年出生于革命之都圣克拉拉，经过丰富的基层历练逐步成长为国家领导人，他的成长背景和从政经历使他被赋予"革命之子"的称号。迪亚斯-卡内尔有着坚定的政治立场和丰富的领导经验。2018年4月，迪亚斯-卡内尔庄严承诺："我们会坚持社会经济模式现代化，绝不会复辟资本主义。要么社会主义，要么死亡；我们终将胜利，实现古巴持续稳定和繁荣。"[②] 这体现了新一代领导人坚持走社会主义道路、继续推进社会主义模式更新的信心和决心。

---

①　Raul Castro, Speech by Army General Raúl Castro Ruz, http://www.minrex.gob.cu/en/speech-army-general-raul-castro-ruz-president-councils-state-and-ministers-closing-1st-national，2012-01-29.

②　Ed Augustin, Cuba's New Leader Vows to Modernize Economy but No Return to Capitalism，https://www.theguardian.com/world/2018/apr/19/cuba-president-miguel-diaz-canel-modernise-economy，2018-04-19.

三 "更新经济社会模式"的主要措施

(一) 以经济社会模式"更新"为主导

劳尔主导的古巴经济社会模式更新的主要措施包括两个方面。一方面,推进结构性改革,旨在解决各种矛盾交织叠加形成的结构性问题。一是在以公有制为主导的前提下,鼓励多种所有制(个体经济、非农业生产部门、新合作社等)共同发展。二是让市场起更积极作用,激发社会主义经济活力。转变、放宽对大型国有企业(采矿、钢铁、纺织)的管制。大型企业可将利润的一半用于再生产和支付工资,给企业负责人更多决策权。合理分配国家闲置土地。将闲置土地租给农民,农民享有自主经营权,可以种植以前被禁止的作物,所有产品可直接面向市场。扩大对外开放,重视和吸引国外投资。2013 年,古巴设立了第一个经济特区。2014 年古巴出台新的外资法,给予投资人保障和优惠,以吸引更多外资。三是完善法律法规和相关政策,服务于经济社会更新。"自 2013 年起,古巴相继修改了税收法、移民法、社会保障法、个体劳动者法、劳工法和外资法等。"① 另一方面,以改善民生为目标,推进非结构性改革,让民众直接享受到改革的成果。国家对困难农民进行经济补偿,还清农民应得款项;民众可自行购买电脑、数码产品以及家用电器;允许公众进入以前国外游客才能消费的高级饭店和餐馆;放宽对个体经营者人数的限制;允许车辆和房屋自由买卖,推动房地产业发展;逐步扩大互联网和电信服务范围,放宽对网络使用的限制。

(二) 以政治外交领域"更新"为保障

劳尔接替卡斯特罗时,正值古巴内政外交面临层层考验的时期,劳尔决意通过走古巴特色的社会主义发展道路来走出困境。但劳尔清醒地认识到,"社会主义模式更新"这条路艰难曲折,因为经济社会模式的更新,不只是经济社会领域的变革,还涉及观念转变、制度完善、党的执政能力提高、国家机关有序运行、法治建设和充分发挥人民主体积极性等政治领域的更新。因此,劳尔在大力推进经济社会模式更新的同时,积极推进政治外交领域的更新,使二者相互适应、相互推动。

---

① 杨建民:《古巴"更新":探索新的社会主义发展模式》,《国外理论动态》2018 年第 3 期,第 53 页。

1. 推进政治改革

第一，加强党的建设。古巴社会主义模式更新是古巴社会的一场深刻变革。适应更新需要，加强党的建设，是劳尔治国理政的一个重要方略。2016年4月，古共"七大"修订通过《古巴共产党章程》，这既是古共党的建设的新成果，也是劳尔治党治国思想的具体体现。透过新党章，可以管窥劳尔根据"更新经济社会模式"的需要加强古巴共产党建设的基本思想。比如，基于经济社会模式更新对党的建设提出的新问题，新党章增加了坚决反对各种形式的官僚主义、腐败、非法行为及其他消极和不道德行为以及不遵守劳动纪律和社会纪律的行为等内容；基于经济社会模式更新对传统观念的影响，新党章提出"尊重和承认其他所有制形式和非国有制经济的存在，使之与既有经济模式相协调"；基于经济社会模式更新对党组织和党员干部的新要求，新党章对党组织、党的干部和党员都做出了新的规定。在领导干部任期制、干部队伍年轻化、女干部培养等方面也有新的突破。

第二，转变思想观念。思想是行动的先导。古巴经济社会模式的更新首先需要思想观念的转变。劳尔多次表示，思想上的错误和落后是发展停滞的病因。他指出，"我们面临的最大障碍就是过时的思想，这会让我们对未来缺乏信心"，"还有人沉浸在苏联和社会主义阵营的幻想中"。因此，劳尔在推进经济社会模式更新过程中，积极推进思想观念的更新。针对一些不合时宜的陈旧观念，劳尔强调党和国家的中心工作是经济工作，而做好经济工作，"我们的政府工作必须更有效率"；针对过去存在的平均主义问题，他认为应该实行"多劳多得""按劳取酬"；他还提出要改变对外资的看法。他说，"外国直接投资对于推动国家社会和经济发展十分重要"，他强调，"古巴这个社会主义国家不会走向资本主义，我们不能害怕它（外资）"，古巴需要引进外资。劳尔认为，社会主义公有制的形式应该多样化，既要坚持国有制，也要允许非国有制、合作社、合资、外资等形式存在。①

第三，推进法治建设。劳尔多次强调要发挥法制作用，注重经济社会模式更新中的法制保障。伴随着经济社会模式更新，古巴适时制定修改了税收、

---

① Raúl Castro, The Development of the National Economy, along with the Struggle for Peace, and Our Ideological Resolve, Constitute the Party's Principal Missions, http://en. granma. cu/cuba/2016-04-18/the-development-of-the-national-economy-along-with-the-struggle-for-peace-and-our-ideological-resolve-constitute-the-partys-principal-missions, 2016-04-18.

社会保障、海外投资、移民侨民、私营经济、劳动者权益保障等方面的法律法规。特别是 2013 年 9 月通过的《马列尔开发特区法》、2014 年通过的新《外国投资法》，对经济社会模式更新发挥了重要的支撑保障作用。2018 年 5 月，古巴又启动了历史上第三次修宪工作，并第一次聚焦经济领域，这是为经济社会模式更新保驾护航的根本之举。

第四，狠抓廉政建设。古巴人民曾长期饱受巴蒂斯塔独裁政权的剥削和压迫，对腐败深恶痛绝。古巴共产党非常重视反腐败斗争和党内政治生态净化问题。早在 1996 年就出台了《国家干部道德法规》，对党员干部思想道德进行约束，并强调干部和群众一律平等，党员干部没有特权。古巴还设立有关机构，充分发挥群众的监督作用。对腐败一经查出，严惩不贷。随着经济社会模式更新和对外开放政策改革的深化，腐败问题成为古巴发展的一块绊脚石。对此，劳尔高度重视，并采取更严格的手段来预防、制约、调查和处理。早在 2004 年劳尔就表达了反腐斗争的决心："腐败如影随形，但我们必须把它踩在我们的脚下，绝不允许腐败爬上我们的脖子"，[1] "2011 年 12 月召开的古共六届三中全会决定，只要是腐败分子，无论担任什么职务，一律开除出党。而此前，只有对犯叛国罪和严重罪行的党员才将他们开除出党"。[2] 2012 年有 12 名高级别官员因为职务犯罪和贪污受到处理。劳尔时代党风廉政建设的一大突出特点就是基层反腐，尤其对关于民生的腐败问题绝不姑息。

2. 推行务实外交

劳尔一直是卡斯特罗的左膀右臂，长期密切关注国际形势的发展变化。劳尔认为，推进社会主义模式更新，必须营造良好的外部环境。基于对古巴现状和世界形势发展变化的把握，劳尔的外交理念更加温和和务实，"古巴外交政策从革命至上，逐渐转向新型实用主义外交，以经济合作和重要伙伴多样化为基石"。[3] 劳尔以务实外交理念，推进多元外交，取得积极成果。

一是巩固古委盟友关系。古巴与委内瑞拉是长期患难与共的同盟伙伴。劳尔执政后，十分重视巩固和发展同委内瑞拉的传统盟友关系。2008 年 12 月，

---

① Marc Frank, Raul Castro Cracks Down on "Corruption and Illegalities", http://havanajournal.com/politics/entry/raul_castro_cracks_down_on_corruption_and_illegalities/, 2004-07-05.

② 徐世澄主编《拉美左翼和社会主义理论思潮研究》，中国社会科学出版社，2017，第 167 页。

③ Daniel P. Erikson and Paul Wander, Raul Castro and Cuba's Global Diplomacy, https://www.asce-cuba.org/asceproceedings/raul-castro-and-cubas-global-diplomacy/, 2008-11-30.

劳尔正式担任古巴国家最高领导人后首访国家便是委内瑞拉。其执政期间，两国领导人多次互访，签订多项合作协议。委内瑞拉前总统查韦斯患病后长期在古巴接受治疗，反映了查韦斯对古巴的信任。2013年4月，查韦斯逝世后，继任总统马杜罗首访国家是古巴。此次访问中，两国强调加强"战略联盟关系"，并签署了51项合作协议。2014年，古巴与美国恢复外交关系，马杜罗对此表示高兴，认为这是"古巴人民取得的重大胜利"，劳尔则表示，古巴仍将坚定地与委内瑞拉站在一起，"美国需要一次性明白其无法引诱古巴，也无法威胁委内瑞拉，古巴和委内瑞拉的团结是不可破坏的"。① 近几年来，由于国际原油价格低迷，美国加紧对委内瑞拉的制裁，委内瑞拉经济深陷困境，劳尔对委内瑞拉表示坚定支持。2015年12月7日，劳尔在古巴官方媒体《格拉玛报》刊登致委内瑞拉总统马杜罗的公开信，信中写道："我们将永远和你们并肩奋斗。"

二是改善同拉美和加勒比地区国家关系。拉美和加勒比地区国家关系错综复杂。劳尔执政以来，把改善和发展同地区国家关系作为对外政策的着力点，以营造有利的周边环境。经过不懈努力，古巴与地区国家关系有了重大改善。2009年3月，古巴与哥斯达黎加恢复外交关系，2010年，古巴向哥斯达黎加派出了50多年来的首任大使；2012年4月，墨西哥总统卡尔德隆访问古巴，墨西哥与古巴关系得到恢复改善。目前，古巴与拉美和加勒比地区国家都建立了外交关系。古巴还积极参与拉美加勒比国家共同体建设，通过"医疗外交""文化外交""宗教外交"等形式扩大地区影响。古巴还作为哥伦比亚和平谈判的担保国与谈判地，成功斡旋哥伦比亚达成全面和平协议，赢得国际社会广泛赞誉。

三是灵活处理古美关系。古巴革命胜利后，美国视古巴为敌对国家，对古巴实行封锁制裁，给古巴造成巨大损失，但古巴没有屈服。2009年奥巴马上台后，美国基于自身利益和国际社会呼吁，开始和古巴改善关系。劳尔准确判断形势变化，采取了灵活应对之策。2014年12月，劳尔和奥巴马发表公告，宣布两国将重建外交关系。此后，美国开始修订财政部和商务部的规定，将古巴从支持恐怖主义国家的名单中删除，不再反对古巴参加美洲巴拿马峰会。2015年，两国成立双边委员会，并在哈瓦那举行首次会晤，之后不

---

① 《美委关系陷入"紧急状态"》，人民网，http://world.people.com.cn/n/2015/0319/c1002-26715428.html，2015年3月19日。

久古巴外交部长与美国国务卿实现了高层互访。2015 年 7 月 20 日，两国正式重新建立外交关系，古巴驻华盛顿大使馆和美国驻哈瓦那大使馆开放。2016 年，古美两国继续推进外交和经济关系正常化；3 月，奥巴马在古巴进行了为期 3 天的"破冰之旅"。虽然两国关系取得形式上的进展，但劳尔多次强调，美国对社会主义的敌意没有改变，永远不会放弃对古巴的"演变"，我们要提高警惕，不能松懈。2017 年，特朗普当选美国总统后，对古关系方向大变。特朗普宣布将继续执行金融封锁和贸易禁运政策，禁止美国公民个人赴古巴旅游，暂不恢复"干脚湿脚"移民政策等。对此，劳尔表示，愿与美国新总统进行相互尊重的磋商，"以文明的方式合作和共存"，但绝不会"对有关主权和独立的问题做出让步"。① 2017 年 6 月古巴政府发表声明强调，任何希望通过外界压力改变古巴政治经济和社会制度的企图注定失败，特朗普收紧对古巴政策不会影响古巴革命进程，更不会让古巴人民屈服，显示了劳尔坚持社会主义、捍卫国家主权的原则立场。

四是务实推进全方位外交。包括以下几方面。

巩固与中国的关系。古巴是拉美地区第一个与中国建交的国家。1960 年 9 月 28 日，中古两国正式建立外交关系。中古建交后，由于受中苏关系的影响，古巴与中国关系出现波折。1991 年苏联解体后，古巴调整对外政策，致力于改善同中国的关系。劳尔执政期间，古巴与中国的关系得到巩固和发展。近年来，两国签订多项合作协议，双边合作领域不断扩大。两国领导人实现多次互访。2016 年，习近平总书记在会见古巴共产党中央第一书记劳尔特使时，提出了三个"坚定不移"② 的重要论述。目前，古巴是中国在加勒比地区第一大贸易伙伴，2017 年，中古贸易额达 17.6 亿美元。③ 2019 年 1~6 月，中国从古巴进出口商品总值为 71847.3 万美元，同比增长 3.7%。④ 双方正不

① 《劳尔·卡斯特罗：愿与特朗普进行"相互尊重"的对话》，新华网，http://www.xinhuanet.com//world/2017-01/26/c_129461474.htm，2017 年 1 月 26 日。
② 《习近平会见古巴共产党中央第一书记特使》，新华网，http://www.xinhuanet.com/politics/2016-06/27/c_1119119099.htm，2016 年 6 月 27 日。
③ 《古巴商会：古巴希望借进博会扩大对华出口》，中国政府网，https://www.gov.cn/xinwen/2018-10/30/content_5335869.htm，2018 年 10 月 30 日。
④ 2021 年，中国与古巴双边货物进出口额为 102178 万美元，同比增长 7.2%。参见《2022 年中国与古巴双边贸易额与贸易差额统计》，华经情报网，https://www.hu-aon.com/channel/tradedata/868524.html，2023 年 2 月 9 日。

断推动合作方式升级，从传统的原料互通向高附加值产业倾斜，并积极拓展人文教育领域的交流。

改善与俄罗斯关系。1959 年古巴革命胜利后，得到苏联大力支持，两国在政治、经济、军事等领域形成"特殊关系"。20 世纪 80 年代中后期，随着苏联"新思维"改革的提出，古巴与其矛盾日益尖锐，1991 年，随着苏联的解体，古巴与苏联之间的特殊关系不复存在。俄罗斯作为苏联的主要继承者，最初实行"一边倒"的亲西方政策，俄古关系陷入低潮，俄罗斯终止了对古巴的经济援助和军事支持。随着俄罗斯对外政策的调整，古巴与俄罗斯的关系逐步实现正常化。之后几年，美国调整对古巴政策，恢复两国外交关系，一定程度上强化了俄罗斯加强和改善与古巴关系的愿望，劳尔对此积极回应。俄罗斯通过免除古巴历史性债务，加强同古巴在军事、能源领域的合作等方式，对古巴予以支持，古巴与俄罗斯的关系在新的环境中得以改善。

恢复、发展与欧盟的关系。1959 年古巴革命胜利之初，古巴和大多数西欧国家都保持了外交和经贸关系。1988 年 9 月，古巴和欧共体（欧盟前身）建立了外交关系。苏联解体后，古巴及时调整对外政策，努力发展同欧共体的关系，以打破美国的孤立封锁。欧盟是古巴主要的投资者、重要贸易伙伴和最主要的游客来源地。自 1992 年起，欧共体国家（1993 年成立欧盟）在联合国一直投票赞成要求美国解除对古巴的封锁决议。2003 年 5 月，欧盟国家批评古巴处决 3 名劫船罪犯，逮捕和审判 70 余名"持不同政见者"，导致双边关系不断恶化，双方的交流与合作中断。劳尔执政以来，主动调整对外政策，改善与欧盟的关系，双边关系逐渐恢复。同时，由于欧盟与美国关系的特殊性，古巴与欧盟的关系也受到美古关系的影响和制约。随着美古关系的改善，欧盟也不断调整对古关系。当前，双方都致力于抛开历史分歧，选择合作之路。经过多轮谈判，双方同意废除"共同立场"，2016 年 12 月，签署《政治对话与合作协议》，欧盟与古巴关系实现正常化。

此外，经过多番谈判，古巴与俄罗斯、澳大利亚、日本、英国、墨西哥等国达成债务协议，减免后的债务总金额为 150 亿美元，古巴承诺积极履行偿还义务。这表明了古巴遵循国际金融规则的决心，提升了古巴的国际信誉，也有利于古巴更好地融入国际市场。

四 "更新经济社会模式"对社会建设的影响

从本质上看,"更新经济社会模式"并不是改变或放弃社会主义,而是对社会主义的完善。劳尔在古共"六大"中心报告中强调,经济社会模式更新的目的是继续实现社会主义,社会主义是不可避免的。但经济社会模式的更新必然引发社会变革和观念更新,给社会各领域带来深刻影响。从社会建设看,经济社会模式更新对其既带来机遇,也带来挑战。

(一) 社会建设面临的机遇

经济模式的结构性改革能够推动经济发展,为社会建设提供更为坚实的物质基础。劳尔特别重视经济发展,2010 年他在古巴共产主义青年联盟"九大"闭幕式上强调,"我们的社会制度能否持续和保存下去要靠经济战"。更新经济模式就是要纠正过去"抄袭"其他国家模式的行为,根据古巴国情,发展古巴经济。劳尔提出的一系列经济模式更新的措施取得了一定成效。

劳尔正式执政时期古巴经济发展情况如图 4-1 所示。

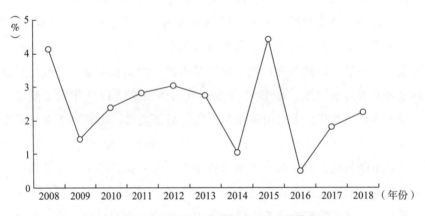

图 4-1 2008~2018 年古巴 GDP 增长情况

资料来源:世界银行数据库 (World Bank Data), https://data.worldbank.org/indicator/NY.GDP.MKTP.KD.ZG? locations = CU。

图 4-1 展现了 2008~2018 年古巴经济的增长情况及规律。由于 2008 年全球金融危机的冲击,2009 年 GDP 增长率比 2008 年大幅降低。经过几年恢复,在 2012 年达到 3.05%,2015 年达到 4.438%,说明实行的经济社会模式更新举措起到一定作用。但 2016 年增长率降至低点 0.514%,这与委内瑞拉对古巴的石油支持锐减有直接关系,说明古巴发展存在严重隐患,即长期依

靠盟友提供原料支持，一旦丧失支持会引发严重后果。2016年古共召开"七大"，古巴"更新"进入调整和深化阶段，2017年古巴经济又恢复增长。古巴经济发展虽然起起伏伏，其中原因复杂多样，但推进经济模式更新的方向是正确的，2008~2018年经济发展的过程也表明，只要国内外环境稳定，"更新"政策能顺利实施，经济就得到较快发展。因此，坚定不移推进"更新"，古巴经济结构会更加合理，抵御风险的能力将进一步增强，有助于经济实现可持续健康发展，从而为古巴社会建设提供更加坚实的基础。

思想观念的变革，为社会建设在更新中发展提供良好氛围。经济社会模式更新，必然引发社会建设领域的变革，如果没有与之相适应的观念变革，社会建设也不可能顺利推进。劳尔强调，为了发展经济，必须进行经济的结构性改革和观念的变革。2010年12月，他在一次会议上指出："干部和所有的同胞必须改变思想以适应新的局面，多年来，出于社会公正，革命政府采取过分的包办主义、理想主义和平均主义的做法，在广大民众中形成了扎根很深的对社会主义的错误的、站不住脚的观念，必须予以彻底的改变"；"许多古巴人把社会主义与免费和补贴混为一谈，将平等与平均主义混为一谈，不少人把购货本视为一项社会成果，认为任何时候都不应该取消它"。① 这些陈旧落后的观念，不适应"更新经济社会模式"时期社会建设的要求，如果不消除，可能会成为社会建设的障碍。古巴党和政府特别强调，经济社会模式的更新首先需要思想观念的转变。劳尔指出，"我们面临的最大障碍就是过时的思想，这会让我们对未来缺乏信心"，"还有人沉浸在苏联和社会主义阵营的幻想中"。② 思想是行动的先导。思想观念的变革有利于为这一时期社会建设各项改革提供好的舆论氛围和社会支持。

务实外交的实施，为社会建设营造良好国际环境。外交政策是国内政策的延续。古巴更新经济社会模式，推动社会主义发展，需要良好的国际环境，而经济社会模式的更新，也必然引发外交政策的调整。"更新经济社会模式"

---

① 转引自徐世澄《劳尔·卡斯特罗有关古巴经济变革的论述和古巴经济变革的最新动向》，《当代世界》2011年第3期，第25页。

② Raúl Castro, The Development of the National Economy, along with the Struggle for Peace, and Our Ideological Resolve, Constitute the Party's Principal Missions, http://en. granma. cu/cuba/2016-04-18/the-development-of-the-national-economy-along-with-the-struggle-for-peace-and-our-ideological-resolve-constitute-the-partys-principal-missions, 2016-04-18.

时期以来，劳尔积极推进务实外交，巩固与委内瑞拉的关系，发展与拉美国家关系，灵活处理与美国的关系，同时，开展全方位外交，大力发展同中国、俄罗斯、欧盟以及其他国家和地区的关系。古巴的务实外交，赢得了更多国家对古巴的支持，进一步密切了古巴与世界友好国家的合作和经济文化往来，为古巴社会建设营造了良好的国际环境，提供了更为有利的外部条件。

（二）社会建设面对的挑战

经济社会模式更新所引发的利益关系调整，会对社会秩序形成一定冲击。经济社会模式更新，从根本上说是利益关系的再调整。1959 年革命胜利后，古巴在经济上建立了以公有制、按劳分配为基础的经济制度和实行计划经济的经济体制，在政治上确立了以古巴共产党为领导、不存在其他政党的政党制度和人民当家作主的政治制度，在社会领域建立了免费教育、免费医疗、社会保障等制度，构成了古巴社会主义制度的基本框架，在此基础上，形成体现古巴社会主义性质和特点的利益关系与利益格局。这些制度在古巴社会主义建设的具体实践中虽有改革调整，但没有发生重大变化。更新经济社会模式，对古巴而言，是一场深刻的社会变革。较之以往的改革调整，其涉及内容更广，力度更大，影响更深。因此，劳尔强调这是一场决定革命命运的变革。这场更新将涉及古巴经济政治社会等领域体制机制的变革，不可避免地会对现有利益关系进行调整，如发展多种所有制形式、考虑市场因素、减少过度社会开支和不必要的政府补贴、反对平均主义等，可能会触及部分群众的切身利益。从这个意义上说，更新经济社会模式的深入推进可能会因利益关系的变化，引发利益矛盾，对社会秩序造成冲击。

经济社会模式更新所带来的思想观念的变化，会对社会共识造成一定影响。古巴社会主义发展历经 60 多年，其过程曲折复杂。古巴能够克服种种困难，顶住美国封锁遏制的压力，巩固社会主义制度，推进社会主义事业的发展，与人民群众对古巴党和社会主义制度的信任有着直接关系，正是这种信任凝聚了古巴广泛的社会共识，并成为古巴社会稳定的重要根基。更新经济社会模式不仅是体制机制的变化，还要有思想观念的更新。思想观念的更新过程，也是新旧观念斗争的过程。在这个过程中，既要破除不合时宜的旧思想旧观念，还要树立与更新经济社会模式相适应的新思想新理念，并在此基础上形成社会共识。事实上，破除旧的思想观念不是轻而易举就能做到的。2011 年 8 月，劳尔曾在古巴第七届全国人大第七次会议上指出，在更新经济社会模式的过程中，遇到的最大障碍是由懈怠、墨守成规、装模作样、无动于衷和麻木不仁形成的心理障碍。而树立新思想新观念也是一个长期的过程。新旧思想观念的交互作用可能会对业已形成的社会共识造成影响。

更新经济社会模式所实行的扩大开放政策，对社会建设具有双重影响。苏联解体后古巴与东欧国家关系基本中断，古巴对外关系受到巨大影响。1991年10月，古共召开"四大"，卡斯特罗在开幕式上提出了古巴要实行对外开放政策。他指出："我们正在广泛地实行对外开放，广泛地对外资实行开放。"[①] 1992年古巴政府对1982年制定的外资法进行了修订，放宽了对外资的限制。同年7月，古巴新宪法规定合资企业是古巴经济中的一种所有制形式。1995年9月，古巴又颁布新的外资法。古巴的对外开放取得一定成绩。进入21世纪，经济全球化迅猛发展，各国经济联系更加密切。劳尔强调，更新经济社会模式，推进社会主义发展，必须进一步扩大对外开放。在2011年召开的古共"六大"上，劳尔进一步强调了开放的重要性。他还多次提出，"要增加外国投资"，要"承认和鼓励合资企业"，要"继续吸引外资"。吸引外资、扩大开放对社会建设是一把双刃剑。一方面，通过扩大开放，吸引国外资金、技术、人才、管理经验用于国内建设，有利于推进经济发展，为社会建设提供物质基础。另一方面，在打开国门的同时，国外腐朽没落甚至反动的东西也会乘虚而入，侵蚀人们的思想，削弱人们的社会主义价值观。如不加以防范、妥善处置，就会引发思想混乱，影响制度安全和社会稳定。

第二节 "更新经济社会模式"时期社会建设的理论创新

1959年革命胜利以来，在社会主义革命和社会主义建设过程中，古巴虽出现过失误和偏差，但始终坚持社会主义方向，积极探索适合国情的社会主义发展道路。苏联解体后，面对国内外严峻形势，古巴将社会主义的"生存"和"稳定"放在首位，逐步深化改革开放，取得有效成果。20世纪90年代中期，古巴经济开始好转，社会主义建设逐渐恢复。社会建设是古巴社会主义建设的

---

① 转引自徐世澄《古巴共产党巩固执政地位的战略举措》，《当代世界与社会主义》2007年第6期，第4页。

重要环节之一，也是古巴党和政府长期工作的重点。古巴社会主义模式进入发展新阶段，社会矛盾出现新变化，战略目标有了新指向，对社会建设事业提出新要求。社会建设的有效实践需要科学的理论指导，而科学的理论要随着现实条件的变化不断调整和创新。适应"更新经济社会模式"的变化，古巴党和政府进一步深化了对社会建设的认识，实现了社会建设理论创新。

一　对社会建设的目标向度做出新定位

古巴社会建设取得巨大成就，这是举世公认的事实。但进入 21 世纪以来，随着国际国内形势的深刻变化，古巴社会问题更加复杂多样，如出现经济效率低、管理水平差、劳动者缺乏积极性、贪污腐败、党风不严、唱衰社会主义前景等不良现象。2007 年 7 月，古巴召开纪念攻打蒙卡达兵营 54 周年大会，针对当前形势和问题，会上劳尔提出要进行全民社会调查，广泛听取群众意见和诉求。长达半年的全国大调查、大讨论总共搜集了 120 多万条民众意见，内容涉及政治、经济、社会等各方面。此次大调查大讨论实质上是一次自上而下的"思想解放运动"，党和人民共同查找古巴社会所存在的问题，并探求解决问题的方法。而调查的结果是全国上下一致认为经济和民生是当前最重要的问题。

事实上，自 2006 年劳尔暂时主政以来，古巴就已经逐渐将工作重心从"生存稳定"转到"经济建设"上来。劳尔认为"只有提高劳动生产率，创造更多财富，古巴社会主义才能得以持续巩固和发展"。[①] 他提出"更新"模式，并切实推进一系列经济改革，和以往古巴改革相比，不仅范围更广、力度更大，而且前所未有地深入到经济结构和思想观念层面。在古巴模式更新的进程中，党和政府从实际出发，借鉴以中国为代表的社会主义建设的成功经验，最终提出古巴社会发展的长期目标是"建设一个持续的、繁荣的、完善的社会主义社会"，这是引领古巴社会主义发展的纲领，为此，古巴还进一步制定了"更新纲要""五年计划""十五年中长期发展规划"等重大方针政策。改善民生是社会主义的本质要求，革命胜利以来，古巴一直将"改善民生"作为社会建设的中心任务。从量度来看，古巴教育、医疗在"全民

---

① 张慧玲：《从古共"七大"看古巴社会主义发展新动向》，《当代世界与社会主义》2016 年第 4 期，第 131 页。

免费"和"全国普及"方面成效不小，主要人类发展指标居于世界前列，"和许多实行资本主义制度的拉美国家恰好形成了鲜明对照"。① 在"特殊时期"，由于各方面条件的限制，古巴社会建设虽取得积极成果，但离社会主义的本质要求、离人民群众的现实需要还有不小差距。因此，古巴制定的这一系列发展计划，反复强调所有发展措施必须确保经济和社会活力，切实提高人民生活质量，这是"模式更新"的根本目标。古巴党和政府根据社会主义发展任务的变化，将社会建设的目标定位从"增量"转向"求质"，在满足人民物质生活、精神生活需要的同时，要更加注重人民生活的质量，全面提高人民的生活水平。

二 对社会建设的价值取向进行新阐释

社会建设要解决发展中的社会问题，推进社会良性运转。社会建设以公平正义和社会活力为衡量尺度。进入新时期，古巴党和政府在社会建设的实践中，深化了对"公正""平等""效率"等理念的认识。

公正平等是权利和机会的平等。苏联解体后，为尽快走出民生困境，确保社会稳定，古巴政府曾陷入误区，将社会建设的公平等同于"平均主义"。2008年，在古巴第七届全国人大第一次会议上，劳尔提出："社会主义意味着社会公平和平等，是权利和机会的平等，而不是收入平等。"② "特殊时期"的"大锅饭"和"一刀切"曲解了社会主义内涵，在社会建设工作中存在包办主义和理想主义。2011年，古共"六大"发布的重要文件《党和革命的经济社会政策纲要》，明确提出古巴社会主义的公正平等主要体现在平等就业、按劳分配、合理调控税收、缩小贫富差距、全民医疗教育、全面保障等。

协调公平和效益，以效益推动公平。古巴共产党反思"特殊时期"社会主义建设中存在的问题，强调"更新经济社会模式"时期的重点是公平效益彼此平衡、相互促进。不仅要提高经济效益，还要提升工作管理效能。2008年以来，古巴开始实行工资改革，明文规定工资水平与个人"贡献"挂钩，逐步推进经济和社会改革，释放社会活力，调动人民积极性，更好地服务社会发展。古共"六大"报告再次强调，"公平效益兼顾"是社会主义模式更

---

① 李建国：《马克思主义在古巴的演进及启示》，《科学社会主义》2016年第3期，第131页。
② 转引自李菲菲《古巴特殊时期的民生改革研究》，硕士学位论文，山东大学，2013，第18页。

新的价值取向，并贯穿在《党和革命的经济社会政策纲要》的实践中。另外，古巴政府提倡务实作风和创新精神，坚决反对教条主义和经验主义，要求改变不计成本、违背客观规律的做法，在保证社会建设质量的前提下，精简或取消过度开支、降低人力成本、减少资源消耗。

三　对社会建设的经济保障有了新认识

经济发展是社会建设的基础和物质保障。只有经济建设和社会建设有机结合、良性互动，才能真正让人民享受社会主义发展成果，社会建设也才能持续推进。"更新经济社会模式"时期以来，古巴共产党在总结既往社会主义建设经验的基础上，对经济建设和社会建设关系的认识不断深化，反复强调：一方面要更加重视经济建设，为社会建设奠定坚实的物质基础；另一方面要进一步解放思想，转变发展观念，拓宽经济发展的路子，实现经济的健康发展。为了推动经济建设和社会建设协调发展，古巴共产党认为必须解决好两个问题。

一是发展经济必须解放思想，合理利用市场元素。1959 年革命胜利以后，基于国内外条件和主观认识，古巴长期将"什么是社会主义和如何建设社会主义"同计划经济紧密联系，认为社会主义建设必须在计划经济体制下才能得到顺利发展。在社会主义模式"更新"的实践中，古巴党和政府在强调坚持计划经济的前提下，更加灵活地看待计划和市场的关系，更加重视经济规律。古巴共产党越来越深刻地认识到多种所有制经济的作用。2008 年，劳尔在全国经济会议上指出，各种所有制经济"都是能够和睦相处的所有制形式和生产形式，没有任何一个是与社会主义相排斥的"。[①] 古共"七大"报告提到在主要生产资料全民所有制的前提下，肯定市场在经济发展中的重要作用，私有制可以在古巴积极存在。报告还首次提出古巴非公有制经济新模式——"中小微私营企业"。2016 年，古巴出台文件宣布国内中小企业合法，这是古巴推动经济发展的一项重大举措。

二是推进模式更新和经济发展，必须严防社会贫富差距扩大。进入新时期以来，古巴尊重市场规律，不断更新和完善经济结构，尝试允许发展多种所有制形式，大大激发了经济活力。但是，由于各种配套措施滞后，经济得

---

① 宋晓平：《古巴关于社会主义理论和实践的探索》，《红旗文稿》2009 年第 9 期，第 36 页。

到发展的同时，社会贫富差距也日益显现。这种状况不符合古巴社会建设的根本要求，从长远看也不利于社会和谐与可持续发展。古巴共产党强调，贫富差距过大，不符合经济发展的要求，也不是更新经济模式的目的。推进经济模式更新，是为了促进经济发展，改善人民群众的生活。为此，古巴党和政府出台措施，规定资源和财富不得集中在非国有制经济形式中。制定新税收法，合理调节收入差距，完善社会财富分配政策，防止社会贫富差距进一步扩大。古巴政府还调整政策，确保弱势群体和低收入劳动者权益。古巴明确规定，教育医疗社会保障等直接关系国计民生的产业不得引入外资，私有部门不得过度参与。劳尔特别强调，古巴不能再出现革命前国家经济命脉被殖民者把持的畸形现象，"更新经济社会模式"应严防外部势力的经济渗透。

四　对社会建设的领导力量提出新要求

古巴共产党是古巴社会主义革命、建设和改革事业的领导核心。古共成立以来，面对种种困难和挑战，坚持不懈探索古巴特色社会主义道路，经过各种艰难险阻的考验，党的执政能力和执政水平不断提高。"更新经济社会模式"不仅带来经济社会的深刻变革，对古巴共产党的领导能力特别是党的思想理论建设也提出新的要求。

古巴共产党在坚持社会主义方向上必须高度统一。"更新经济社会模式"不仅是体制机制的变革，也是一场深刻的思想革命。如果没有理论上思想上的高度统一，就会迷失方向。因此，统一全党思想认识，始终坚持古巴发展的社会主义方向，这是"更新经济社会模式"对古巴共产党提出的新要求。伴随着更新社会主义模式的推进，古巴社会甚至古巴共产党内出现一些错误思想。针对当时党内存在的"重返苏东时代"和"复辟资本主义"等错误认识，劳尔多次强调，坚持社会主义制度和一党制是更新社会主义模式的根本前提。2008年，劳尔正式上任后，重申社会主义制度是古巴必须始终坚持的根本制度。他指出，古巴模式更新要以社会主义为前提，要有本国特色。2011年，劳尔在古共"六大"上宣告，经济和社会模式更新的目的是"继续实现和完善社会主义，社会主义是不可逆转的"。[①] 2014年，美古关系改善，

---

① 转引自徐世澄《从古共六大到古共七大：古巴社会主义模式的更新》，《拉丁美洲研究》2016年第5期，第5页。

有人认为这表明古巴开始转向资本主义。对此,古共召开大会向人民和世界宣告坚持社会主义的决心。2016 年,古共"七大"通过了最新修订的《古巴共产党章程》,作为党的根本大法,党章明确规定:"古巴共产党忠诚于共产主义理想。作为国家和社会的最高领导力量,古共承担人民赋予的领导和协调全国在革命原则的基础上努力建设具有真正古巴特色的社会主义的重任。""古巴共产党的根本目标是建设社会主义,党动员群众投身经济和社会发展。"[①] 2018 年 7 月,劳尔在纪念攻打蒙卡达兵营 65 周年的信中又强调:"古巴永远不会放弃她的原则,无论面临多大的挑战和困难,我们的人民都要捍卫社会主义革命,保持社会主义革命的延续性和永续性。"[②] 古巴共产党采取的一系列措施,统一了全党思想,凝聚了社会共识,为顺利推进社会主义模式更新奠定了思想基础,也为坚持社会主义原则、推进社会建设提供了保证。

古巴共产党要构建并坚持完善具有本国特色的社会主义理论体系。古共执政以来,虽然积极探索古巴社会主义建设理论,但并未形成系统、科学、全面的思想体系。更新社会主义模式需要理论创新。社会建设是古巴社会主义建设的重要内容,同样需要科学的理论指导。古共"七大"上,首次提出社会主义"概念化"(conceptualization),"概念化"的主要内容是分析、总结、提炼古巴社会主义模式的理论和观点,最终形成科学体系。劳尔强调,古巴共产党要对古巴历史、革命、文化、精神等思想和实践进行全面梳理和分析,并通过全体党员和群众代表共同商讨,构建古巴特色的社会主义理论体系,以更好地指导古巴社会主义建设。

第三节 "更新经济社会模式"时期以来
社会建设的实践与成果

更新经济社会模式是新的历史条件下古巴对社会主义的发展和完善。古巴社会建设历经几十年的探索和发展,取得举世瞩目的成就,形成独具古巴特色的社会建设模式。但随着国际国内形势的变化,特别是更新经济社会模

---

① 《古巴共产党章程》,靳呈伟译,《当代世界社会主义问题》2016 年第 3 期,第 49 页。
② Raúl Castro, No Matter How Great the Challenges Our People Will Defend Their Socialist Revolution, http://en.granma.cu/cuba/2018 - 07 - 26/raul-castro-no-matter-how-great-the-challenges-our-people-will-defend-their-socialist-revolution, 2018-07-26.

式所引发的对社会主义的再认识，要求古巴共产党对社会建设的政策措施进行再思考再完善，以适应新形势的需要。从更新经济社会模式以来古巴在社会建设方面的实践看，其改革调整主要集中在以下方面。

一 以培育新时期"社会主义新人"为目标，深化教育改革

古巴革命胜利后，教育始终是国家优先发展的重点事业。"更新经济社会模式"时期以来，古巴经济社会发生深刻变化，教育发展面临新问题新挑战。早在20世纪初，劳尔就提出要从观念上彻底升级教育发展思路。2018年5月，迪亚斯-卡内尔强调"优质是古巴教育的本质和前提"。[①] 2019年第十六届国际教育学大会闭幕式上，迪亚斯-卡内尔又宣告，"古巴将继续保证教育的包容性和公平性，不断提升教育质量"。[②]

适应更新经济社会模式的要求，古巴党和政府在保持古巴教育优势的基础上，以提升"教育质量"、培养新时期"社会主义新人"为目标，对教育政策进行调整，推进教育全面深化转型。

（一）围绕培养新时期"社会主义新人"，加强社会主义价值观教育

教育发展必须跟上时代步伐。进入新时期，退出前台的革命领袖卡斯特罗在《格拉玛报》的个人专栏上撰文，再次强调古巴教育改革的目标是培养"社会主义新人"（socialist new human being），其内涵包括承担建设社会主义责任；积极参与物质生产，创造物质和精神产品服务社会。他还认为，新时期教育不应追求完全同化个人思想，应更加包容多元思想，在坚持独立性和民族性的基础上，吸收借鉴有益的外来文化。

根据卡斯特罗提出的新时期教育要继续培养"社会主义新人"的目标要求，古巴把社会主义价值观教育确立为教育改革的重要内容，强调价值观教育应是古巴教育的精神核心。为加强社会主义价值观教育，古巴规定，各学校应设立专门课程，保证每周两小时教学安排，由最资深教师负责教学，引

---

① Leticia Martínez Hernández, High Quality Must Be an Essential Premise of Cuban Education, http://en. granma. cu/cuba/2018 - 05 - 25/high-quality-must-be-an-essential-premise-of-cuban-education, 2018-05-25.

② Prensa Latina, Cuba Guarantees Inclusive and Quality Education, asserts Diaz-Canel, http://www. cmhw. cu/en/national/18014-cuba-guarantees-inclusive-and-quality-education-asserts-diaz-canel, 2019-02-08.

导、塑造学生的国际主义精神、国家民族认同感、职业道德等，提高学生抵御外部风险能力。学校生活中应融入价值观教育实践活动。强调"集体主义"是学校生活理念，不提倡过度的个人主义，在捍卫集体权益的同时，鼓励个人良性发展；倡导团结合作与竞争同时并存，竞争不是一较高下、分清胜负，而是实现自我完善和进步；加强对新时期青年学生奉献精神的培养，通过教育，让学生认清自身责任，增强其民族自信和民族团结意识。

（二）降低教育成本，提高教育质量

古巴是发展中国家，经济基础并不雄厚。在发展教育的过程中，古巴政府强调要控制教育成本。尤其在经济形势不佳的情况下，劳尔提出古巴政府应适当缩减开支，通过减少管理环节来降低国家教育成本。古巴要求各学校引导学生爱护书籍，在保证教学质量不受影响的前提下，对教材循环使用；通过劳动教育，培养学生的动手能力，鼓励学生修整书籍，维护学习装备和设施。

为保证教学质量，古巴要求教学内容必须根据"更新经济社会模式"时期的阶段特点和发展需要不断修改完善。在政府改善教育环境和完善教材内容的实践中，要积极听取教师和学生的建议，让教师自主选择效果最佳的教学内容和教学方法，使教师能全心准备讲授内容和资料，并在课堂上高效率地传授给学生，提高教学效果。

劳尔还认为古巴教育内容有些保守和封闭，需要不断完善、与时俱进。劳尔提出，对西方作品，不能完全忽视或全盘否定，不能只重视国内和拉丁美洲的作品，国外其他先进人文科学成果也要重视。要将国外优秀的思想文化成果纳入教育内容。

（三）推进教育全面深化转型

2009年，古巴教育部颁布《古巴教育全面深化转型方案》。相比以往的教育改革措施，此次计划涉及的主体更加全面，包括教育机构、教职人员、全体学生、家庭成员、社会各行业部门组织等。规划目标更加长远，其一，推动古巴教育保持高水平和可持续发展；其二，坚定革命信念和爱国精神，全面、有效地迎接社会发展与挑战；其三，培养综合素质更高的年轻一代。其核心内容是：在整个教育体系中，必须重点突出思想政治教育和价值观教育，尤其要加强爱国主义和公民意识教育，以国家历史知识、马列主义、马蒂思想、卡斯特罗思想、革命先驱和民族英雄的思想为基础，积极培育古巴

年轻一代优秀的个人素质和精神风貌。《古巴教育全面深化转型方案》主要内容包括以下方面。

（1）必须全面提升古巴人民，特别是青年人的文化水平。

（2）心理预防和社区工作是教育改革的重要部分，必须有效杜绝青少年不良行为和不端现象。

（3）研究生培养方案的指导原则，一为在教育中弘扬社会核心价值观，二为扎实提高研究生的专业能力和社会竞争力。

（4）进一步改进"教好孩子方案"（"Educate Your Child Program"），确保古巴 0~6 岁儿童都能参与其中。

（5）巩固以往初级教育的发展成果，因为这是古巴教育发展的绝对优势。

（6）完善学校评估体系，强化学校心理教育功能，提高所有在校生的心理健康和学习能力水平。

（7）在师范学校开设教学水平提高班来培训中小学教师。

（8）提高教师综合能力，鼓励教师获得双学位，制定新课程和职业规划，在教学活动中增加科研活动。

（9）作为科学和教学准备的一种方式，要通过改进教学法来提高教师的课堂教学技能。要不断提高教师自身素质。教师能力持续发展，是保障教学质量、教育工作和科研活动的重中之重。

（10）加强母语教学，尤其是提高教师的语言水平。

（11）整合特殊学校资源，提高对有特殊需求儿童的服务水平。

（12）在基础教育中，将资深教师的教学经验和方法及时传授给新老师。

（13）科研机构中，在生产和服务中心建立教学课堂，以此让专家能直接参与到学生的成长过程中。

（14）改组学校机构，优化校园网络，合理调控和使用国家投入的人力物力资源。

（15）继续推进"我可以"和"我能坚持"等国际教育合作项目，在帮助他国扫除文盲等领域做出贡献。[①]

---

① 参见 Margarita Quintero López, "Education in Cuba: Foundations and Challenges," *Estudos Avan-çados* 25, no. 72 (2011)。

  "更新经济社会模式"时期以来，古巴围绕培养新时期"社会主义新人"的目标，积极推进社会主义价值观教育，着力培养学生的集体主义、爱国主义精神，增强其团结、奉献意识，体现了教育为社会主义发展服务的根本目的；基于国家财力紧张的状况，尽可能降低教育成本，推行低成本高质量教育；适应新时期发展需要，推进教育全面深化转型，为古巴教育的长远发展奠定了基础。尽管经济社会模式"更新"尚处于探索发展阶段，但古巴教育已取得初步成果。2018 年 12 月，越南新闻网专题报道称："根据世界银行的最新报告，古巴是拉丁美洲和加勒比地区教育水平最高的国家。"①

  "更新经济社会模式"时期以来古巴教育事业发展的部分成果如表 4-1 至表 4-4 所示。

表 4-1 2015~2018 年古巴教育发展基本指数变化情况

	预期寿命（岁）	预期受教育年限（年）	平均受教育年限（年）	人类发展指数
2015 年	78.6	14.0	11.4	0.768
2016 年	78.6	14.1	11.6	0.771
2017 年	78.7	14.4	11.8	0.777
2018 年	78.7	14.4	11.8	0.778

资料来源：United Nations Development Programme, *Human Development Report*, http://hdr.undp.org/en.

表 4-2 2014~2019 年各学年古巴高等教育理工类学生初始入学人数

单位：人

	2014~2015 学年	2015~2016 学年	2016~2017 学年	2017~2018 学年	2018~2019 学年
总计	173298	165926	218643	224944	240813

资料来源：ONEI, *Anuario Estadistico de Cuba 2018*, Capitulo 18：Educacion, p.25.

表 4-3 2015~2018 年古巴同部分拉美国家及不同发展水平国家教育指数比较

	古巴	哥斯达黎加	巴西	墨西哥	发展中国家	高人类发展水平国家	极高人类发展水平国家
2015 年	0.768	0.710	0.677	0.666	0.575	0.654	0.851

---

① Cuba Has the Best Education System in Latin America, VTV News, https://english.vtv.vn/news/cuba-has-the-best-education-system-in-latin-america-20181225235035506.html, 2018-12-25.

续表

	古巴	哥斯达黎加	巴西	墨西哥	发展中国家	高人类发展水平国家	极高人类发展水平国家
2016 年	0.776	0.713	0.685	0.678	0.582	0.654	0.855
2017 年	0.791	0.716	0.689	0.678	0.584	0.660	0.856
2018 年	0.791	0.716	0.689	0.684	0.584	0.661	0.856

资料来源：United Nations Development Programme, *Human Development Report*, http://hdr.undp.org/en.

表 4-4　2008~2018 年古巴同部分拉美国家及不同发展水平国家成人平均识字率比较

单位：%

	古巴	阿根廷	智利	委内瑞拉	乌拉圭	巴西	高人类发展水平国家	拉美和加勒比地区
识字率	99.8	99.1	96.9	97.1	98.6	92	93.7	93.8

资料来源：United Nations Development Programme, *Human Development Report*, http://hdr.undp.org/en.

二　全方位升级医疗服务功能，提升医疗保健水平

人均预期寿命是衡量一国健康水平的重要指标，2008 年古巴人均预期寿命已达 78.2 岁，处在拉美地区甚至世界的前列，古巴医疗体系被世界卫生组织（WHO）赞为"发展中国家的楷模"，这是古巴社会建设的重大成就。劳尔多次强调，古巴虽经历了革命胜利初期和特殊困难时期，但基本经受住了国内外最恶劣条件的考验，国家医疗卫生事业稳定发展。"更新经济社会模式"时期，古巴经济形势好转，社会逐渐稳定，国家发展进入新阶段，而医疗领域依然是党和政府改善民生的工作重点。适应新时期发展的需要，古巴强调要继续保持古巴医疗卫生体系的优势，进一步完善医疗卫生制度，增强古巴医疗卫生事业可持续发展的能力和世界影响力。

（一）进入"更新经济社会模式"时期医疗卫生面临的问题

1. 医务人员短缺

多年来，古巴坚持全民免费医疗和家庭医生制度，对医生数量和技术有较高要求，随着人口增长，对医生的需求早已超过现有供给水平；医疗外交和医疗外贸虽给古巴带来大量外汇收入，提升了古巴的国际形象，促进了困难时期古巴经济和社会发展，但客观来看，也造成古巴医务人员大量外流，尤其是"医生换石油""医务援助"等对外项目，使古巴医务人员数量大减。古巴国家

统计局数据表明，"从 2009 年到 2014 年，古巴家庭医生总数从 34261 人降至 12842 人，降幅达 62%"。① 另外，医疗从业人员收入较低。古巴将医疗公益性放在首位，要求医务人员牢固树立"人民至上"的服务理念。然而，医务工作者技术要求高、工作时间长、压力大，相对于国际普遍水平，古巴相关领域从业者收入较低，尤其在古巴实行双币制以后，古巴医生每月平均收入仅为 300 美元，甚至难以满足基本生活需要。长此以往，医务工作者积极性受到影响，有的兼职（导游、司机、服务员等职业）以贴补家用，有的转向其他工作，有的还进行"海外创汇"，去发达国家从事医疗工作，这愈发加大了古巴医生的缺口。

2. 医疗设施、设备老旧

苏联解体让古巴遭受重击，经济停滞，财政收入短缺。政府虽坚持全民免费医疗，但难以承担医疗设施维护升级的巨大开支。"更新经济社会模式"时期之初，虽然经济较"特殊时期"总体好转，但中小型医院和社区诊所条件比较落后，很多机构的医疗检测设施和急救设备无法满足需求；麻醉剂、消毒液、针头、注射器等常用医疗器材大多依靠进口；不少偏远落后地区的诊所经常停水停电，由于人口稀疏、交通不便，附近几乎没有家庭医生出诊，不少诊所早已荒废。

3. 出现医疗等级分化苗头

20 世纪 90 年代，古巴启动医疗外贸和医疗旅游，逐渐将其发展为国家收入的重要来源。同时，医疗领域出现过度产业化和商业化倾向。部分管理机构监管不力，助长了利用医疗服务牟利的不良风气，产生医疗服务分化现象。例如，某些医疗机构擅自保留最优质的医疗资源（高级病房、先进医疗技术和药品等），仅供政府高官、社会精英和外国富商享用，而且只能用美元支付，以赚取高额收益。普通民众只能选择较落后的医疗服务，在古巴经济困难和美国贸易封锁时期，人民不得不从黑市购买急需药品，忍受高价剥削。这种"特供"医疗模式偏离了古巴社会主义医疗的服务初心，损害了人民切身利益。

（二）医疗卫生改革的实践

古巴党和政府反思医疗卫生发展实践中的问题，总结经验和教训，从"社会主义模式更新"的新形势出发，开始了新一轮医疗改革。改革的总体

---

① How Does Cuba Manage to Achieve First-World Health Statistics? https：//elpais.com/elpais/2017/02/10/inenglish/1486729823_171276.html，2017-02-10.

思路是全方位升级政府主导的医疗卫生服务体系，进一步提升医疗服务水平。

1. 优化医疗资源配置

古巴对医疗系统资源进行有效整合。继续增建医学院校，扩大招生规模，增加医疗工作者人数；通过制定科学的入学要求、培养方案、毕业流向等措施，确保医生专业化水平和实操能力；根据需要适时调节各专业招生人数，通过优惠政策为"冷门"专业积极吸引学生；医院或大学的医学生直接去人口密集地区的家庭医生诊所实习，积累实践经验，支援诊所日常工作；将国家统一分配医学毕业生工作，变为基层轮岗服务制度——所有享受过免费教育的大学生，轮流去经济落后或偏远地区工作两年，以均衡地域医疗资源，体现社会公平；关闭利用率较低的家庭医生诊所，增加省、市、县等各级医院的医务人员人数；放宽药品出售的限制，古巴居民过去只能在指定药店购买药品，经常出现购买者拥挤、药品供给不足现象，现在可在任何一家药店购买；实现最大程度合理有效利用资源，在优先确保所有居民的基本医疗需求基础上，满足全体社会成员更多样化的卫生医疗需求。

2. 强化医疗监管职能

古巴宪法规定"保障全民享有免费医疗是国家的责任"，古巴医疗卫生体系建立在国家大力支持的基础上，相关基础设施建设，医疗机构、医学院、研发中心建立，医疗用品等资源的配置都由国家负责。如果政府监管部门职能不到位，将直接影响医卫服务体系效率和人民根本利益。为了防止出现监管漏洞，古巴加强了监督和管理工作。其一，全国各省、市、区的医疗卫生管理机构直接由当地副省长、副市长和副区长负责。其二，进一步明确了各机构的管理和监督职能。一方面，全国的医疗资源和机构由古巴公共卫生部统一管理，禁止私人开设诊所从事商业行为。公共卫生部作为中央管理机构，主要职能包括拟定法律法规、制定规章政策、设置机构、分配资源。公共卫生部领导国家、省、市三级医疗卫生体系相关工作，确保三级医疗体系整体、协调运行和互动。另一方面，古巴各级人民政权代表大会依照宪法规定，履行医疗卫生工作监督职责。在国家层面，古巴公共卫生部和医疗机构受全国人民政权代表大会监督，人大有权修改医疗法规政策或进行结构调整；在省级层面，人大主要负责把关省级医疗政策的制定与实施；在市级层面，各个市立医院、综合诊所和家庭诊所受市级人大的监督和领导。另外，古巴群众组织和社会组织的监督作用也得到充分发挥。其中影响最大的是人民健康委员会，其主要负责协助防控传染病、普及疫苗、产妇保健、婴幼儿健康等监督工作，并对医疗机构和工作者的工作提出改善建议。古巴妇女联合会、古巴工人中央工会、古巴保护革命委员会、古巴大学生联合会等组织也积极参与医疗卫生的监管工作。

3. 提高医药研发水平

20 世纪 80 年代末，古巴已能自主生产大批国际先进的医药生物制品。"特殊时期"，政府仍然大力扶持医疗事业发展，并将发展优势转化为国家软实力，不仅给国家带来巨大收益，更通过医疗外交和医疗贸易提高了古巴的国际影响力。旅游、矿产（主要是镍）和医疗生物制药出口成为古巴三大创汇来源。"更新经济社会模式"时期以来，古巴面临的国内外环境逐步好转，古巴政府进一步发挥本国医疗发展优势，提高自主研发能力和科技含量，扩大对外医疗合作和国际影响力，以医疗产业优势提振整个国民经济。此外，古巴还积极加强同中国的交流合作。2013 年 8 月，中古分子免疫学中心成立。生物医药，特别是抗癌药物研发是古巴传统医疗优势，双方合作前景良好，合作领域不断深化，并形成产业化，推动了两国经济和民生发展。近年来，古巴公共卫生部创办《古巴外科学》《热带医学》《医学评论》等期刊，旨在加大宣传力度，提高古巴医疗优势的世界影响力。其中《医学评论》是古巴影响力最大的英语期刊，定期寄送给全球卫生界，主要介绍古巴的医疗卫生政策、医疗研究项目、医疗建设经验成果等内容。

4. 坚持医疗服务公益性

医药和生物产品研发有一个普遍的特征：研发成本较高，制造成本较低。因此资本主义国家都利用专利和垄断将药品定高价，以填补研发成本和牟取利润最大化。虽然药品出口是古巴重要收入来源，但古巴药品研发着重满足群众需求，立足于为普通民众提供物美价廉的医药产品和医疗服务。国有企业使用政府财政资金开展研发工作，禁止专利高定价行为，这样不仅降低了古巴免费医疗的成本，还能有效防止私企进行药物研发时的逐利行为。古巴政府规定，药物研发的过程中，必须是几个研发机构相互合作，每个机构负责一个优势项目，通过合作方式使科研成果及时面向社会，不受专利保护限制。

"更新经济社会模式"时期以来，古巴医疗卫生事业在更新中谋发展，医疗服务水平得以提高，发展的可持续性进一步增强。古巴不断加大对医疗卫生事业的投入，"医疗投入占 GDP 的比重由 2000 年的 6.582% 上升到 2015 年的 12.814%、2017 年的 11.711%"。[①] 医疗卫生事业各项指标也有新的提升。2013 年 11 月，泛美卫生组织（OPS）发表报告指出，"平均每 10000 名古巴人拥有 134.6 名医生，超过美国（125.1 名）和加拿大（93.5 名），位居美洲地区第一位"。古巴在眼科，矫形术，生物工程技术，骨髓、心脏、肺、肝、肾、胰腺等器官移植手术，帕金森症等多个领域的医疗水平已位居世界前列。[②]

"更新经济社会模式"时期以来古巴医疗卫生事业的部分成就如表 4-5 至表 4-9 所示。

表 4-5 2013~2018 年古巴医疗基本指数变化情况

单位：‰

	2013 年	2014 年	2015 年	2016 年	2017 年	2018 年
婴儿死亡率	4.2	4.2	4.3	4.3	4.0	4.0
5 岁以下儿童死亡率	5.7	5.7	5.7	5.5	5.5	5.3

资料来源：ONEI, *Anuario Estadístico de Cuba 2018*, Capítulo 19：Salud y Asistencia Social, pp. 25-26.

表 4-6 "更新经济社会模式"时期以来古巴居民同医生、
口腔科医生人数比例的变化情况

单位：人

	医生总数	居民：医生	口腔科医生总数	居民：口腔科医生
2008 年	74552	151：1	11234	1000：1
2010 年	76506	147：1	12144	925：1
2015 年	87982	128：1	17542	640：1
2016 年	90161	125：1	16852	667：1
2017 年	92084	122：1	18675	602：1
2018 年	95487	118：1	18910	595：1

资料来源：ONEI, *Anuario Estadístico de Cuba 2018*, Capítulo 19：Salud y Asistencia Social, p. 11.

[①] World Bank Data, Cuba—Current Health Expenditure（% of GDP）（2000-2017），https://data. worldbank. org/indicator/SH. XPD. CHEX. GD. ZS？locations＝CU.

[②] 《古巴奇迹：不但全民免费医疗，反而还援助美国》，新浪财经，https://cj. sina. com. cn/article/detail/5908834803/261146？from＝groupmessage，2017 年 5 月 24 日。

表 4-7　2013~2018 年古巴医疗卫生部门床位数变化情况

单位：张

	2013 年	2014 年	2015 年	2016 年	2017 年	2018 年
医疗救助床位数	45690	45462	45892	46794	46851	46982
其他医疗救助部门床位数	6970	5759	6262	6569	6626	6597
社会救助床位数	11992	13533	14168	14247	14374	14822
总计	64652	64754	66322	67610	67851	68401

资料来源：ONEI, *Anuario Estadistico de Cuba 2018*, Capitulo 19: Salud y Asistencia Social, p. 15.

表 4-8　2018 年古巴同部分国家及不同发展水平国家预期寿命比较

单位：岁

	古巴	阿根廷	巴西	多米尼加	美国	德国	拉美和加勒比地区	高人类发展水平国家	发展中国家
预期寿命	78.7	76.5	75.7	78.1	78.9	81.2	75.4	75.1	71.1

资料来源：United Nations Development Programme, *Human Development Report*, http://hdr. undp. org /en.

表 4-9　2017 年古巴同部分国家及不同发展水平国家重要医疗发展指数比较

单位：人，%

	古巴	阿根廷	巴西	哥斯达黎加	智利	美国	极高人类发展水平国家	发展中国家
婴儿死亡人数（每千产儿）	4.1	9.2	13.2	7.8	6.3	5.7	5.4	31.4
1 岁婴儿中未接种麻疹疫苗人数占比	1.0	11.0	9.0	4.0	7.0	8.0	2.0	15.0
1 岁婴儿中未注射接种百白破疫苗人数占比	1.0	9.0	1.0	1.0	2.0	2.0	6.0	10.0
肺结核发病人数（每十万人）	7.1	26.0	44.0	9.7	17.0	3.1	20.1	156.9
成人艾滋病流行率（15~49 岁）	0.4	0.4	0.6	0.4	0.6	0.4	0.4	1.1

资料来源：United Nations Development Programme, *Human Development Report*, http://hdr. undp. org /en.

三　优化社会保障政策，完善社会保障功能

社会保障是古巴社会建设的代表性成就，彰显了社会主义制度的优越性。1959 年革命胜利以来，古巴党和政府始终高度重视社会保障工作，到 20 世纪 80 年代，古巴就基本建立起覆盖全民的社会保障制度。虽然"特殊时期"古巴

社会保障水平受到一定影响，但保证了人民群众的基本需求，维护了社会稳定，巩固了社会主义制度。事实上，古巴党和政府根据形势的变化，不断对社会保障制度进行补充完善。进入新时期，适应更新经济社会模式的需要，古巴决定对 1979 年通过的《社会保障法》（第 24 号法令）进行修订，使社会保障制度更加健全。2008 年 12 月，古巴正式颁布新《社会保障法》，这是古巴共和国成立以来第三部社保法（第 105 号法令），新法于 2009 年 1 月正式实施。

（一）社会保障制度改革的主要内容

第一，扩大社会保障的资金来源。1959 年革命胜利后，在实施社会保障制度过程中，古巴规定劳动者无须缴纳任何社保费用，费用主要由国家和雇佣单位承担，这种方式对维护社会稳定、保障人民基本生活起到重要作用。但从长期来看，随着社保支出不断增加，国家财政的压力越来越大。2008 年，古巴社保支出占国内生产总值的 7.13%，占国家预算的 9.12%。高额财政压力不利于社会保障制度良性健康发展，甚至会影响国民经济。早在 20 世纪 90 年代初，古巴政府已认识到这个问题，提出调整社会保障部分制度，让劳动者参与缴纳一定费用的设想，但基于当时所处"特殊时期"，难以付诸实践。随着国家经济形势好转，古巴有关部门正式发布决议，规定合作社职工、私营劳动者、渔业从业者等收入较高人群，应缴纳 5% 工资收入作为社保资金。但这些经济较发达部门或行业的从业者，人数仅有 10 万余人，缴费金额总量不大，难以从根本上缓解财政压力。依据古巴国情和发展形势，借鉴世界先进的社会保障模式，2008 年出台的新《社会保障法》对社会保障资金来源做了改革。该法规定：古巴社会保障制度保障全体劳动者合法权益，同时废除旧缴费制度，社会保障所需资金由国家财政预算、雇佣单位和劳动职工共同承担，并严格依照法律规定的比例和数量进行缴费。

第二，完善社会保障的对象和内容。新社保法重点从受保对象和救助体系两方面进行优化。一方面，为确保社会保障体系实现全覆盖，新法在保留原"特殊计划"（对象为军人、行政人员、合作社成员、艺术家）的基础上，增设两个社会保障计划，关注重点是传统优势农业（可可、咖啡和烟草）种植人员和新兴个体劳动者。另一方面，丰富社会救助体系。救助体系向孤寡老人、终身无法就业人口、伤残人士等弱势群体倾斜，保障其基本生活水平，并帮助边缘人群积极融入社会，使其适应社会化交往和生活。社会救助政策更加灵活、有针对性，涵盖古巴最急需帮助的全部人口。但该法同时规定，社会救助绝非永久性的，受助人群脱困后停止援助，避免平均主义。社会救助以实现困难群体自力更生为目标，协助长期依靠救助的困难人群找到工作；社会救助金发放时间不应超过一年，如遇特殊情况，经过核实后可适当延长。

第三，延长劳动者退休年龄。2008 年新社保法规定，古巴退休年龄延长5 年，延长后男性为 65 岁，女性为 60 岁，满足工龄要求是退休条件之一。延长退休年龄的改革涉及人数多、范围大、影响深，为了经济社会稳定，政府采用逐年递进的方式。

由于 2009 年新法开始生效，因此该年符合退休条件的劳动者可照常申请退休。具体方案如表 4-10 所示。

表 4-10　古巴退休年龄方案（2009~2015）

单位：岁，年

	退休年龄（男/女）	工龄要求	说明
2009 年	60.5/55.5	25.5	截至 2015 年 7 月，古巴延迟退休改革过渡时期结束。2015 年 8 月开始按照新《社会保障法》，男性 65 岁正式退休，女性 60 岁正式退休，退休工龄最低为30 年
2010 年	61/56	26	
2011 年	61.5/56.5	26.5	
2012 年	62/57	27	
2013 年	63/58	27.5	
2014 年	63.5/58.5	28	
2015 年	64/59	29	

资料来源：毛相麟《古巴社会保障制度的建立和完善进程》，《当代世界社会主义问题》2016 年第 2 期，第 63 页。

另外，如果身体和心理条件允许，退休人员可以申请继续工作，并获得一定收入。退休人员若愿意从事原工作，所得工资与退休金总额不能超过退休前的工资水平。如果从事难度更大、强度更大甚至具有危险性的工作，退休金和新工资收入标准不受此限制。

第四，改进养老金计算方法。新法施行以前，古巴人民养老金一律为退休前工资的一半，收入超过 250 比索的部分，金额再减半。为使分配所得更加公正合理，改革后的养老金数额由缴费比例、工资水平和工龄长短决定。养老金测算有了统一标准：以过去 10 年为时间点，确定劳动者收入最高的 5年，算出这 5 年的平均收入，将平均收入作为计算标准。工龄满 30 年者，退休金为收入标准的 60%；超过 30 年者，多出一年工龄，养老金增发收入的

2%。2009~2015 年为过渡期，养老金仍按旧制度计算。

（二）新时期社会保障制度的特点

2009 年施行的新《社会保障法》，更加符合古巴的国情，更加科学，更具备可持续发展能力。其特点在于以下几点。

1. 国家主导，多方协作

古巴宪法明确规定，"每个公民都享有社会保障和救助的权利"。社会保障制度由国家统一管理，保障社会的公平正义。国家建立专门机构，制定统一的工作指导纲领。由于历史因素，古巴社会保障制度比较特殊，国内没有任何商业性质的保险公司，没有储备金。2009 年以前，社会保障完全由国家负责。新法实施以后，社会保障支出才由国家、雇佣单位和个人共同承担。但是国家仍需承担大部分费用，如果单位或个人无法缴付社保费用，国家财政预算将全力确保劳动者的合法权益不受影响。

2. 覆盖面宽，全民保障

古巴建立社会保障制度之初，就确立了全民保障的原则。经过多年探索实践，全民保障目标已基本实现。2008 年颁布的新《社会保障法》，进一步明确古巴社会保障服务于全部劳动者及家属、老弱病残等无劳动力人群、基本需求无法自我保障人口等。总体上看，古巴社保体系主要由社会保障和社会救济组成，涵盖全体在岗员工、退休员工、孕产妇女、病患伤残人士、少年儿童、低收入人群、孤寡老人等，无论城市还是农村，任何行业、职业、单位，都实现了全民覆盖。特别是面对历史遗留难题，古巴政府坚持以人为本，绝不因国家矛盾或历史遗留问题而迁怒或忽视任何特殊群体。例如，向在关塔那摩美军基地工作过的古巴工人发放退休金和养老金（美国政府停发）；"向 1920 年前后从安的列斯群岛其他国家到古巴农村打短工幸存下来的 7000 多名老人发放退休金"；向国有化运动时未转到国营部门的 2.2 万名个体劳动者和小业主发放退休金。[①]

3. 内容广泛，保障全面

社会保障内容的全面性是古巴社会保障制度的特点和优势。表现在以下两方面。一方面，社会保障内容全面。依据社保法，古巴人民享有免费医疗、免费教育、退休养老保障、生育保险、职业病等工伤保障、死后丧葬安置，

---

① 徐世澄：《古巴的社会保障制度及其改革》，《拉丁美洲研究》1995 年第 5 期，第 16 页。

基本实现了从出生到死亡各项保障全覆盖。同时，古巴社会保障的内容会根据社会发展情况变化而不断丰富。"特殊时期"和"更新经济社会模式"时期以来，由于经济结构调整，古巴失业人口相对增长，古巴政府及时关注社会失业问题，积极采取措施予以扶持，通过物资支持、技术培训、转岗就业等多渠道保证失业人群的基本生活来源。另一方面，社会保障形式多样。古巴社保体系以社会保障和社会救助为主，结合多元社会福利计划，形成系统完整的一套制度。保障形式主要是资金（收入补助、慰问金和抚恤）、物品（医疗用品器械、膳食补给等）和服务（医疗康复保健指导、心理咨询、劳动帮助等）。

古巴"更新经济社会模式"时期的社会保障制度，继续坚持全民保障和全面保障原则，但保障资金由国家"全包全揽"转变为"国家主导，多方协作，科学规划"的新模式。这一改革，一定程度上缓解了国家财政资金的压力，不仅可以更好地解决社会保障事业资金短缺的问题，而且能够使社会保障事业得以持续健康发展。

"更新经济社会模式"时期以来古巴社会保障的具体成果如表4-11、表4-12所示。

表 4-11　2013~2018 年古巴社会保障投入

单位：百万比索

	2013 年	2014 年	2015 年	2016 年	2017 年	2018 年
社保体系总投入	5115.9	5160.9	5177.7	5323.8	5463.5	5682.8

资料来源：ONEI, *Anuario Estadistico de Cuba 2018*, Capitulo 7: Empleoy Salarios, p. 17.

表 4-12　2013~2018 年古巴社会保障制度主要指标变化情况

单位：百万比索，人

	2013 年	2014 年	2015 年	2016 年	2017 年	2018 年
社会救助费用	263	286	350	317	340	315
社会救助受益人数	170674	169778	175106	179796	184613	181355
社会救助重点受益人数	109223	109556	111801	114274	115322	114416
社会救助老年受益人数	52764	52579	53635	54968	62132	59613
社会救助残疾人受益人数	39582	40107	38690	37504	36903	36309
抚养残疾儿童母亲受益人数	4200	4074	3931	3815	3573	3452
失业在家人员受益人数	4474	4762	5166	5573	5160	5065

资料来源：ONEI, *Anuario Estadistico de Cuba 2018*, Capitulo 7: Empleoy Salarios, p. 18.

四　调整住房建设、维修政策，改善人民居住条件

解决住房问题一直是古巴党和政府关注解决的民生问题。经过多年发展，古巴人民的居住条件得到明显改善。2006 年，古巴提出要全面更新社会主义模式，其中特别强调，住宅政策不仅要解决长期存在的问题，还要适应新时期社会发展的新要求。2008 年，古巴正式提出住房政策改革，相继出台第 288 号法令、更新纲要及一系列相应配套措施，对古巴住房政策进行调整和完善。

（一）古巴现行住宅政策及问题

1. 严禁住房按揭贷款

一直以来，古巴住宅政策的首要原则是房屋只有居住功能，不得有任何商业性质或行为。短期来看，该项规定有利于实现居者有其屋。但长远来看，该规定会产生消极影响。其一，居民不能通过房屋抵押贷款等方式，对原有住房进行修葺、改造或购置新住房。其二，经济条件拮据的无房者（通常是年轻人）大多只能被动等待国家安排住房。其三，缺少正规住房金融按揭制度和住房交易市场，会严重制约房地产业的活力，不利于优化资源配置。

2. 住房总量存在缺口

住房建设需投入巨额资金。古巴党和政府虽然高度重视住房建设，但随着城市化和人口的增长，古巴住房建设难以及时满足居民的需要，房屋供给不足一直是古巴社会建设的难题。根据相关数据，"更新经济社会模式"时期之初，"大约 1120 万古巴人生活在 390 万套住房里，甚至存在几代人挤在一套房屋内的现象，有的家庭居住条件比较恶劣。全国至少存在 50 万套房屋缺口"。[①] 古巴建设部提出，"政府每年可新建约 1.6 万套房屋，加上私人修建 1 万套"，虽然一定程度上能缓解供需矛盾，但很难满足全部需要。

3. 房屋存在质量和安全问题

由于资金短缺等条件限制，古巴有大量老旧房屋没有整修。首都哈瓦那60%的房屋存在质量问题，尤其是沿海一带的房屋和大厦，因气候常年潮湿，房屋容易受损，且大部分房屋年久失修。据统计，目前哈瓦那 2.8 万多居民还住在高危房中。古巴住房既存在"数量"上的短缺，又存在"质量"不高的问题。

---

① John Grein, *Recent Reforms in Cuban Housing Policy*, International Immersion Program Papers (University of Chicago Law School, 2015), p. 14.

（二）改革住房政策的措施

1.《党和革命的经济社会政策纲要》确定新的住房政策

2010 年，古巴公布《党和革命的经济社会政策纲要（草案）》，首次提出要"加大房屋买卖和转让的灵活性，提升非国有住房建设，鼓励销售无补贴建材"。2011 年，古共"六大"正式公布《党和革命的经济社会政策纲要》，总共 300 多条内容，其中第 292~299 条为"更新经济社会模式"时期解决住房问题的基本政策。其具体内容如下。

第 292 条　住房维护和保养是当前首要工作。居民可以通过非国有方式解决住房问题，放宽向公众出售建材的限制。

第 293 条　重点关注市区住房项目推进，确保建设项目所需材料和技术到位。

第 294 条　不断改善农村居住条件。必须尊重农村各地区的不同特点，以住宅建设、修护和翻新为中心工作，以稳定农业和食品产业的劳动力供给为目标。

第 295 条　今后房屋建造应以私人等非国有模式为主。大力推广便于居民操作、省时省力的新建筑方法和技术。公寓住宅由全体住户共同分担维修费用，不能由业主单独承担。

第 296 条　建材工业和市场规模应满足当地人口房屋建设、维护和修葺的需求。

第 297 条　自然人之间进行的房屋出售和其他形式的所有权转让（包括不限于交换、捐赠等）符合古巴法律。为进一步满足居民住宅需求，进一步精简房屋建设、维护、修葺、出租、买卖的相关手续。

第 298 条　恢复使用当前行政和国有用途的房屋，扩大居民区住房面积，增加住房供给量。

第 299 条　用于房屋维护、翻修和建设的建材实行补贴价格。如情况特殊且符合规定，可对购买人实行部分或全部补贴政策。[①]

通过该纲要内容可以发现，古巴住宅政策改革的主要思路是先维护，后建设；先城镇，后农村；先增长，再分配；突出非国有建设方式的作用；重

---

① Resolution on the Guidelines of the Economic and Social Policy of the Party and the Revolution, No. 292-299, http://www.cuba.cu/gobierno/documentos/2011/ing/l160711i.html.

视建材质量，激活市场，增加补贴。

2. 颁布新法令，完善住房政策

2011年11月2日，在劳尔的积极推动下，古巴政府出台第288号法令。法令"变革了古巴住宅制度。通过建立更有活力的自由市场，有利于缓解人民基本住房需求压力"。[①] 主要内容包括以下几点。

第一，允许个人自由交易。依据旧法规，政府要对交易住房进行资产评估，住房交易需要政府授权同意书，严禁任何售房谋利的商业行为。新法颁布后，业主可自行评估房屋价值，自寻买家，获取收入。比如，古巴业主可以卖掉面积较大的房屋，再购进面积较小的房屋，赚取中间差价。法令规定削弱政府在房屋转让中的作用，由于买卖双方交易不再需要政府授权或同意，为减少后顾之忧，双方必须聘请一名公证员，作为交易裁判，并在当地进行产权转换登记。

第二，改变房屋默认产权转移规定。以往古巴人放弃国籍、移民外国，其所有财产自动归属国家，政府全部没收。新法实行以后，离开古巴前，移民者可自愿选择将财产转交亲人或面向市场出售。如果离开时没有及时处理财产，就依照继承顺序依次转给配偶、子女和兄弟姐妹。新住宅法更加注重保护私有房产等财产。

第三，进一步维护房产市场稳定。在《城市改革法》的施行过程中，出现不少居民取得居住权后缺乏法律保障的现象，因房屋所有权不明确而引发争端。第288号法令规定房屋分配时，必须首先明确房屋业主所有权。如果自由市场交易出现争议，交易方可拿出相关房产资料证明，提交给市区法院来协调裁定。若买家证明交易合理，当地法院将授权公证人，将房屋所有权依法转给买方。

另外，新法虽在自由市场和房屋买卖等领域放开限制，但为了维护社会公平，防止投机倒把等不良现象出现，古巴政府加强了部分限制。其一，古巴每户居民最多不能超过两套房子。一套用于家庭居住，另一套可用作家庭旅馆对外营业。其二，居民在购买刚需住宅时，首先要证明自己没有自住房。严禁高收入居民购置多套房进行牟利行为，扰乱市场秩序。其三，居民不能

---

① Philip Peters, *Cuba's New Real Estate Market*, Latin America Initiative Working Paper（Latin America Initiative Foreign Policy at Brookings, 2014）, p. 3.

利用金融手段进行房产交易。

3. 开展多元化的住房项目建设

2011 年起，古巴政府以"维护"和"建设"为重点进行各种房屋项目建设。

政府鼓励成立合作小组扩大住宅建设。2013 年"古巴之声"《格拉玛报》对曾在 20 世纪 80 年代非常流行的合作小组做了专题报道，肯定其积极作用，号召人民继续采取这种模式，并强调新时期要不断优化合作小组，适应社会发展新要求。为了支持合作小组，古巴政府开放首都 40 多个大型建材供应中心、全国 1000 多个中小型建材中心，合作小组可直接从建材中心购买低于市价的材料进行建设。同时要求建材中心供应的全部建筑材料必须保证质量，只有通过严格质量检测，才能被允许进入市场。

低收入人群（户主）可申请补助金用于房屋建造和维护。补助金作为国家专项资金，主要来源是古巴国有建材供应中心收益，每户家庭最多可申请 3800 美元补助金。补助金不用偿还，但受益者必须严格遵守合同规定，如建造住房面积不得超过 25 平方米等。据统计，截至 2013 年，有 3 万多户家庭获得补助金，用于房屋修建和维护。另外，政府还允许每户家庭申请小额贷款进行房屋建筑或改造，但尚未出台具体实施细则。

2013 年，古巴部长会议委员会通过第 7387 号决议，补充和优化前期住宅政策：给予每户住房改造家庭 5000 比索的运输补贴；给予灾区每户住房重建或维修家庭的补贴增至 9000 比索；以前只有业主（拥有房屋产权）才能申请补助金，现在国有住房租赁人、棚户区居民等，都能申请补助。古巴居民可以在外汇商店购买建材原料。古巴还鼓励相关部门积极开展对外交流合作，学习、借鉴、引进国际先进建造技术，提高建设效率，推广绿色建造。

2017 年 5 月，古巴开始施行《古巴房产法修订案》。新法在以下方面进行了完善：政府补贴对象增加了自建房屋主，国家在建房产项目转给私人建设的负责人等；住房和受灾房屋产权认定细化规定；房屋所有权永久化流程，国有（政府）补贴新造住宅产权转让，房屋捐赠或买卖有关的税务问题。新法还对受资助者死亡或放弃古巴国籍等情况提供具体解决方案。目前，古巴政府已批准 16880 套国有不动产转由私人承建完成，其受益者为项目中断时被认定为业主的人群，如其不接受转让，将优先考虑转给灾民或无房者。在圣地亚哥等城市，还对无有效证件的房屋进行合法化和永久使用权认定。

保障人民的住房需求，是革命胜利以来古巴党和政府改善民生、"为民造福"的一项重要任务，也是古巴社会建设的重要内容。60余年来，古巴根据国情的变化，对住房政策不断做出调整完善，但保障人民住房的初心没有改变。进入"更新经济社会模式"时期后，古巴推进经济社会模式更新，虽然对住房建设、分配政策进行了改革，但古巴党和政府坚持把改善人民居住条件作为改善民生的一个着力点。根据《2018年古巴统计年鉴》数据，"2013年到2018年，古巴共建造房屋148044套，其中国家建造71810套，非国家建造76234套"，[①] 在很大程度上缓解了住房紧张的状况。2019年10月，迪亚斯-卡内尔还强调，古巴"今后仍将继续加大房屋建造力度"，[②] 满足人民住房需求。

五 加强和改进社会治理，保证社会安定有序

1959年革命胜利以来，为捍卫革命成果、克服经济困难，古巴共产党和政府坚持不懈探索社会主义发展之路。在内外形势不利条件下，尤其在苏联解体后的"特殊时期"，古巴在"改革"和"稳定"中谋求平衡，经济得以恢复，政治逐步稳定，社会事业不断发展，社会主义制度得以巩固。

当今时代，社会治理是每个国家都关注的重要课题。社会治理是社会建设的重要领域，只有不断加强和创新社会治理，才能从根本上预防和减少影响国家稳定发展的社会问题。在社会主义建设曲折发展的过程中，古巴党和政府对社会治理重要性的认识不断深化。在更新经济社会模式时期，加强和完善社会治理，保持社会稳定，对古巴具有更为重要的意义。古巴共产党在强调加强党的自身建设，提高党对社会建设领导能力的同时，采取措施，进一步加强和改进社会治理。

（一）密切党同各种社会组织的关系

各种社会组织，是社会的细胞，是社会发展的重要载体。以共产主义青年联盟、古巴工人中央工会等为代表的各种社会团体和群众组织，是古巴共产党倾听民意、联系群众的重要桥梁。党能否保持与社会组织的密切关系，直接影响群众对党的领导的认同，影响党的执政基础的稳固。古巴共产党强调，

---

① ONEI, *Anuario Estadístico de Cuba 2018*, Capitulo 12：Construccione Inversiones, p. 6.

② Ortelio González Martínez, Cuba Advances in Housing Construction, http://en. granma. cu/cuba/2019-10-09/cuba-advances-in-housing-construction, 2019-10-09.

"更新经济社会模式"时期，必须进一步密切与各种社会组织的关系。2012年，古共召开第一次全国会议，会议通过了《古巴共产党工作目标》，提出了密切党群关系的工作目标及工作重点：执政党和社会组织、人民团体的关系不能浮于表面，要深入听取事关群众利益、国家发展的有效建议，党群关系要远离形式主义；执政党要引领帮助群众组织加强自身建设，尤其是基层组织建设，提高领导干部道德和业务水平；要全面加强共产党和共产主义青年联盟的关系，充分发挥共青盟对年轻一代的积极影响；要加强对青少年儿童的理想信念教育，与共青盟、中学生联合会、大学生联合会、少年先锋队组织等团体进行合作，为青年创造更多学习、实习、培训、就业的机会，尤其要关心失业和在私营部门工作的青年动态，为创业青年提供优惠条件和帮扶措施。古巴共产党旨在通过密切和各种社会组织、群众团体的关系，充分发挥社会团体、组织的作用，积极建立多方参与、良性互动、权责明晰、齐抓共管的社会治理体系。

（二）完善政府负责的社会治理体系

古巴共产党认为，政府是社会治理的责任主体，古巴各级政府必须积极履行好社会治理职能。社会主义模式"更新"对转变政府职能，提高各级政府科学治理能力提出更高要求。政府必须针对社会治理方面存在的缺位、错位、越位等问题进行改革和完善，落实社会治理主体责任，并建立起完备的社会治理服务体系。具体包括以下几点。

完善党政关系。在古巴共产党第一次全国会议闭幕式的讲话中，劳尔论述了党政关系的理想样态，明晰了党和国家公共权力的职能。他指出："党应该有能力领导国家和政府，监督其运转和对其方针的执行情况，鼓励、推动、协助政府机构更好地工作，而不是取代它。党要做好政治思想工作，但政治思想工作不是空喊口号。"[1] 他强调共产党是古巴社会主义的领导核心，党和政府都是社会主义建设的主体，党和政府的工作职能应有所区分，要构建科学的政治制度，提高党和政府的领导力、公信力和执政能力。

精简政府机构。劳尔在推行经济改革的同时，根据更新经济模式的需要，加大了精简政府机构和国有企业人员的步伐，着力提升政府部门的办事效率。

---

[1] 转引自徐世澄《古巴共产党在自我"更新"中保持党的生命力》，《当代世界》2013年第9期，第27页。

2011年起，古巴启动自上而下的《改革政府机构和事业单位》计划。古巴重新整合部委结构，制定符合新时期特点的政策法规，逐步转向通过间接手段调节国家经济，合理释放市场因素，并最大程度保留国有经济独立性。2011年8月，古巴在新成立的两个省（阿尔特米萨省和马亚贝克省）进行行政改革试点工作，将省人大和省政府的行政职能分开。2011年9月，古巴将制糖工业部改组为国有企业，以提高效率和效益。2011年11月，古巴将邮电总局改为国有企业，让政府结构更加科学合理。2012年10月，古巴将轻工业部和钢铁机械工业部合并为工业部。2012年11月，宣布撤销原基础工业部，新设能源和矿业部。2013年2月，古巴继续推进政府改组，撤销古巴民用航空委员会，将其并入交通部。改组之前，民用航空委员会与交通部同属省部级单位，负责民用航空领域的政策制定等相关事宜，下设11个负责飞行设备和航空基础设施的机构及3个合资公司。这次改组有利于减少交通部门决策的中间环节，节约人力成本，进而提高政府效率，实现更加有效地管理航空领域。2013年7月，古巴决定合并外贸部和外国投资部、食品和渔业部，同时成立由12个外贸企业组成的外贸企业集团，负责商品与劳务输出，医务人员劳务出口由则由公共卫生部企业负责。目前，古巴已成立了包括航空、电力、石油、镍、盐、化工、轻工、冶金机械、食品、糖、药品等部门在内的12个企业集团。

实行政企分离。政企不分，既影响了企业的经营自主权，也影响了政府社会治理功能的发挥。为此，古巴改革政企关系，实行政企分离，使政府能够更多地关注社会治理。一是逐步实行政企分开，赋予各类企业更多自主权，将经营管理权归还企业，政府不再过度干预企业经营活动。二是政府要运用法律手段积极引导和规范企业行为。企业运行应依法依规，企业发展规划应符合国家经济发展计划。三是进行国企改革。国有企业是古巴经济发展的重要支柱，但长期存在效率低下的问题。因此，古巴国企改革，不仅要规范企业职能和相关制度，还要提高国企效率。改革措施是，在坚持以公有制为主体的前提下，削减国有部门岗位，增加非国有部门就业，鼓励发展私营经济，包括个体户、承包、租赁、合作社、外资等所有制形式经济的发展，进一步扩大个体劳动者的经营范围，并向其提供贷款支持，允许其进入原材料批发市场等。对持续亏损、经营不善的国有企业，直接进行清算，或者改组为非国有经营形式。改组后的企业成为独立企业法人，企业负责人和全体职工的工资收入由绩效评定。

(三) 以文化发展提升社会文明和谐水平

社会文明和谐是社会治理的重要目标和鲜明特征。古巴社会主义发展进入"更新"时期，时代背景和内外条件出现新变化，但社会主义的本质属性没有改变，社会治理的总体要求没有改变。古巴共产党认为，行之有效的社会治理不仅需要法规制度的刚性约束，更离不开文化的柔性引领。因此，古巴党和政府将先进文化有效融入社会治理，充分利用文化发展提高社会治理水平。

提升公共文化服务水平。古巴具有丰富的文化艺术资源。早在 20 世纪 60 年代，卡斯特罗就提出要将文化资源真正惠及民生，他提出，"革命的目标之一和宗旨之一，是发展艺术和文化，使艺术和文化成为人民的真正财富……正如我们愿意人民在物质生活方面过更好的生活一样，我们也愿意人民在精神方面过更好的生活，我们愿意人民有更好的文化生活"，"我们必须创造必要的条件，使得人民得到这一切文化的福利"。[①] 但在革命胜利后很长一段时期，社会主要矛盾仍是革命和生存的问题，文化发展难以兼顾。随着国家经济形势好转，改革开放和更新模式逐渐深入，古巴共产党和政府及时调整文化政策，将文化真正融入社会主义建设中。劳尔在古共"六大"上明确提出今后政府工作重点包括"完善公共文化服务体系，满足市民文化需求"。大会通过的文件提出了文化工作的总纲领，即"培养人民阅读习惯，丰富市民的文化生活，鼓励社区文化创建，满足人民精神需要，加强社会主义核心价值观"。[②] 为此，古巴采取了一系列落实措施。其一，进行文化部门机构改革。1976 年，古巴成立文化部，主要职责为指导监督文化政策的执行，保护古巴历史文化遗产。但长期以来，该机构形同虚设，并没有发挥实际作用。劳尔主政以后，对文化部进行重组和整合，将其细分为十多个业务部门，明确其行政管理职能，并进一步设立省市级的文化局（处）。同时，对文化部下属的文化组织和企业进行机构改革，部分完全依靠国家财政的文化机构改组为盈亏自负的企业，旨在提高组织活力和效率。其二，大力扶持群众性文

---

① 〔古〕菲德尔·卡斯特罗：《卡斯特罗言论集》（第二册），人民出版社，1963，第 173 页。

② Resolution on the Guidelines of the Economic and Social Policy of the Party and the Revolution, No. 163, http://www.cuba.cu/gobierno/documentos/2011/ing/l160711i.html.

化组织发展。社区是联系群众的纽带，古巴有关部门在各大社区设立"群众文化委员会"，主要工作就是推进基层社会文化发展。当地政府负责修葺和新建基础设施，例如文化之家。鼓励专业艺术团体（如芭蕾舞团）和群众文化组织密切联系、多多交流，丰富广大群众文化活动。其三，古巴文化与体育精神相结合。卡斯特罗认为，体育不仅能提高全民身体素质，更是激发社会活力、维护社会秩序的有效手段。他认为，"体育是而且应该是社会实现下述目的所拥有的最有效的手段之一：有助于增进公民的福利和健康，培养人的超越和竞赛精神，发扬遵守社会纪律的风尚，增进人与人之间的互助精神，创造更好质量的生活，总之，使人得到充分的发展"，"对于人民来讲，体育是福利，是生活方式，是健康、幸福和荣誉，也许是预防犯罪、反对毒品、克服其他很多困扰现代社会恶习的最有效手段"。① 劳尔继承了卡斯特罗的体育强国思想。在全国，尤其是偏远落后地区，兴建公共体育设施，对民众免费开放；制定全民健身项目，反对将体育运动过度产业化和商业化，鼓励全民参与体育运动；每年都举办国家运动会。

以民族革命文化净化社会风气。劳尔继承发扬了卡斯特罗的社会主义文化观，认为"更新经济社会模式"时期，更要强调马列主义、马蒂思想仍是古巴社会主义发展不能动摇的思想前提，同时强调卡斯特罗思想是两者在革命和建设中结合升华的产物。2019年古巴修订宪法，正式将卡斯特罗思想列入全民指导思想体系中。劳尔强调，马克思主义理论和传统革命文化是古巴社会主义建设的宝贵资源，任何时期都不能忘记。劳尔积极推行的《党和革命的经济社会政策纲要》专门制定了文化政策，提出要"进一步增进民族认同感，加强文化遗产保护，提高文艺创新力和艺术鉴赏力"。② 劳尔认为古巴革命文化不仅要纳入社会教育，更要融入日常生活的方方面面；要以古巴特色文化引导人民树立正确的劳动观，在党员干部中营造清廉的政治文化，以革命历史激发人民的爱国热情。另外，古巴社会主义思想本土化的成果凝结在社会价值观中，影响着人民的日常交往，也是社会治理的重要因素。劳尔还强调，新时期古巴要构建自尊自信、理性平和、诚实守信的社会文化，以

---

① 〔古〕萨洛蒙·苏希·萨尔法蒂编《卡斯特罗语录》，宋晓平等译，社会科学文献出版社，2010，第54页。

② Resolution on the Guidelines of the Economic and Social Policy of the Party and the Revolution, No. 163, http://www.cuba.cu/gobierno/documentos/2011/ing/l160711i.html.

抵御内外敌对势力和资本主义文化的不良冲击，用社会主义价值观引领社会风气，塑造新时期的"社会主义新人"，为社会治理营造更和谐的社会氛围。

增强古巴民族文化的世界影响力。古巴党和政府提出要将民族文化转化为国家软实力，提升古巴的国际形象和地位，进而鼓舞国民士气，提振社会精神，为社会主义建设凝心聚力。古巴音乐和舞蹈享誉世界，艺术团体经常受邀进行世界巡演，可以说是国家的"文化名片"。古巴有关部门努力将文化优势转化为经济社会效益，出台各项政策措施，推动文化产业发展，打造古巴特色文化产品。通过举行各种文化展览等形式，扩大对外交流和招商引资。古巴是拉美地区第一体育强国，国际竞争力较强。古巴体育在国际竞赛中取得优异成绩，让古巴人民内心深感自豪，有利于塑造更强的民族认同感，因此，古巴积极支持发展体育事业。古巴弘扬民族文化和发展体育事业的措施，不仅培育了国民文化自信，还带来了较好的经济效益，也增强了古巴的对外影响力。

第四节　当前影响古巴社会建设的主要问题与展望

2018 年 4 月，劳尔除担任党的最高领导职务外，卸任国家领导职务，继任者为迪亚斯-卡内尔。面对错综复杂的国际国内形势，如何在延续前期社会主义建设成果的基础上，实现古巴社会主义"持续稳定和繁荣"，是当前古巴党和政府必须解决的首要课题。"更新经济社会模式"时期以来，古巴社会主义建设的核心工作是平衡并推进经济建设和社会建设。古巴国家新领导人迪亚斯-卡内尔既要积极推进劳尔倡导并实施的经济社会模式更新，发展古巴经济，又要巩固和发展古巴革命胜利以来社会建设的成果，彰显社会主义的优势和生命力，这对迪亚斯-卡内尔来说既是责任也是挑战。从总体上看，当前影响古巴社会建设的问题虽然较多，但只要坚定不移推进更新开放，古巴社会建设一定能取得新的成就。

一　当前影响古巴社会建设的主要问题

（一）推进经济发展问题

发展生产力是社会主义稳定和发展的基础，也是社会建设的物质保障。不断改善人民生活、提高社会建设水平需要经济支撑。经过 60 多年的社会主义建设，古巴经济实力不断增强，但从现实来看，古巴经济基础仍然薄弱，产业结构较为单一，工业现代化水平较低，农业生产较落后，多种资源能源短缺，大量原材料、粮食等需要进口。官方数据显示，2018年，古巴财政赤字已经增加到国内生产总值的8.7%，工业产出仅为1989年以来峰值的1/3，矿业、渔业、农业等支柱产业产值已经连续四年下降。与此同时，古巴的经济增长率只有1.5%。① 推动古巴经济发展，提高人民生活水平，是迪亚斯－卡内尔面临的最大挑战，也直接影响古巴社会建设的深入推进。

　　劳尔倡导的古巴经济社会模式更新，取得了一定成果。但由于思想守旧、缺乏完整规划等，劳尔的一揽子更新计划进展缓慢，古巴经济依然比较落后。2008年到2018年这10年间，古巴经济增长并不理想，难以为社会建设提供雄厚支持。而阻碍古巴经济整体良性互动的一个重要因素是困扰了古巴人民20多年的双币制。一国两币制，是古巴独特的现象，也是当时历史背景下不得已的产物。1995年以来，古巴市场上流通着两种货币，国家比索（CUP）和可兑换比索（CUC）。这种一国两币双汇率制度造成了严重后果。比如，工人工资用CUP支付，但生活支出用CUC支付，影响了古巴人民的收入和生活水平。而且双币制无法评估比较企业效率、出口盈利能力和全球经济中的竞争力，"削弱了内部市场的潜力，减少了各经济要素的有机联系，不利于古巴经济整体发展"。② 此外，尽管古巴旅游业创汇不断增加，但受委内瑞拉政局不稳的影响，从委内瑞拉进口的成品油锐减，古巴经济仍受到沉重打击。古巴长期通过医疗外交换取委内瑞拉石油进口，但据统计，2013年到2017年从委内瑞拉进口的成品油减少了65%。如何提高古巴低于预期的经济增长率，减少政府预算赤字，解决日益扩大的个体经济群体逃税问题，加快实体经济发展、促进古巴单一经济结构转型，推进一、二产业发展，提高粮食产量，提升工业制造能力，进一步促进旅游业的发展等，都是新任政府面对的突出问题。迪亚斯－卡内尔在就职演说时就曾强调，当前首要任务是"继续推进'六大'和'七大'制定的纲领和政策，加快古巴经济社会模式

① 曹然：《古巴新国家元首的艰难改革》，《领导文萃》2020年第3期，第2页。

② Pavel Vidal Alejandro, *Cuban Economic Policy under the Raul Castro Government*, 2010, p.51, https://thecubaneconomy.com/articles/2010/07/pavel-vidal-alejandro-cuban-economic-policy-under-the-raul-castro-government/.

更新的步伐，提高古巴生产力和人民生活水平"。① 目前来看，能否稳步推进经济健康发展，直接影响社会建设的进一步发展。

（二）完善治理方式问题

社会建设需要良好社会氛围，社会凝聚力和创造力是社会建设的力量源泉。卡斯特罗是古巴德高望重的领导人，古巴社会带有深刻的"卡斯特罗"烙印。卡斯特罗带领古巴人民推翻巴蒂斯塔独裁统治，建立起人民当家作主的社会主义国家，古巴人民对卡斯特罗感情深厚。卡斯特罗陪伴古巴人民57年，卡斯特罗在古巴大众尤其是老一辈民众心中的地位，一时无人能替代。卡斯特罗在人民心目中的威望，是古巴人民能够在卡斯特罗领导下克服困难、不断前进的精神动力，也是古巴社会能够保持长期稳定的重要因素。虽然迪亚斯-卡内尔是古巴民意选出的领导人，但民众对新任领导人的支持和尊重尚难达到对待卡斯特罗的程度。迪亚斯-卡内尔只有充分发挥其政治才能和管理智慧，带领古巴人民捍卫、发展来之不易的革命成果，才能赢得人民的信任和支持，新领导层才能获得民众信任。2008年劳尔在古巴决策机构中央委员会上就说："建立健全的现代化的国家机构极其必要，这样才能为治理古巴奠定良好的组织基础"，"不能光靠伟大的领袖，只有强大的国家机构才能确保古巴革命的延续性"。这是对古巴党和政府治理方式提出的现实要求。2018年12月，在古巴全国人民政权代表大会闭幕式上，迪亚斯-卡内尔承诺要"构建一个更加高效更加开放的政府，不断完善政府治理工作"。第一步就是所有政府机构和部门的负责人必须开通社交账号，直接用于倾听民意，定期公开政务通报情况，接受群众监督和提问，采纳群众意见，及时改进各项方针措施。只有不断完善新一代领导团体和国家机构，以团体领导力和健全的体制机制取得执政成果、赢得人民信任，才能推动古巴共产党执政方式从魅力领袖个人主导向国家管理制度化转变，这是实现古巴社会长治久安的根本举措，也是保证古巴社会建设不断发展的内在要求。

（三）激发社会活力问题

社会建设的一个重要目标是激发社会活力、促进社会发展。1959年革命

---

① Díaz Canel, Newly Elected President Miguel Díaz Canel Addresses National Assembly of People's Power, http://en. granma. cu/cuba/2018 - 04 - 19/miguel-diaz-canel-i-assume-this-responsibility-with-the-conviction-that-all-we-revolutionaries-will-be-faithful-to-fidel-and-raul, 2018-04-19.

胜利后，古巴坚持走社会主义道路，社会主义建设取得伟大成就。但面对国际国内形势深刻变化，如何激发社会活力、推进社会发展进步，是迪亚斯－卡内尔面临的新课题。当前，激发社会活力需要解决的主要问题如下。一是要通过进一步推进经济社会模式更新，解决事关古巴社会发展的体制机制问题，为激发社会活力提供制度保障。二是要妥善处理公平与效率的关系，激发社会成员的创造活力。三是进一步推进思想观念更新，破除不合时宜的陈旧观念，树立适应新形势要求的新思想新观念。这一点对古巴社会建设至关重要。目前，古巴党内外在思想认识上还存在分歧甚至错误观念，在模式更新的措施、路径和目标上有不同认识，有的认识没有从实际出发，还停留在过往阶段，姓"资"姓"社"的争论始终未休，唱衰社会主义的杂音也不时出现，这是激发社会活力的一大障碍。四是顺应现代化、信息化时代潮流，加快社会现代化步伐，努力营造社会活力竞相迸发的社会氛围。五是着力解决社会老龄化问题。当前古巴正面临老龄化等社会问题的严峻考验。据统计，"古巴已成为美洲地区老龄化程度最高的国家之一。60岁以上老人超过220万，占总人口数量的20%。87%的古巴人口预期寿命在60周岁以上，未来10年（2018~2028年）更有望达到90%"。[①] 2019年发布的《2018年古巴统计年鉴》预测，到"2030年古巴60岁以上人口将达到30.1%"。[②] 造成老龄化问题严峻的原因，一方面是古巴人口出生率逐年降低。育龄妇女人数减少、生育时间推迟、经济压力、住宅问题等影响生育率。另一方面是免费医疗和全面保障提高了全民的健康素质，客观上加快了古巴的老龄化进程。近年来，古巴政府已通过提高出生率、改善就业环境、完善养老机构的设施设备、加大养老医学研究力度、培养老年医学专家和医生、增加医护人员数等方式全力应对老龄化，旨在缓解人口结构老龄化引发的社会问题和矛盾。解决老龄化问题也是激发社会活力的一个重要环节。

（四）应对外部形势问题

社会建设的稳步发展不仅需要内部条件支撑，也离不开良好的外部环境。当前，国际形势风云变幻，古巴面临的外部形势十分复杂。如何应对外部形

---

① 《古巴人口结构近况：出生率低而老龄化程度高》，中国商务部网站，http://www.mofcom.gov.cn/article/i/jyjl/l/201706/20170602586009.shtml，2017年6月3日。

② ONEI, *Anuario Estadistico de Cuba 2018*, Capitulo 03：Poblacion, p. 26.

势发展变化，实现古巴政治稳定、经济发展、社会进步，是迪亚斯-卡内尔面临的严峻挑战。首先，委内瑞拉深陷困境。古巴与委内瑞拉相互支持、唇齿相依。2016 年以来，委内瑞拉通货膨胀，物品短缺，政局动荡。尽管如此，委内瑞拉仍给予古巴强大支持，以优惠价格向古巴提供原油。古巴对委贸易与金融依存度极高。委减少石油生产和对古出口，将直接造成古巴能源短缺，进而影响古巴经济发展和社会稳定，甚至影响古巴国家安全。2016 年 8 月，劳尔在古巴第八届全国人民政权代表大会上表示，"自身资金不足，外加委内瑞拉对古石油供给减少，将对古巴经济发展造成影响，古巴经济局势恐将恶化"。[①] 其次，拉美经济整体形势表现不佳。巴西、阿根廷等地区大国经济陷入衰退，特别是阿根廷正面临严重金融危机。古巴和拉美其他国家地缘关系紧密、政治经济外交往来密切。拉美地区各种政治势力繁杂，左右翼政党此消彼长，"钟摆效应"一直是拉美最突出的政治形势特征之一。2021～2022 年拉美各国左翼纷纷上台执政，但由于拉美地区经济增长乏力，不利于古巴发展对外经贸关系，新冠疫情也对古巴经济产生新的冲击。再次，古美关系逆向发展。古美关系虽然破冰，但特朗普上台以后，美国对古巴政策再度收紧，美古关系前景并不明朗。2018 年 8 月，古巴政府发布报告称，"因美国长期对古经济、金融封锁和贸易禁运，古巴近 60 年来累计损失达 9336.78 亿美元"，[②] 是影响古巴经济社会发展的主要障碍。此外，美国在拉美奉行"胡萝卜加大棒"政策，在对一些国家递上"胡萝卜"的同时，对另一些左翼执政的国家抡起"大棒"，美国利用拉美国家间的一些矛盾，采取分化政策，一定程度上影响了拉美国家的团结与合作。如何处理同美国的关系，保持同拉美国家的友好合作，这是迪亚斯-卡内尔面临的重大外交考验。

二 古巴社会建设的前景展望

（一）古巴社会建设的根本方向不会改变

古巴社会主义发展历尽曲折，但在古巴共产党领导下，克服一个又一个困难，不断推进社会主义发展，社会主义制度得以巩固。2018 年劳尔卸任国

---

① 《委内瑞拉经济衰退 古巴经济面临"特殊时期"?》，观察者网，https://www.guancha.cn/Third World/2016_08_16_371472. shtml，2016 年 8 月 16 日。

② 《美国长期封锁致古巴近万亿美元损失》，人民网，http://world. people. com. cn/n1/2018/0828/c1002-30254411.html，2018 年 8 月 28 日。

家最高领导职务（继续担任古巴共产党中央委员会第一书记，任期至2021年），迪亚斯-卡内尔当选为新的国务委员会主席兼部长会议主席。迪亚斯-卡内尔成为国家元首、政府首脑，古巴国家权力交接实现"软着陆"。在谈到对未来领导人的期许时，劳尔曾强调，未来领导人在"坚持经济模式更新的同时，要始终坚持共产主义信念"。① 2019年4月，《古巴共和国宪法》（新宪法）正式生效。新宪法是古巴共产党顺应时代发展，积极进行社会主义理论和实践创新的最新成果。作为修宪活动发起人和新宪法委员会主席，劳尔强调，新宪法要在"变"与"不变"中寻求最佳平衡，要始终坚持古巴革命的延续性和社会主义制度的不可变更性，坚决捍卫古巴人团结一心和国家的主权独立，在此基础上才能不断深化古巴社会主义建设各项事业，推动古巴经济社会变革和发展。新宪法还明确规定，"古巴共产党——工人阶级和有组织的马克思列宁主义先锋队——是社会主义和国家的最高领导力量，它组织和指导大家共同努力，以求达到建设社会主义和向共产主义未来推进的崇高目标"。从一定意义上看，新宪法奠定了古巴未来社会主义发展的法治基础，是古巴坚持走社会主义道路的根本保证。

迪亚斯-卡内尔是在古巴社会主义革命和建设中成长起来的领导人，具有丰富的实践经验，被誉为"革命之子"。劳尔对迪亚斯-卡内尔充分信任并寄予厚望，在古巴第九届全国人民政权代表大会闭幕式的讲话中，他指出："我们并不怀疑，由于他的美德、经验和对工作的投入将会在担任国家最高领导的责任后取得绝对的成绩。"②

迪亚斯-卡内尔担任国家最高领导人后，积极推进劳尔倡导的"经济社会模式更新"。2018年9月17日，迪亚斯-卡内尔接受采访时提出执政为民四大原则："干部必须增强能力和态度建设，以身作则接受政府和人民监督；必须加强与人民联系，及时帮助群众解决难题；加强社交媒体在执政中的应用，多在网络平台听取民意；在面对国家重大问题时，科学调研、准备多套

---

① 《古巴选出新一任国家领导人，告别卡斯特罗时代》，光明国际，http://world.gmw.cn/2018-04/19/content_28386297.htm，2018年4月19日。
② 转引自徐世澄《古巴国家新领导人迪亚斯-卡内尔主席的历史使命》，《当代世界》2018年第6期，第55页。

应对方案。"① 迪亚斯-卡内尔强调，古巴将坚持社会主义理念与革命精神传统，要注意学习借鉴其他社会主义国家的经验，可以利用诸如中国、越南和老挝等国的经验。

"更新经济社会模式"时期以来，古巴进行了党和国家领导人的新老交替。2021 年 4 月召开的古共"八大"选举迪亚斯-卡内尔为党的第一书记，产生了新一届中央领导集体。古巴媒体指出，新一代领导集体的产生，不是革命及其遗产的终结，而是继续。正如《古巴斗争》的评论，"今天和 57 年前一样……现在和任何时候一样，建设人本主义和平等的社会，是社会主义建设的一贯选择"。② 古共也将"八大"称作"革命历史延续性的大会"。从这个角度看，古巴更新经济社会模式的脚步不会停止，古巴坚持社会主义的根本原则不会改变。这是事关古巴社会建设方向、前途的根本问题，也是古巴社会建设继续发展的根本前提。

（二）古巴以改善民生为重点推进社会建设的基本方针不会改变

坚持以改善民生为重点，加强社会建设，是卡斯特罗社会建设思想的核心内容。1959 年革命胜利以来，尽管在社会主义革命和建设过程中，古巴共产党遇到各种困难和挫折，但始终把保障和改善民生作为社会建设的重中之重，即使在"特殊困难"时期，古巴也没有改变免费教育、免费医疗、全面社会保障等基本政策。更新经济社会模式以来，劳尔倡导更新开放，在经济、政治、社会、思想等领域采取一系列更新措施，目的是激发经济活力，推动经济发展，为社会建设提供更雄厚的财力保障，同时，打破"平均主义"的束缚，进一步调动各方面积极性。劳尔强调，古巴共产党的第一要务是保障人民福利，国家的主要任务是"在持续巩固国民经济及生产的基础上，满足人民的基本需要，既有物质的，也有精神的。否则，国家就不可能有发展"。③

当前古巴经济社会模式"更新"已进入全面深化阶段。虽然"更新"的效果尚未充分显现，古巴经济仍面临重重困难，但古巴坚持以改善民生为重

---

① 《古巴领导人将密切干群关系置于执政工作重要位置》，新华社新媒体百家号，https://baijia-hao. baidu. com/s? id=1611850842273101090&wfr=spider&for=pc，2018 年 9 月 17 日。

② 转引自韩晗《古巴领导人换届，从卡内尔的履历中寻找古巴未来发展方向》，澎湃网，ht-tp://www. thepaper. cn/newsDetail_forward_2084358，2018 年 4 月 20 日。

③ 转引自杨建民《古巴关于社会主义发展模式的探索——兼论当前"更新"进程的前景》，《当代世界与社会主义》2017 年第 2 期，第 69 页。

点的社会建设基本方针不会改变。究其原因，一方面，古巴改善民生的成果是古巴共产党治国理政的重大成就，是古巴社会主义优越性的重要体现，也是古巴社会主义制度得以巩固的基础，古巴共产党不会改变业已取得显著成效并为国际社会认可的社会建设的各项方针政策；另一方面，迪亚斯-卡内尔作为新一代领导人，是在古巴共产党培养和社会主义建设实践中锻炼成长起来的，对古巴社会主义革命和建设成果非常珍视。迪亚斯-卡内尔明确表示要积极推进劳尔倡导的"渐进式"改革，继续维护古巴在教育、文化、医疗、卫生、体育、社会保障等方面的成果，继续保证社会的公平正义。迪亚斯-卡内尔就任国务委员会主席以来，多次深入基层单位和居民区听取民众的意见和建议，多次召开有关会议，讨论经济社会发展和改善民生问题，体现了迪亚斯-卡内尔对民生工作的重视。

（三）古巴社会建设将在"更新"中不断推进

马克思主义认为，社会主义是在实践中不断发展不断完善的社会。古巴社会主义同样需要在实践中不断发展不断完善。社会建设是社会主义建设的内在组成部分，伴随古巴社会主义的发展，社会建设也必然得到新的发展。

当然，从目前来看，影响古巴社会主义发展和社会建设的问题较多。如前所述，加快经济发展问题、转变治理方式问题、增强社会活力问题、改善外部形势问题等，是古巴社会主义发展面临的现实问题，也是影响古巴社会建设的重要因素。改革是推动社会主义发展的动力。2016年4月召开的古共"七大"，通过了《古巴社会主义经济社会模式的理念》等文件，这一重要文件强调古巴模式"更新"的必要性长期性，强调古巴社会主义要有自己的特色，并明确提出古巴模式"更新"的目标是建立一个独立、主权、民主、繁荣和持续的社会主义国家。古共"七大"还制定了《面向2016年至2021年模式更新纲要》《面向2030年的中长期经济社会发展规划》。这些重要文献为古巴未来发展谋划了方向和路径，奠定了古巴社会主义"可持续"发展的基础。从一定意义上说，"更新"将成为未来古巴经济社会发展的鲜明特色。古巴社会主义将在"更新"中不断发展、完善，古巴社会建设也将在"更新"中不断推进。

2018年4月，迪亚斯-卡内尔在当选国务委员会主席的就职演说中表示，他担任主席后，"将与所有的古巴革命者一起，遵循卡斯特罗的思想和听从劳尔的教导，继续执行古共'六大'和'七大'制定的纲领和政策，加快推进古巴经济社会模式的'更新';在坚持独立自主的外交政策的同时,努力使古巴的外交关系更加多元化"。他强调,"古巴不会接受外部强加给古巴的任何条件;他将加强集体领导,扩大人民的参政,加强团结,继续革命和建设繁荣、持续的社会主义"。①

2021 年 4 月,迪亚斯-卡内尔当选古巴共产党第一书记,接过了劳尔提出的"更新经济社会模式"的接力棒。迪亚斯-卡内尔年富力强、领导经验丰富,思想活跃,具有创新精神。一方面,他强调要坚持古巴共产党的领导,因为古巴共产党"才能确保人民团结和祖国统一"。② 另一方面,他积极推进经济社会模式更新,并提出一系列创新措施。他提出要以更大力度发展非公有制经济,更多引进外资,尽快废除双币制;重视文化教育,提出"科学技术是重要生产力";提出放宽互联网管制,加快国家信息化建设,扩大无线网络覆盖,让人民"通过网络推进改革";提出开展全方位外交,恢复发展与拉美国家关系。古共"八大"通过的《2021~2026 年党和革命的经济社会政策指导方针》,提出了在美国对古巴封锁和疫情压力下,有助于该国发展的优先事项,着重指出了提高粮食生产、货币整改等内容,以此为未来五年的工作确定方向。

古巴经济社会模式更新正处于攻坚克难的"关键期"。但我们有理由相信,在古巴共产党领导下,古巴一定能够解决当前面临的突出问题,社会主义将在更新中进一步巩固、发展,古巴社会建设也一定会在更新中不断进步,取得新的成果。

---

① 《古巴国家新领导人迪亚斯-卡内尔主席的历史使命》,人民网,http://world. people. com. cn/n1/2018/0620/c1002-30068677. html,2018 年 6 月 20 日。

② Díaz Canel, Díaz-Canel to the People of Cuba: United We Have Won! United We Will Win! http://en. granma. cu/cuba/2019 - 12 - 23/diaz-canel-to-the-people-of-cuba-united-we-have-won-united-we-will-win,2019-12-23.

结　论

古巴 60 多年社会建设的实践，取得了巨大成就，彰显了社会主义制度的优越性，为发展中国家如何在生产力水平不高、社会财富并不丰裕的条件下改善民生提供了宝贵经验。特别是苏联解体以来，古巴在极端困难时期，创新社会建设理论，调整社会建设政策，继续推进社会建设的实践，为发展中国家特别是社会主义国家加强社会建设提供了借鉴启示。客观认识古巴社会建设的历史性成就，全面总结古巴社会建设的特点与经验启示，具有十分重要的现实意义。

第一节　古巴社会建设的主要特点

古巴是经济文化相对落后的发展中国家，走出了一条具有古巴特色的社会建设之路。纵观古巴 60 多年社会建设历程，其主要特点如下。

一　始终高举"公平正义"旗帜

公平正义是马克思、恩格斯设想的未来社会建设必须秉持的价值准则。列宁在领导俄国革命和建设的过程中，把推翻沙皇专制制度、实现社会公正平等作为布尔什维克的根本任务。卡斯特罗在领导古巴革命和建设的实践中，坚持以马克思、恩格斯、列宁关于公平正义的理论和马蒂关于平等正义的思想为指导，既把实现社会公平正义作为通过革命手段推翻巴蒂斯塔独裁统治的直接动因，也把实现公平正义作为社会建设必须遵循的价值原则。纵观古巴社会建设的历程，高举"公平正义"旗帜，始终坚持和努力实现公平正义，是其突出特点。

古巴革命胜利后，卡斯特罗矢志不渝坚持对公平正义的探索与追求，并将其作为社会建设的价值目标，落实到各项具体实践中。古巴革命胜利不久，革命政府就采取了一系列措施，改变过去的社会不公状况，以体现社会公平正义。政府宣布降低房租和电费，帮助鼓励公众就业；改善教育和医疗条件；实行土地改革，让无地或地少的农民分得土地；实行国有化，将所有银行和大企业收归国有；面对美国经济封锁，对居民生活必需品实行平均分配，满足每个公民最基本的生活需要。

在社会建设过程中，古巴党和政府积极推进公平正义基础上的各项社会事业。1961 年，古巴政府颁布《教育国有化法》，确定国家实行免费教育，保证了古巴人民享有平等接受教育的权利；为使人民享有平等健康权利，古巴革命胜利后不久，就宣布实行"免费医疗"政策，建立起完善的医疗卫生保健系统和家庭医生制度，做到了哪里有人民需要，哪里就有医生；革命胜利之初，古巴就着手改革旧的社会保障制度，逐步建立起覆盖全民的社会保障制度，特别是儿童、退休人员、残疾人士等弱势群体的合法权益和平等权利得到保障；为保证人民的居住权利，改变住房不合理的现象，古巴及时调整住房政策，努力为人民提供住房，做到"居者有其屋"。

在"特殊时期"，国家面临重重困难，古巴党和政府更加强调公平正义的重要性。卡斯特罗多次强调，社会主义基本原则不能动摇，古巴将誓死捍卫社会主义。

进入"更新经济社会模式"时期，古巴在坚持公平正义原则的同时，不断深化对社会主义公平正义原则的认识。劳尔指出"社会主义意味着社会公正和平等，是权利和机会的平等，而不是收入平等"，[①] 他还指出："社会主义意味着所有公民权利的平等和机会的平等，不会有任何人得不到保护，但不搞平均主义。"[②] 他认为平等不是平均主义，平均主义归根到底也是一种剥削。因此，他提出要改变一些传统思想观念，特别是将"包办主义"、"理想主义"和"平均主义"视为社会主义的公平公正观念必须改变。

[①] 转引自王承就、王莹瑛《劳尔·卡斯特罗的社会公平思想》，《西南科技大学学报》（哲学社会科学版）2014 年第 2 期，第 3 页。

[②] 转引自徐世澄《古巴模式的"更新"与拉美左派的崛起》，中国社会科学出版社，2013，第 21 页。

始终高举公平正义旗帜，坚持在社会建设实践中体现公平正义原则要求，并在总结社会建设经验教训的基础上不断深化对公平正义的认识，是古巴社会建设的鲜明特点。坚持公平正义，反映了古巴社会建设的根本性质，对社会公平正义认识的与时俱进，是古巴共产党对古巴社会建设规律认识深化的表现，更准确地揭示了社会主义公平正义的本质要求，更有利于在古巴社会建设中坚持和实现公平正义。

二　努力"为每个公民提供福利、幸福"

在发展经济的基础上不断改善民生，是社会主义建设的根本目的，也是社会建设的根本任务。1917 年十月革命胜利后，马克思列宁主义得到广泛传播。在马克思列宁主义指导下，自 20 世纪四五十年代起，多个国家取得社会主义革命胜利、建立社会主义制度，社会主义呈现蓬勃发展态势，但 20 世纪 80 年代末 90 年代初，苏联东欧社会主义国家发生和平演变，社会主义发展陷入低谷。世界社会主义曲折发展的历程证明：无产阶级政党必须把保障和改善民生作为根本任务，否则社会主义革命和社会主义建设事业就会走弯路，甚至遭受重大损失。东欧剧变、苏联解体的一个深刻教训，就是忽视改善民生，使人民动摇了对社会主义的信念和对党的领导的信任。而古巴能在美国的长期遏制、打压、围困下坚持社会主义制度，坚持党的领导，一个重要原因就是其注重在公平正义基础上尽力保障和改善民生，从而赢得了人民群众的信任和支持。

不断改善民生是卡斯特罗社会建设思想的核心内容。卡斯特罗曾指出："社会主义就是为每个公民提供福利、幸福。"[1] 古巴革命胜利后，虽然国际国内形势不断发生变化，但古巴共产党始终关注并着力改善民生，并将"为每个公民提供福利、幸福"视为古巴社会主义的本质要求和党的执政原则。

革命胜利之初，古巴就把教育、医疗、就业、住房、社会保障等涉及民生的重大问题作为社会建设的重中之重，采取切实措施，认真加以解决。古巴的"全民免费教育"制度，使教育扩展到古巴"最边远的角落"，"使每一

---

[1]　〔古〕萨洛蒙·苏希·萨尔法蒂编《卡斯特罗语录》，宋晓平等译，社会科学文献出版社，2010，第 261 页。

个古巴人都能在适宜的生活环境中发展其聪明才智和培养出健壮的体魄";①古巴的"全民免费医疗"制度,为每个公民提供了基本的医疗保障,提高了人民的健康水平;古巴的积极就业政策,保证了劳动者的就业权利;古巴全面的社会保障制度,为人民编织了基本的生活保障"安全网";古巴的住房制度,保障了人民最基本的居住需求。

　　1991年苏联解体后,古巴经济遭遇困难,社会主义发展进入"特殊时期"。正如卡斯特罗在《卡斯特罗访谈传记:我的一生》中所述,"当那个大国在一天之内崩溃时,我们国家遭受了一次毁灭性的打击。我们陷于孤立、无援。我们的糖失去了所有的市场,我们得不到粮食、燃料,乃至为死者举行宗教葬礼所需的木材……所有人都认为:要垮台了"。② 与此同时,美国加强禁运,意图趁机扼杀古巴社会主义。面对如此困难,卡斯特罗强调,古巴"决不会遗弃一个人,决不让一个人流落街头,无衣无食,没有工作,不关闭学校和医院,不提高物价"。③ 在1997年召开的古共"五大"上,他又强调,古巴今后在教育、医疗、社会保障等涉及民生的领域依旧不收取任何费用,这些是国家无偿给予人民群众的基本福利,人民的基本福利不会改变。"特殊困难时期",古巴党和政府践行了承诺,人民享有的免费教育、医疗、社会保障等福利没有变,随着经济形势的好转,国家还增加了民生领域的投入。

　　"更新经济社会模式"时期,古巴进行了结构性改革。劳尔强调,"满足人民的基本需要是古巴当前的要务"。④ 他多次提出,党和政府的首要任务是在推动社会经济发展的基础上,不断满足人民的物质和文化需要。2011年4月古共"六大"通过的《党和革命的经济社会政策纲要》再次强调,古巴共产党将坚持改善民生,人民的基本福利不会改变,古巴人民将继续享受免费教育、免费医疗、社会保障等基本民生权利。

　　古巴共产党在领导古巴社会主义建设过程中,不论国际国内形势发生如何变化,不管经济社会面临多大困难,始终注重改善民生、"为民造福",是

---

① 转引自毛相麟《古巴社会主义研究》,社会科学文献出版社,2005,第172页。
② 〔古〕菲德尔·卡斯特罗、〔法〕伊格纳西奥·拉莫内:《卡斯特罗访谈传记:我的一生》,中国社会科学院拉丁美洲研究所组织翻译,中国社会科学出版社,2008,第327页。
③ 转引自中共中央党校党建教研部课题组《古巴共产党密切党群关系的基本做法和经验》,《当代世界与社会主义》2006年第4期,第8页。
④ 转引自徐世澄《古巴模式的"更新"与拉美左派的崛起》,中国社会科学出版社,2013,第19页。

古巴社会建设的突出特点，也是古巴社会主义得以巩固、古巴共产党能够赢得人民支持的一条根本经验。

三　立足经济基础薄弱现实，坚持走"自己的路"

正确认识本国国情，制定符合国情的经济社会发展的方针政策，是一个国家执政党必须面对的现实课题。1959 年革命胜利后，支撑古巴社会发展的经济基础非常薄弱。但古巴党和政府紧紧抓住改善民生问题，在革命胜利伊始，就把解决教育、医疗、社会保障、就业、住房问题作为社会建设的主要任务，积极探索经济落后国家推进社会建设的新路子。当然，由于没有社会建设的现成经验，以及受当时国际共产主义运动特殊形势的影响，古巴共产党在领导社会建设的过程中，也曾出现过超越社会发展阶段、脱离古巴国情、凭"理想主义"决策的失误。20 世纪 60 年代，古巴曾提出要在几年之内，"把古巴人民的生活水准提高到美国人和俄国人之上"，"达到高于一切国家的生活水准"。[1] 这种"冒进"，从动机上看，是想尽快提高人民的物质文化生活水平，但实际上脱离了古巴社会建设的现实基础。总结"理想主义"的经验教训，从 70 年代开始，古巴开始纠正急躁冒进和"教条主义"的错误，提出古巴要学习其他社会主义国家的经验，但必须结合古巴的实际予以改造。卡斯特罗特别强调，不能抄袭其他国家社会主义建设的模式，"每一个国家应该使自己的纲领、方法和策略适合本国的特点"。[2] 古巴将继续"寻找自己的道路、自己的办法"。[3] 走"自己的道路"，用"自己的办法"进行社会建设，就是立足本国国情，从本国经济基础落后的实际出发，推进社会建设。

苏联解体后，卡斯特罗明确表示，苏联和东欧社会主义国家的改革不符合古巴国情，古巴不能选择苏联、东欧的模式。古共提出，改革要从古巴的具体国情和地缘政治条件出发，改革的目的是"改进这个国家的社会主义制度，而不是摧毁这个制度"。[4]

---

[1]　转引自姜述贤《古巴对社会主义道路的不断探索》，《当代世界与社会主义》2007 年第 1 期，第 23 页。

[2]　转引自姜述贤《古巴对社会主义道路的不断探索》，《当代世界与社会主义》2007 年第 1 期，第 23 页。

[3]　转引自肖枫《古巴压而不垮的奥秘》，《科学社会主义》2006 年第 3 期，第 114 页。

[4]　转引自肖枫《古巴在稳定的改革开放中巩固社会主义》，《当代世界社会主义问题》1997 年第 2 期，第 39 页。

古巴革命胜利以来，在社会主义发展的曲折进程中，古巴共产党不断深化对社会主义建设规律的认识，积极探索既符合马克思主义基本原理，又适应古巴国情的社会建设路径，社会建设取得巨大成就，作为一个经济文化相对落后的国家，古巴的社会建设达到了较高水平，走出了一条独具特色的社会建设之路。

古巴的全民免费教育，是以教育公平为价值导向，由国家主办，全社会参与，与劳动相结合，不断改革、创新的独特教育发展模式，这一模式契合古巴国情，同时为经济文化相对落后的发展中国家发展教育事业提供了示范和经验。

古巴的全民免费医疗制度，特点是低成本、高效益、全民免费、医疗保障效果好，被联合国和世界银行誉为发展中国家的楷模。2004 年，世界银行在《世界发展报告》中，曾将古巴这种经济文化相对落后甚至没有经济增长也能保证国民健康的现象称为"古巴之谜"。① 其医疗卫生制度所以取得如此成果，与古巴坚持从本国实际出发，实行社会主义计划经济的医疗体制有直接关系。政府根据人口设定所需医生的数量，通过医学院招募和培养医生，再把医生配置到整个医疗体系中去。对医疗卫生所需经费，通过国家计划进行安排。即使在苏联解体、古巴经济社会发展陷入困境时，古巴党和政府也没有因为经济下滑引起财政困难而急于"甩包袱"，同时，也没有因为苏联东欧国家转向"市场经济"，而对医疗实行市场化，以图提高医疗效率。

古巴的社会保障制度，从创建之日起就立足于古巴的国情，实现了全国统一。同时，随着国情的变化，社会保障覆盖面不断扩大，实现了全民保障、全面保障。20 世纪 90 年代初，古巴处于"特殊时期"，失业问题突出，失业率曾高达 9.7%（1991 年）。古巴政府根据国内形势的变化，及时出台失业保障政策，为因企业关闭、改组而失去工作的工人提供必要生活保障，满足了每个人的基本生活需求。

古巴的住房保障制度，始终坚持以满足人民需求为导向，将住房作为政府提供的"公共服务"，而非"市场商品"，努力实现"居者有其屋"。对房屋的这种定位，需要国家巨大的财力支撑，尽管古巴经济实力并不雄厚，古巴对住房建设、分配政策也进行过改革调整，但以满足人民需求为导向的原

---

① 转引自张金霞《卡斯特罗社会建设的实践与探索》，《桂海论丛》2012 年第 4 期，第 44 页。

则没有变。

在社会治理方面，古巴共产党也坚持从本国实际出发，走自己的路。为团结广大信教群众，古巴共产党提出要深化对马克思主义宗教观的认识，找寻宗教和社会主义建设目标的共通之处，要求党内要消除宗教歧视思想，消灭对立情绪，可与宗教组织建立战略联盟，为国家和平和发展共同努力。为扩大党的群众基础，吸纳更多优秀人才进入党内，古巴共产党在入党条件上实现了突破，允许信教群众入党。这是古巴共产党从本国国情出发做出的战略决策，有利于党和国家事业，有利于社会和谐稳定。

四　发挥政府主导和计划经济的作用

从一定意义上看，社会建设不同于经济建设，社会建设并不直接创造经济价值，相反，社会建设需要以经济为基础，进行必要的投入。社会建设的水平与经济发展水平有直接关系，但这并不意味着经济发展水平高的国家，社会建设也必然处于发达的水平。社会建设水平受多方面因素的影响。古巴在社会建设过程中，立足于发展和改善民生，注意发挥政府主导和计划经济的作用是一个重要方面，这也是古巴社会建设的一个重要特点。

古巴革命胜利后，党和政府把发展教育、医疗、社会保障、住房事业作为社会建设的重中之重。在推进社会事业发展的过程中，政府发挥了主导作用。政府作为社会事业发展的"第一责任人"，履行计划、组织、协调、监管等职责，并由政府保证所需经费的投入。这种方式有利于集中国家力量，实现社会发展的目标。从古巴教育、医疗、社会保障、住房事业发展的进程及其成效看，政府主导发挥了决定性作用。即使在"更新经济社会模式"时期，古巴仍然强调政府的主导作用，坚持和巩固革命成果，继续实行免费医疗、免费教育、全面社会保障等民生政策，同时考虑国家经济状况，减少过度的社会开支和不必要的政府补贴。

与政府主导相联系，古巴坚持实行计划经济体制，充分发挥计划经济的作用。古巴走上社会主义道路后，在苏联等国专家帮助下，迅速建立了高度集中的计划经济，"对经济和各级工作实行严格的计划"。① 到 20 世纪 80 年代前半期，古巴一直全面实行计划体制。苏联解体后，卡斯特罗提出古巴要

---

① 〔古〕菲德尔·卡斯特罗：《卡斯特罗言论集》（第二册），人民出版社，1963，第 307 页。

"寻找一条新的道路"，但他强调古巴要坚持计划经济，同时要根据特殊时期的要求调整经济计划和经济工作的重点。1997 年古共"五大"通过的经济决议提出，"在经济指导中，计划将起主要作用，尽管在国家的调节下，已给市场机制打开了一个空间"。① "更新经济社会模式"时期，劳尔积极推进经济社会的结构性改革，但他强调"古巴经济的主要特征将是计划经济而不是自由市场"。② 古巴至今仍然坚持社会主义计划经济体制，将其作为配置资源、调节经济社会发展的基本手段。

在社会建设领域，政府主导，利用计划经济手段配置资源，一方面，可以利用政府力量使各项社会事业能够及时有效的推进；另一方面，利用计划手段，可以将资金资源重点配置到国家确定的重要事业中，并在一定程度上避免资本的逐利行为。古巴的这一做法，与苏联和东欧社会主义国家形成鲜明对比。东欧剧变、苏联解体后，经济体制发生根本转型，按市场化运作的社会事业受到极大冲击。特别是医疗的市场化改革，没有带来高效率的保健产出，不少国家出现人均预期寿命下降的情况，而古巴虽然深陷经济困境，很多人营养不良，但由于政府主导的医疗和社会保障行业不以追求"利益最大化"为目的，使群众生病能得到及时治疗，古巴的人均预期寿命并没有下降。

古巴发挥政府主导和计划经济作用推进社会发展的特点，是由古巴的具体国情所决定的。但这并不意味着其可以成为其他国家移植的现成模式，更不意味着社会主义国家不能建立社会主义的市场经济体制。正如邓小平所指出的："计划多一点还是市场多一点，不是社会主义与资本主义的本质区别。计划经济不等于社会主义，资本主义也有计划；市场经济不等于资本主义，社会主义也有市场。计划和市场都是经济手段。"③ 利用计划手段还是市场手段，根本取决于本国国情和现实需要。

五 发扬国际主义精神，社会建设成果惠及其他国家

古巴是发展中国家，经济实力并不雄厚，但古巴社会建设成就举世瞩目。1959 年革命胜利以来，古巴在加强社会建设、改善本国民生的同时，发扬国

① 转引自徐世澄、贺钦编著《列国志·古巴》，社会科学文献出版社，2018，第 152 页。
② 转引自徐世澄《劳尔·卡斯特罗有关古巴经济变革的论述和古巴经济变革的最新动向》，《当代世界》2011 年第 3 期，第 26 页。
③ 《邓小平文选》第 3 卷，人民出版社，1993，第 373 页。

际主义精神，积极援助其他国家，将社会建设的成果惠及其他国家人民，这也是古巴社会建设的一个重要特点。

教育是古巴社会建设的突出成果。20 世纪 70~80 年代，古巴利用本国教育优势，向亚非拉国家派出教职人员，承担教学任务，并协助当地修建学校。古巴还在自然条件优越的青年岛（Isle of Youth）上建立国际中学和高校，已招收百余个国家的数十万学生。1999 年，西班牙、葡萄牙及拉美多国的领导人齐聚古巴，庆祝古巴拉美医学院成立。拉美医学院的创立旨在为世界培养优秀的医务人员，致力于推动世界医学事业发展。医学院招生主要面向拉美地区和非洲国家，大部分是家境贫寒经济困难的学生，医学院向其提供奖学金和助学金。

医疗服务是古巴的国家名片。革命胜利不久，古巴就建立了国际救援医疗队，应阿尔及利亚政府邀请，派遣 56 名医生到该国，不计报酬服务 14 个月。随着医疗卫生事业的发展，古巴对外医疗援助不断增加。截至 21 世纪初，古巴在外医务人员总数超过 5 万人，到达近百个国家。古巴多次向遭受自然灾害和战乱的国家给予医疗援助。越南、叙利亚、安哥拉、埃塞俄比亚、智利、海地、秘鲁、亚美尼亚等亚非拉国家都受到过古巴的援助。1998 年，古巴倡议来自三大洲的 15 个国家进行国际医疗合作，联合开展《拉丁美洲和加勒比地区与亚洲的综合医疗服务项目》，共同帮助那些遭受飓风侵害的国家和人民。古巴第一个派出全科医生和专家学者到受灾地区进行医疗救助和灾后恢复工作。古巴还向疑难重症儿童提供专业诊疗服务，大力支持儿童白血病和淋巴瘤的研究治疗，并向世界儿童敞开大门。21 世纪初，古巴建立治疗中心，专门用于医治辐射受害儿童，世界各地儿童都可以来此医治。截至 2006 年，有近 2 万名儿童痊愈或症状得到缓解。古巴和委内瑞拉深入开展医疗合作，医疗服务主要面向贫困人口。根据一项南南合作专题研究报告[①]，2003 年，古委两国正式启动"社区里"免费医疗计划，该计划将委内瑞拉最贫困落后的社区作为试点，向其提供医疗服务，提高当地医疗水平，并逐步推广至拉美其他国家。古委两国发起"眼科奇迹计划"，2006~2016 年短短 10 年内，已为拉美数十万贫困人口免费做了眼科手术和配备眼镜，让患者重

---

① 参见 Carlos A. Romero, *South-South Cooperation between Venezuela and Cuba* (Special Report on South-South Cooperation, the Reality of Aid, 2010)。

见光明。2020 年以后，新冠肺炎疫情在全世界肆虐，许多国家医疗卫生体系不堪重负，古巴向包括意大利、委内瑞拉、尼加拉瓜和格林纳达在内的多个国家派出医疗队，支持这些国家抗击疫情。2020 年 3 月 30 日，澳大利亚共产党党刊《卫报》发表署名文章，高度赞扬古巴在抗击疫情中的国际主义精神。

古巴是世界体育强国，在增强全民身体素质方面也颇有经验。古巴牵头的"体育社区项目"，主要向拉美和非洲地区国家派遣体育专家，为运动员提供专业训练和指导。古巴还在这些国家偏远落后地区修建体育馆、运动场等场所，方便群众开展体育活动。

古巴国内房地产业虽然基础薄弱，起步较晚，但也坚持对外援建。20 世纪 70 年代古巴援建项目数量剧增，70 年代末期，参与海外建设的工人数占古巴建筑工人总和的 3%。"80 年代前期，古巴对 20 个国家派出了 3.3 万名建筑工人。"① 古巴还协助亚非拉国家改造建设学校、机场、道路等公共设施。2011 年，拉美地区启动"大住房使命计划"，旨在改善人民生活环境和居住条件，古巴是主要援助国之一。

古巴坚持无产阶级国际主义原则，积极履行推动世界共同发展的国际责任，同其他国家分享社会发展成果，既显示了社会主义制度的优越性，也扩大了古巴的国际影响，赢得了更多国际支持，为古巴打破美国的遏制封锁、巩固社会主义制度、推进社会建设创造了有利的国际环境。

第二节　古巴社会建设的总体评价

60 多年来，古巴社会建设走过了艰难曲折的发展之路，取得了举世瞩目的伟大成就。虽然在社会建设过程中出现过失误，当前社会建设也面临新形势、新矛盾、新问题，但总体上看，古巴社会建设的成就是主要的，这是分析评价古巴社会建设的基本立足点。

一　充分肯定古巴社会建设的伟大成就

1959 年革命胜利前，古巴曾是西班牙的殖民地，后又受到美国的控制。西班牙和美国的殖民统治，导致古巴经济结构单一，发展水平落后，社会建

---

① 毛相麟：《古巴社会主义研究》，社会科学文献出版社，2005，第 269 页。

设的基础薄弱。革命胜利后，古巴党和政府坚持推进以改善民生为重点的社会建设。经过 60 多年的发展，古巴社会建设取得巨大成就。由于前面章节在分析古巴社会建设过程时已分别对不同时期社会建设的主要成就进行过阐释，所以本节只从宏观上做简要总结。总体上看，古巴社会建设的成就主要表现在以下几方面。

第一，教育发展水平位居发展中国家前列。教育是古巴革命胜利后优先发展的民生事业。1959 年革命胜利前，古巴教育基础落后，资金短缺，资源匮乏，质量低下，普及率低。1958 年，全国只有 3 所大学，全国成人文盲率高达 37.5%，农村文盲率高达 53%。经过 60 多年建设，古巴已建立起涵盖学前教育、基础教育、中等职业教育、特殊教育、高等教育的完整的国民教育体系。古巴现已实行 12 年义务教育，2018 年平均预期受教育年限为 14.4 年，平均受教育年限为 11.8 年。全国适龄儿童入学率达 100%，初中、高中入学率均超过 95%。全国现有高等教育院校 67 所，在古巴 1100 万人口中，每 14 个人中就有一个是大学生；450 万就业人口中，平均每 6 人就有一人为大学毕业学历。目前古巴正实施高等教育普及计划。古巴的整体教育水平在拉丁美洲和加勒比地区处于领先地位，居于发展中国家前列，部分指标处于世界先进行列。

第二，医疗服务达到世界先进水平。医疗是古巴社会建设的重要着力点。革命胜利后，古巴党和政府把提高全民的健康水平作为重要战略任务，确立了"全民免费"原则和"医疗强国"目标，始终致力于医疗卫生事业发展。60 多年来，古巴已建立起较为完备的三级医疗卫生服务体系和家庭医生制度，人民享有从预防、诊疗、康复等全方位的医疗保健服务。健全的医疗服务体系，不仅满足了人民的基本医疗需求，而且提高了人民的健康水平。2018 年，古巴预期寿命达 78.7 岁，高于不少发达国家。古巴在拥有医生数量、病床数量、诊疗水平、医药研发等方面达到世界先进水平，多项指标处于世界前列。

第三，建立起完备的社会保障制度。社会保障制度是古巴社会主义制度的重要组成部分，也是古巴社会建设的重要内容。1959 年革命胜利后，古巴就着手对旧的社会保障制度进行改造，按照社会主义原则要求打造新的社会保障制度。1963 年古巴颁布第一部《社会保障法》；1979 年颁布新《社会保障法》及实施规定和补充条例；适应经济社会模式更新的需要，2009 年又颁布实施新的社会保障法。在 60 多年的发展过程中，古巴社会保障制度不断完善，保障对象不断扩大，保障内容不断丰富，在 20 世纪 80 年代就基本实现了"全民保障""全面保障"，而且随着经济社会发展，保障水平也不断提高。

第四，居民居住环境和条件得到根本改善。住房问题事关民生福祉。古巴党和政府把解决住房问题作为社会建设的一项重要任务，努力实现"居者有其屋"。革命胜利后，古巴实行住房分配制度，每户居民都可以得到政府分配的免费住房，而且房屋的修缮也是由政府负责，居民无须承担费用。60多年来，古巴虽然不断对住房建设、分配政策进行调整完善，特别是"更新经济社会模式"时期以来，古巴进行结构性改革，但保障人民基本住房需求的政策没有改变。总体上看，当前古巴住房仍然存在短缺问题，但居民的居住环境和条件得到根本改善。

第五，巩固了国家安全和制度安全的社会基础。古巴自革命胜利、走上社会主义道路以来，面临的国际国内环境错综复杂，特别是美国千方百计对古巴进行遏制打压，企图推翻古巴共产党领导、颠覆古巴社会主义政权。妥善应对严峻的国内外形势，巩固国家安全和制度安全，是古巴党和政府一项长期的战略任务。革命胜利后，古巴坚持推进以保障和改善民生为重点的社会建设，满足了人民学有所教、病有所医、老有所养、住有所居的基本民生需求，彰显了社会主义制度的优越性，增强了社会主义的凝聚力、吸引力，赢得了人民群众对党和社会主义的信任与支持，为古巴战胜各种困难挑战奠定了坚实的群众基础。同时，古巴党和政府不断加强和改进社会治理，通过进行意识形态斗争、发挥人民群众主体作用和基层组织自治作用、调动社会各方面积极性等举措，纠正社会认识和心理偏差，凝聚社会共识，形成社会合力，夯实了国家安全的社会基础。60 多年来，古巴社会主义能在逆境中发展，经受住各种风险考验，与古巴坚持推进社会建设并取得巨大成果有直接关系。

二 客观认识古巴社会建设存在的问题

古巴社会建设取得巨大成就，这是毋庸置疑的。但同时也要看到，古巴社会建设还存在一些矛盾、问题和不足。特别是随着时代的变化和模式"更新"的深入，古巴社会建设需要理念的变革和政策的调整，跟上时代潮流。客观分析古巴社会建设，其主要问题如下。

一是由经济发展水平所制约的民生质量有待提高。保障和改善民生，是社会建设的基本任务。当前，对古巴社会建设成果尤其是民生水平有两种截然不同的评价。一种观点是，古巴人民享有"从摇篮到坟墓"的充分福利，古巴社会是真正实现了公平正义的理想社会；另一种观点是，古巴在生产力水平落后的基础上实行平均主义，物资短缺，人民收入低，生活贫困。笔者认为，这两种观点都失之偏颇。

民生是一个综合性的范畴，衡量民生水平的标准并不单单是收入。教育发展、收入分配、医疗服务、社会保障、住房保障等都是反映民生质量的重要指标。客观上说，古巴人民享有较高水平的教育和医疗服务，全面的社会保障保证了人民基本的生活需求。同时，由于古巴实行双货币制度，单纯以货币收入衡量古巴人民生活并不全面。古巴的双币，指流通比索和可兑换比索。古巴国内日常生活和经济活动以流通比索结算，可兑换比索类似于我国当年的外汇券，与美元的兑换比率为1∶1，而可兑换比索与流通比索的市场兑换比率约为1∶24。据世界银行数据，2018年古巴国内生产总值按官方汇率为1000.23亿美元，[①] 人均8831.9美元，[②] 按市场汇率，国内生产总值为41.68亿美元，人均约368美元。根据古巴2016年的统计年鉴，2016年职工月均工资为740比索，按市场汇率约30.8美元。[③] 两种货币制，造成按不同汇率计算的人民收入的巨大差异。如果单纯按市场汇率计算，古巴人均收入显然不高，但这并不能准确反映人民的实际生活水平。古巴的教育、医疗是免费的，社会保障费用也基本由国家负担，古巴约90%的城市居民拥有国家提供的住房，需要租房的人支付的租金也很低。革命胜利后，古巴长期对城市居民的基本消费品实行定量低价供应，国家对定量供应的食品和日用必需品给予高额补贴，再加上古巴公用事业（如水、电、煤气、交通等）的费用也较低，这样看，群众的生活成本并不高，人民享有国家提供的教育、医疗、住房、养老等基本生活保障。

① GDP（Current US＄）-Cuba，https：//data.worldbank.org/indicator/NY.GDP.MKTP.CD？locations=CU.

② GDP Per Capita（Current US＄）-Cuba，https：//data.worldbank.org/indicator/NY.GDP.PCAP.CD？locations=CU.

③ 参见《2019年古巴物价生活水平及工资标准一览》，趣财经网，https：//www.qcaijing.com/invest/haiwai/4172.html。

　　需要说明的是，古巴已对双币政策进行了改革。自 2021 年 1 月起，古巴实施货币和汇率并轨，取消"可兑换比索"，将比索作为唯一货币，并采取固定汇率，将汇率定在 24 比索兑 1 美元。这对稳定发展古巴经济、改善人民生活将发挥积极作用。

　　不可否认，由于多方面因素制约，当前古巴经济发展的成果并不理想，社会生产力水平不高，商品供应还不充足，不少物品短缺。2019 年 5 月，古巴还宣布配给供应部分生活必需品，一些紧缺物资需要凭票兑换。这表明古巴人民的生活还不富足，生活质量还不够高。因此，客观分析古巴社会建设，既要肯定其历史性成就，也要看到由生产力发展水平所制约的人民生活质量需要进一步提高。在发展经济的基础上不断提高人民生活水平，这既是古巴社会建设的重要目的，也是当前古巴共产党面临的迫切任务。

　　二是以"平均主义"为导向的民生政策影响社会建设的效率和水平。公平正义是社会主义的价值追求，古巴在社会建设伊始，就将公平正义确立为必须遵循的基本原则。但由于古巴党和政府对公平正义的认识存在偏差，在很长一段时期内将公平正义与平均主义相混淆。革命胜利后，古巴实行平均主义的工资制和配给制。工农之间、城乡之间、脑力劳动者和体力劳动者之间工资收入差距很小，1968 年，古巴取消了工资级别，鼓励群众凭觉悟劳动；居民所需生活资料由国家配给，居民凭"本"购买基本生活必需品。20 世纪 70 年代卡斯特罗提出对分配制度进行改革，强调按需分配是不切实际的，要实行按劳分配。从 1980 年起，古巴实行新的工资制度，增加工资级别、扩大级差，提高技术人员和领导干部的最高工资额。20 世纪 90 年代中后期，古巴开始打破工资制度上的平均主义，收入形式出现多样化趋势，同时通过税收、价格、减少补贴等方式，调节收入分配，防止收入差距过大。2008 年，劳尔正式执政后，改革工资制度，实行"按劳取酬"，强调根据工作业绩和效益支付工资，并逐步增加了职工工资。2011 年召开的古共"六大"正式决定逐步取消自 1962 年就开始实行的"配给制"。2016 年，古共召开"七大"，强调古巴将继续坚持全民免费医疗和教育，同时要提高经济各部门的效率、效用、竞争力和质量。古巴虽然认识到社会建设中存在的平均主义问题，并着手解决，但从根本上改变长期形成的"平均主义"政策是一个艰难的过程。目前来看，古巴的民生政策仍然带有一定的"平均主义"色彩。

　　同时，也要看到，古巴的民生质量、民生改革方面所存在的"平均主义"并不完全是由其自身造成的，更大程度上是在美国持续 60 年的封锁与古巴政权为生存而斗争这一基本前提下产生的，在很多情况下古巴的选择余地不大。

一个国家经济的发展，受多种因素的影响。生产效率在很大程度上决定经济发展的成果。"平均主义"政策导向的直接后果是忽视生产效率，而生产效率低下，难以有效推动经济的发展。当前，古巴经济发展缓慢，除了美国的遏制封锁，长期的"平均主义"导向使经济缺乏效率与活力也是重要原因。从形式上看，古巴的"平均主义"政策体现了公平正义原则，但经济的落后，又在一定程度上制约了社会建设的发展与成效。由于生产不足，生活物资匮乏，居民除了购买国家定量供应的基本生活必需品外，若要购买农贸市场上的物品，甚至是黑市上的物品，就要付出更高的生活成本。古巴的教育、医疗虽然实现了全民免费，但由于财力的限制，国家对教育基础设施的投入不足，许多学校的教学设施年久失修。古巴的医疗服务水平虽然较高，但也存在设施设备陈旧、药品短缺等问题。古巴的社会保障实现了全民保障、全面保障，但受经济发展水平的制约，其保障水平还不够高。古巴住房建设由于受资金不足等因素的制约，还存在较大供应缺口，一些陈旧的房屋不能得到及时修葺，对居民居住环境造成一定影响。

三是由国家财政支撑的民生保障体系面临巨大压力。古巴社会建设的突出成就是实现了全民免费教育、免费医疗和全民全面社会保障，而教育、医疗、社会保障事业的发展是以国家财政支持为基础的。长期以来，随着各项社会事业的发展，政府对教育、医疗和社会保障的投入不断增长。2016 年 12 月 27 日，古巴财政与价格部部长丽娜·佩德拉萨发布消息称，古巴 2017 年度 51% 的财政预算将用于医疗卫生、教育和社会保障领域。[①] 如此之高的国家投入，使古巴已符合世界高福利国家的特征，但古巴经济发展水平与高福利国家相距甚远。特别是美国的遏制封锁，不仅给古巴造成巨大经济损失，而且严重影响了古巴经济的发展。2019 年，古巴经济增长率只有 0.5%，低于 1.5% 的预期。古巴作为发展中国家，经济实力并不雄厚，当前经济发展

---

① 参见驻古巴经商参处《古巴 2017 年财政预算将优先保证医疗卫生、教育和社会保障》，"鄂企聚航"综合服务平台，http://hubei. investgo. cn/http://hubei. investgo. cn/country/country-news/detail/399080，2017-01-04。

又出现新的矛盾和困难，国家财政支撑的社会民生体系面临可持续发展的巨大压力。面对困难，古巴已明确表示不会改变免费教育、免费医疗制度。虽然 2009 年古巴新颁行的《社会保障法》原则上要求所有劳动者缴纳一定的社会保障费用，但迄今还没有出台具体的缴费比例规定。目前，古巴庞大的福利性开支基本上还是由国家财政负担。

古巴坚持保障和改善民生，体现了社会主义的本质要求，显示了社会主义制度的优越性。但保障和改善民生要与经济发展相协调相统一。古巴的全民免费教育、免费医疗和全面社会保障是以国家财政支持为基础的，在国家财力并不雄厚的条件下，财政的投入往往难以完全保证社会建设各领域正常发展需要，造成不同领域之间发展不平衡、不充分、不协调。而对社会建设领域的大量投入，也影响到国家其他领域的发展特别是经济的可持续发展，最终又会制约社会领域的发展。

三 古巴社会建设的历史启示

古巴社会建设历经 60 多年风雨历程，取得了很大成就，积累了丰富经验，但也存在一些矛盾和问题。古巴社会建设的经验得失，为社会主义国家如何进行社会建设提供了深刻的历史启示。

（一）要在社会建设实践中不断丰富发展马克思主义社会建设理论

马克思主义是社会主义建设的理论基础，是无产阶级政党的指导思想。一个国家、一个政党如果不坚持以马克思主义为指导，就不是真正的社会主义国家、真正的无产阶级政党。

马克思主义关于社会建设的思想是马克思主义的有机组成部分，是社会主义社会建设的理论指南。古巴革命前，卡斯特罗在长期革命斗争中认识并接受了马克思主义，成长为坚定的马克思主义者。在社会建设过程中，卡斯特罗始终强调马克思主义的指导作用。卡斯特罗曾表示："我绝对相信马克思主义"，并强调"当我们不得不更多地面临革命和阶级斗争的现实，在革命的舞台上亲身体会阶级斗争的现实意义时，我们就更加相信马克思和恩格斯所写下的真理以及列宁对科学的社会主义所作的真正天才的解释"。① 1975年，古共"一大"通过的古巴共产党基本纲领明确规定了马列主义的指导地

① 〔古〕菲德尔·卡斯特罗：《卡斯特罗言论集》（第二册），人民出版社，1963，第 246 页。

位。1976 年 2 月，古巴全国人民政权代表大会通过的《古巴共和国宪法》规定，古巴共产党是马克思列宁主义的工人阶级的先锋队组织。① 苏联解体后，卡斯特罗提出了"誓死捍卫马克思列宁主义""誓死捍卫社会主义"的口号，表明了坚持马列主义的鲜明立场。

理论来源于实践，又在实践中得以检验、完善和发展，从而更好地指导实践。古巴是在经济文化比较落后的基础上进行社会建设的，社会建设的条件和环境与马克思、恩格斯设想的未来社会有着很大的不同。古巴共产党和卡斯特罗在强调坚持马克思主义指导作用的同时，注重把马克思主义关于社会建设的思想与古巴社会建设的实际结合起来，创造性地运用于社会建设的实践，形成了具有古巴特色的教育发展、医疗卫生、社会保障、住房建设、社会治理模式，推动古巴社会建设达到较高水平。客观上看，古巴社会建设的实践丰富了马克思主义关于社会建设的思想内容，但古巴共产党没有形成关于古巴社会建设的思想理论体系。卡斯特罗提出了古巴社会建设必须遵循的基本原则、基本目的、基本任务，指导古巴社会建设不断发展，但也没有在实践中形成对社会建设理论进一步丰富发展的系统理论成果。古巴共产党和劳尔已经认识到，古巴缺乏对社会主义建设理论创新和实践创新的总结。2016 年召开的古共"七大"强调要推进理论发展和创新，提出社会主义"概念化"的要求。社会主义"概念化"，就是对古巴历史、革命、文化、精神等思想和实践进行全面系统的分析、总结、提炼，形成古巴特色的社会主义理论体系，以更好地指导古巴社会主义建设。

推进实践基础上的理论创新，是无产阶级政党领导社会主义革命和社会主义建设不断取得胜利的根本保证，也是永葆马克思主义生机和活力的内在要求。回顾世界社会主义革命和社会主义建设的发展历史，无产阶级政党在对待马克思主义的指导问题上，曾有过失误等教训。如教条主义地对待马克思主义，凡事要从经典作家的著作中寻找答案；机械僵化地对待马克思主义，不能把马克思主义的基本原理与本国国情相结合，没有在实践中发展马克思主义。

当前，国际共产主义运动面临新形势下的新挑战。推进社会建设，不断改善民生，保持社会安定有序，是社会主义国家面临的共同任务，古巴社会

---

① 参见王承就《古巴共产党建设研究》，博士学位论文，南开大学，2010，第 88 页。

建设为其他国家进行以改善民生为核心的社会建设提供了宝贵经验，需要认真学习借鉴。同时，在社会建设过程中，要始终坚持以马克思主义为指导，切实把马克思主义关于社会建设的思想贯彻到本国社会建设的具体实践中去，并不断总结实践发展和理论创新的成果，形成具有本国特色的社会建设理论体系，丰富发展马克思主义社会建设的思想，用以指导新的实践。这既是古巴社会建设给各个社会主义国家的借鉴启示，也是不断开创马克思主义发展新境界的现实要求。

（二）要推动社会主义全面发展全面进步

领导人民群众建设社会主义，是无产阶级政党的历史任务。推动社会主义发展，是一项复杂的系统工程，只有统筹谋划、整体推进，才能实现社会主义的协调发展、全面进步。

历史唯物主义认为，任何社会形态都是同生产力发展的一定阶段相适应的经济基础和上层建筑的统一体，其内部各个组成要素之间相互依赖、相互联系、相互作用，共同推进人类社会由低级向高级发展。如果内部各组成要素出现失衡，则会影响和制约社会发展，甚至会引发社会矛盾，导致社会革命。

社会主义社会是由社会主义经济基础和上层建筑构成的统一体，其构成要素涵盖经济、政治、文化、社会、生态等多个方面。因此，社会主义建设必须从社会主义社会各构成要素入手，整体推进各方面建设。

从古巴社会主义建设的实践看，古巴共产党在高度重视社会建设的同时，在经济建设、政治建设、文化建设和生态文明建设方面也取得积极成果。特别是古巴注重改善民生，体现了社会主义的本质要求，值得社会主义国家学习借鉴。但基于社会主义全面发展的需要和中国等国家社会主义建设的实践经验，在加强社会建设的同时，也要整体推进社会主义经济建设、政治建设、文化建设、生态文明建设，使社会建设与其他领域建设相协调，与整个社会主义建设的整体推进相统一，只有这样，才能实现社会主义的协调发展，社会建设也才能获得可持续的发展动力。纵观古巴社会主义建设的历程，可以发现，古巴突出社会建设，取得了举世瞩目的成就，而其他领域的建设相对于社会建设而言，虽然也取得一定成果，但与社会建设相比，不够平衡、协调。特别是古巴经济由于受多种因素影响，发展成效并不明显。古巴经济计划部部长亚历杭德罗·希尔 2019 年 12 月 17 日表示，由于全球经济不确定性增加，特别是美国政府不断加强对古巴的经济、金融封锁和贸易禁运，2019

年古巴经济增速预计为 0.5%，低于此前 1.5% 的预期。① 经济的低迷，必然对社会建设的进一步发展形成一定制约，对其他领域的建设也会造成影响。

"什么是社会主义，怎样建设社会主义"，是当今社会主义国家所面临的共同课题。中国共产党在推进中国特色社会主义伟大事业的实践中，不仅回答了这个共同课题，而且回答了"新时代坚持和发展什么样的中国特色社会主义，怎样坚持和发展中国特色社会主义"这一时代课题，并揭示了社会主义建设总体布局之间的相互关系，认为经济建设是根本，政治建设是保证，文化建设是灵魂，社会建设是条件，生态文明建设是基础。只有坚持"五位一体"建设全面推进，协调发展，才能形成经济富裕、政治民主、文化繁荣、社会公平、生态良好的发展格局，这样，才能实现社会主义全面发展全面进步。

总结古巴社会主义建设的历程，借鉴中国社会主义建设的实践经验，社会主义国家在社会主义建设过程中，必须抓好社会主义各领域建设，使社会主义各有机组成部分都得到发展，推动社会主义全面发展全面进步。这是古巴社会建设给各个社会主义国家提供的重要启示。

（三）要协调推进经济发展和社会建设

社会建设是一个历史性范畴。在不同社会制度下，社会建设的内涵、要求、目的、手段有着根本不同。从一般意义上看，社会建设涉及社会生活的各个方面。中国社会建设主要聚焦"民生事业"和"社会治理"两大领域。发展民生事业目标是满足人民美好生活需要，而加强社会治理目标是确保社会既充满活力又和谐有序。因此，从社会建设的属性看，社会建设是在生产力发展的基础上，公平合理地分配好财富，并通过发展各项社会事业和提供公共服务，保障人的全面发展，实现社会和谐安定有序，人民群众安居乐业。

社会建设的属性决定了社会建设与生产力发展的内在联系。生产力发展水平在很大程度上决定着社会建设的程度和水平。马克思和恩格斯曾指出，未来社会主义社会，生产力的发展是"绝对必需的实际前提"，否则，就只会有极端贫困的普遍化。生产力发展水平影响和制约着社会建设，但并不意味着生产力水平发达的国家，社会建设就能达到相应的发达水平，社会公平

---

① 参见《2019 年古巴经济增速预计为 0.5%》，人民网百家号，https://baijiahao.baidu.com/s?id=1653233999322681681&wfr=spider&for=pc，2019 年 12 月 18 日。

正义就能得到充分体现；而生产力欠发达的发展中国家，社会建设就不可能达到较高水平。由生产力和生产关系的矛盾运动所决定，不同生产关系和社会形态下，生产力发展的结果是有很大不同的。在一部分人占有另一部分人劳动的私有制社会，生产力发展的成果为少数人所占有，被剥削者不可能充分享有社会发展的成果。只有在消灭了人剥削人的制度、实现了人人平等的社会中，每个人才能公平享受社会发展的成果。事实上，古巴作为一个发展中国家，发挥社会主义制度的优势，集中力量发展社会事业，已经用社会建设的辉煌成就，为生产力发展水平比较低的发展中国家如何更好地保障和改善民生提供了鲜活的范例。但这并不意味着社会建设可以脱离生产力水平孤立地发展，社会建设最终还是以经济建设为基础的。无产阶级政党必须把发展生产力作为根本任务，这是马克思列宁主义的一个基本原理。

古巴是发展中国家，现代化水平不高，经济结构比较单一，且长期受到美国封锁禁运制裁，经济发展困难重重。古巴共产党自执政伊始就把保障和改善民生作为执政要务，致力于构建学有所教、病有所医、老有所养、住有所居的公平社会，实施全民免费教育、免费医疗和全面的社会保障制度。即使在"特殊时期"，古巴共产党也千方百计克服困难，保障民生。经过60多年的建设和发展，古巴建立起了较为完备的教育体系和医疗卫生体系，社会保障覆盖率高达100%，其教育和医疗水平不仅在发展中国家位列前茅，而且超过了不少发达国家，在某些领域处于世界先进水平。

古巴创造了发展中国家社会建设的奇迹，但随着国际国内形势变化，古巴社会建设也面临诸多矛盾和问题。其中最突出的问题是由于生产力发展水平不高，国家财力不够雄厚，国家在维持庞大的社会福利性开支方面面临越来越大的压力，财政不堪重负，如果不加快发展社会生产力，社会建设就会受到影响，甚至难以为继。古巴共产党总结实践经验，强调社会主义发展是不可逆转的，要发展和完善社会主义，必须更新经济社会模式，而模式更新的目的是发展经济。1992年10月召开的古共"五大"，强调"经济具有头等重要的意义"，"芸豆比大炮重要"，"没有效益就不是社会主义"。2008年，劳尔在古共五届六中全会上，又强调把粮食生产作为党的主要任务，切实把党和政府工作重心转移到经济建设上来。这表明，古巴共产党已清醒认识到经济建设对社会建设的重要影响，把发展生产力放到了更加突出的地位，这也是古巴社会建设的一条重要借鉴启示。

当今世界，中国、越南、朝鲜、古巴、老挝五个社会主义国家，都是在经济比较落后的基础上建立社会主义制度的。经过社会主义制度建立以来的发展，生产力水平有了极大提高。中国已成为世界第二大经济体，中华民族实现了从站起来到富起来、强起来的飞跃，其他国家社会主义建设也取得重大成就。但从总体上看，现有社会主义国家仍然都是发展中国家，中国仍然处于并将长期处于社会主义初级阶段的基本国情没有变。对包括中国在内的所有社会主义国家而言，推进经济发展、保障和改善民生、保持社会和谐稳定，是当前和今后很长一段时间所面临的共同任务。借鉴古巴在经济基础薄弱条件下发展民生事业的经验，同时，坚持把发展生产力作为党和国家根本任务，正确处理经济发展和社会建设的关系，"在发展经济的基础上不断提高人民生活水平"，[①] 是推进本国社会主义发展的根本路径，也是振兴世界社会主义运动的现实需要。

（四）要妥善处理公平与效率的关系

公平正义是社会主义国家社会建设的价值追求，是社会主义优越性的具体体现。1959 年古巴革命胜利后，古巴党和政府坚持公平正义原则，在社会建设过程中积极推进实现社会公平正义，人民的平等权、教育权、劳动权、健康生存权等得以保障，实现了古巴人民权利和机会的平等。但从历史的角度看，古巴在社会建设过程中的一些政策措施带有平均主义色彩。例如，生活用品凭本定量供应，没有考虑个人贡献大小、身体状况以及实际需要；收入分配方面，国家虽然规定实行按劳分配的原则，但实际上并没有切实做到按劳分配；劳动者劳动数量和质量的差别并未在分配中体现，而是实行固定工资制；等等。

公平与效率是社会主义社会建设过程中必须妥善处理的一对矛盾关系。社会主义必须坚持公平原则，同时社会主义建设也必须讲效率，要准确把握公平与效率的均衡性，实现公平与效率的相辅相成、相互促进。在社会主义社会，公平和效率是相互影响、相辅相成的。效率是发展的重要动力，是实现公平的物质基础和根本保障。没有效率，社会生产力就难以得到有效发展，社会财富就不可能大量增加，而公平是效率的必要条件和力量源泉。坚持社

---

① 中共中央文献研究室编《习近平关于社会主义社会建设论述摘编》，中央文献出版社，2017，第 4 页。

会公平，才能充分调动全社会的积极性、创造性，推进社会生产力发展。古巴在社会建设的过程中突出公平正义，但政策措施中所存在的平均主义，在一定程度上影响和制约了效率的不断提高。

在社会建设的实践中，古巴共产党认识到实际工作中存在平均主义问题，并着手予以解决。1996 年 8 月发表的古巴共产党《当前党的工作》的报告中提出："今后的工作基点是，不再实行平分财富。而将要严格按照劳动的数量与质量和所产生的社会效益来实行分配。"① 劳尔对过去平均主义的做法也进行了深刻反思，他认为，过去在对"平等"的认识上存在误区，把平等和平均主义画等号，实际上"平等不是平均主义，平均主义归根到底也是一种剥削"。② 劳尔强调，必须正确认识和妥善处理公平和效率的关系，为了公平而忽视效率，或者讲求效率而牺牲公平，都不符合社会主义的原则要求。社会主义的公平与效率相辅相成，不能偏废。基于对公平与效率关系的新认识，劳尔在担任古巴国务委员会主席后立即着手解决平均主义问题。先实行工资改革。改革的方向是把工资收入与生产效率联系起来，工资水平的提高必须考虑个人和各部门对国家经济发展的"贡献"。2011 年古共召开"六大"，"六大"进一步强调了正确处理公平与效率关系的重要性，把公平与效率的统一确立为古巴更新经济社会模式的根本指导原则。古共认为："通过提高劳动效率和生产力转变经济发展模式，在国家减少全盘补贴的条件下，能保证人民获得基本商品供给，维持稳定生产。"③ 劳尔在"六大"报告中也指出，处理好公平与效率的关系，既能推动生产力的发展，又能提高效率，更好地保证民生需要和服务供给。在重新审视公平与效率关系的基础上，古共六大通过的《党和革命的经济社会政策纲要》明确，古巴在继续保持医疗、教育、社会保障等方面的革命成果的同时，将减少或取消过度的社会开支。同时，纲要提出，国有部门将减员增效；放宽对非公经济的限制，充分发挥非公有经营在提高劳动效率中的作用；"增加工资，平均工资的增长幅度不

---

① 转引自肖枫《古巴在稳定的改革开放中巩固社会主义》，《当代世界社会主义问题》1997 年第 2 期，第 39~40 页。

② 《古巴领导人反对"吃大锅饭"》，凤凰网，https://news. ifeng. com/world/3/200807/0715_2592_652766. shtml，2008 年 7 月 15 日。

③ Raúl Castro, Central Report to the 6th Congress of the Communist Party of Cuba, http://en. cubade-bate. cu/opinions/2011/04/16/central-report-6th-congress-communist-party-cuba/, 2011-04-16.

能超过劳动生产率的提高幅度，减少不当酬金和过度的个人补贴"。① 2013 年
2 月，劳尔再次当选为国务委员会主席，他表示，在未来 5 年将继续沿着古
共"六大"确立的方针政策走下去，把古巴建设成为更加公平的而不是平均
主义的社会。

事实上，社会主义国家在如何对待公平与效率的关系上大多有过与古巴
相同的经历。中国也曾出现过将社会主义的公平原则简单理解为平均主义的
错误认识。党的十一届三中全会以来，在改革开放的过程中，党不断深化对
"公平与效率"关系的认识，从兼顾公平与效率到"效率优先、兼顾公平"，②
到"初次分配和再分配都要处理好效率和公平的关系，再分配更加注重公
平"，③ 到"着重保护劳动所得，努力实现劳动报酬增长和劳动生产率提高同
步，提高劳动报酬在初次分配中的比重"，④ 再到"坚持共享发展"，"朝着共
同富裕方向稳步前进"，⑤ 反映了中国特色社会主义发展变化对公平与效率关
系的新要求。古巴共产党对公平与效率关系的认识及其相互关系的调整，给
社会主义国家提供了经验借鉴，也为中国新时代推进社会建设，实现公平与
效率有机统一，提供了有益启示。

（五）要实现改善民生与社会治理的良性互动

社会建设是一项复杂的系统工程。推进社会建设，不仅要受到其他方面
建设的影响和制约，要做到社会建设与政治建设、经济建设、文化建设、生
态文明建设相统一相协调，而且也受到社会建设自身各环节的影响和制约，
社会建设自身各环节如不能协调推进、共同发展，社会建设也会受影响，甚
至走弯路。

社会建设内涵丰富，所涉领域非常广泛。从社会主义国家社会建设的实
践看，一般将社会建设分为两大方面：一是民生领域的建设和发展，二是社
会治理的健全和完善。改善民生与社会治理是相辅相成、相互影响、相互促
进的，两者统一于社会建设的实践。不断改善民生才能凝聚民心，为社会治

---

① 王承就：《古巴"更新经济模式"析评》，《社会主义研究》2011 年第 3 期，第 136 页。
② 《中共中央关于建立社会主义市场经济体制若干问题的决定》，人民出版社，1993，第 3 页。
③ 胡锦涛：《高举中国特色社会主义伟大旗帜 为夺取全面建设小康社会新胜利而奋斗——在
中国共产党第十七次全国代表大会上的报告》，人民出版社，2007，第 39 页。
④ 《中共中央关于全面深化改革若干重大问题的决定》，人民出版社，2013，第 45 页。
⑤ 中共中央文献研究室编《习近平关于社会主义社会建设论述摘编》，中央文献出版社，2017，
第 36 页。

理奠定社会基础；加强社会治理才能维护社会稳定，为改善民生提供良好条件。在进行社会建设的过程中，要妥善处理改善民生与社会治理的关系，坚持以改善民生为核心，满足人民不断增长的美好生活需要，同时要加强和改进社会治理，保持社会安定有序、充满活力，为改善民生创造安定环境。

纵观古巴60多年社会建设的历史，不难发现，古巴社会建设的着力点在民生领域，其成就和经验也主要集中在民生领域。古巴的全民免费教育、免费医疗、社会保障独具特色，国际社会给予广泛关注与高度评价。民生事业的发展，凝聚了民心，坚定了人民群众对社会主义的信念，增强了人民群众对古巴共产党的信任与支持，使古巴能够克服各种困难，打破美国的遏制、封锁，巩固社会主义制度，保持社会安全稳定。在社会治理方面，古巴党和政府也从实际出发，采取了许多行之有效的措施。例如开展思想斗争，凝聚社会共识；进行社会纠偏，发挥基层社会组织作用；调整宗教政策，团结更多社会力量。这些措施，对保证社会稳定和制度安全也发挥了重要作用。但总体而言，古巴没有形成系统的社会治理理论，也没有建立起完整的社会治理制度架构。从当前古巴社会治理的现实情况看，如何加强社会治理体系建设，提高社会治理能力，实现社会治理体系和治理能力现代化，使古巴既保持社会平安稳定，又使社会充满活力，正是古巴党和政府面临的一个现实问题。

社会治理是国家治理的重要方面，社会治理的水平影响国家治理的成效，必须予以高度重视。在社会建设过程中，要统筹改善民生与社会治理，实现两者的良性互动、共同发展。这也是古巴社会建设的重要启示之一。

苏联解体后，西方国家加紧对社会主义国家的遏制、打压、渗透，社会主义国家面临多方面的风险和挑战。如何防范化解风险，巩固社会主义制度，保持社会安定，是各个国家党和政府面临的现实课题。中国共产党自十八大以来，秉持"以人民为中心"的理念，坚持在发展中保障和改善民生，保证全体人民在共建共享发展中有更多获得感，不断促进人的全面发展、全体人民共同富裕；同时加强和创新社会治理，完善社会矛盾纠纷调处机制和社会治安防控体系，健全公共安全体制机制，构建基层社会治理新格局，完善国家安全体系，使社会治理体系更加完善，社会大局保持稳定，国家安全全面加强，实现了改善民生与社会治理的良性互动。

古巴在社会治理方面的启示和中国统筹改善民生与完善社会治理的经验，为其他社会主义国家在社会建设过程中如何实现改善民生与社会治理的良性互动提供了借鉴。只要各个国家始终坚持马克思主义的基本原理，坚持社会主义根本方向，在社会建设过程中将不断改善民生与完善社会治理有机结合起来，就一定能实现两者的良性互动，实现人民安居乐业、社会安定有序的社会建设目标，保证社会主义制度的巩固和国家的长治久安。

参考文献

第一类　马克思主义经典著作、党和国家领导人著作及中央文献

Díaz-Canel, "Among Revolutionaries, We Communists Go to the Fore," http://en. granma. cu/cuba/2021 - 04 - 27/diaz-canel-among-revolutionaries-we-communists-go-to-the-fore, 2021-04-27. [《迪亚斯-卡内尔在古巴共产党第八次全国代表大会上的中心报告》（2021 年）]

〔古〕菲德尔·卡斯特罗：《卡斯特罗言论集》（第一、二册），人民出版社，1963。

〔古〕菲德尔·卡斯特罗：《在古巴共产党第一、二、三次全国代表大会上的中心报告》，王玫等译，人民出版社，1990。

《列宁选集》（有关卷），人民出版社，2012。

《马克思恩格斯文集》（有关卷），人民出版社，2009。

《马克思恩格斯选集》（1~4 卷）人民出版社，2012。

Raúl Castro, Central Report to the 6th Congress of the Communist Party of Cuba, http://en. cubadebate. cu/opinions/2011/04/16/central-report-6th-congresscommunist-party-cuba/, 2011-04-16. [《劳尔·卡斯特罗在古巴共产党第六次全国代表大会上的中心报告》（2011 年）]

Raúl Castro, Central Report to the 7th Congress of the Communist Party of Cuba, http://en. cubadebate. cu/news/2016/04/18/7th-pcc-congress-central-report-presented-by-first-secretary-raul-castro-ruz/，2016-04-18. ［《劳尔·卡斯特罗在古巴共产党第七次全国代表大会上的中心报告》（2016 年）］

Resolution on the Guidelines of the Economic and Social Policy of the Party and the Revolution，http://www. cuba. cu/gobierno/documentos/2011/ing/l160711i. html，2011-04-18. ［《党和革命的经济社会政策纲要》（2011 年）］

《习近平谈治国理政》（1~4 卷），外文出版社，2014、2017、2020、2022。

《中共中央关于坚持和完善中国特色社会主义制度　推进国家治理体系和治理能力现代化若干重大问题的决定》，人民出版社，2019。

《中共中央关于全面深化改革若干重大问题的决定》，人民出版社，2013。

中共中央文献研究室编《十八大以来重要文献选编》（上），中央文献出版社，2014。

中共中央文献研究室编《十九大以来重要文献选编》（上），中央文献出版社，2019。

中共中央文献研究室编《习近平关于全面建成小康社会论述摘编》，中央文献出版社，2016。

中共中央文献研究室编《习近平关于社会主义社会建设论述摘编》，中央文献出版社，2017。

《中国共产党第十九届中央委员会第六次全体会议文件汇编》，人民出版社，2021。

《中国共产党第十九届中央委员会第五次全体会议文件汇编》，人民出版社，2020。

第二类　研究著作、编著和文集

中　文

〔古〕艾米里奥·罗依格·德·卢其森林：《何塞·马蒂：反帝国主义战士》，丁冬译，三联书店，1965。

〔古〕安东尼奥·努涅斯·希门尼斯：《古巴地理》，黄鸿森等译，商务印书馆，1962。

崔桂田：《当代社会主义发展模式比较研究》，山东人民出版社，2005。

《党的十九届六中全会〈决议〉学习辅导百问》，学习出版社、党建读物出版社，2021。

〔古〕菲德尔·卡斯特罗：《全球化与现代资本主义》，王玫等译，社会科学文献出版社，2000。

〔古〕菲德尔·卡斯特罗：《总司令的思考》，徐世澄等译，社会科学文献出版社，2008。

高放等主编《当代世界社会主义文献选编》，中国人民大学出版社，1990。

〔德〕汉斯·莫德罗等：《古巴：起步还是止步?》，王建政译，社会科学文献出版社，2016。

何建华：《马克思的公平正义理论与实践》，中共中央党校出版社，2016。

〔古〕何塞·马蒂：《何塞·马蒂诗文选》，毛金里等编译，作家出版社，2015。

〔美〕赫顿·韦伯斯特：《拉丁美洲史》，夏晓敏译，华文出版社，2019。

黄宗良、孔寒冰：《世界社会主义史论》，北京大学出版社，2004。

江时学：《拉美发展模式研究》，经济管理出版社，1996。

姜士林：《世界宪法全书》，青岛出版社，1997。

〔美〕卡梅洛·梅萨-拉戈：《七十年代的古巴——注重实效与体制化》，丁中译，庄绎传校，商务印书馆，1980。

〔巴〕克劳迪娅·福丽娅蒂：《卡斯特罗传》，翁怡兰等译，世界知识出版社，2003。

梁树发：《社会与社会建设》，人民出版社，2007。

刘洪才主编《当代世界共产党党章党纲选编》，当代世界出版社，2009。

刘俊杰：《社会主义国家治理》，人民出版社，2018。

毛相麟：《古巴：本土的可行的社会主义研究》，社会科学文献出版社，2012。

毛相麟、杨建民：《古巴社会主义研究》，社会科学文献出版社，2019。

〔俄〕尼古拉·S. 列昂诺夫：《劳尔·卡斯特罗：革命生涯》，魏然等译，中国社会科学出版社，2016。

〔古〕萨洛蒙·苏希·萨尔法蒂编《卡斯特罗语录》，宋晓平等译，社会科学文献出版社，2010。

《社会学概论》，人民出版社、高等教育出版社，2011。

吴白乙等：《拉美国家的能力建设与社会治理》，中国社会科学出版社，2015。

吴忠民主编《社会建设概论》，中共中央党校出版社，2017。

肖枫、王志先：《古巴社会主义》，人民出版社，2004。

肖楠等：《当代拉丁美洲政治思潮》，东方出版社，1988。

〔英〕休·托马斯：《卡斯特罗和古巴》，斯禾译，上海人民出版社，1975。

徐世澄：《古巴模式的"更新"与拉美左派的崛起》，中国社会科学出版社，2013。

徐世澄：《卡斯特罗评传》，人民出版社，2008。

徐世澄、贺钦编著《列国志·古巴》，社会科学文献出版社，2018。

鄢一龙等：《天下为公：中国社会主义与漫长的 21 世纪》，中国人民大学出版社，2018。

〔法〕伊格纳西奥·拉莫内：《卡斯特罗访谈传记：我的一生》，中国社会科学院拉丁美洲研究所译，中国社会科学出版社，2008。

袁东振：《拉美 21 世纪社会主义研究》，世界知识出版社，2004。

袁东振、徐世澄：《拉丁美洲国家政治制度研究》，中国社会科学出版社，2021。

曾昭耀等：《战后拉丁美洲教育研究》，江西教育出版社，1994。

詹真荣等：《马克思主义社会建设理论与实践》，云南教育出版社，2011。

张金霞：《"古巴模式"的理论探索——卡斯特罗的社会主义观》，人民出版社，2012。

赵荣宪、杨锡军：《卡斯特罗时代：中国大使亲历纪实》，外文出版社，2018。

郑秉文主编《住房政策：拉丁美洲城市化的教训》，经济管理出版社，2014。

郑杭生：《社会学概论新修》，中国人民大学出版社，2013。

《〈中共中央关于构建社会主义和谐社会若干重大问题的决定〉辅导读本》，人民出版社，2006。

中共中央宣传部编《习近平新时代中国特色社会主义思想学习纲要》，学习出版社、人民出版社，2019。

周新城等:《越南、古巴社会主义现状与前景》,安徽人民出版社,2000。

朱景冬:《何塞·马蒂评传》,社会科学文献出版社,2010。

外 文

Aguzzi Luciano, *Educazione e Societa a Cuba* (Milan: Mazzota, 1973).

Al Campbell, *Cuban Economists on the Cuban Economy* (Gainesville: University Press of Florida, 2013).

Ariana Hernandez-Reguant, *Cuba in the Special Period: Culture and Ideology in the 1990s* (London: Palgrave Macmillan, 2009).

Brock Colin and Donald Clarkson, *Education in Central America and the Caribbean* (London and New York: Routledge, 1991).

Carmelo Mesa-Lago and Jorge Perez-Lopez, *Cuba under Raul Castro: Assessing the Reforms* (Boulder, CO: Lynne Rienner Publisher, 2013).

Carmelo Mesa-Lago, *Institutional Changes of Cuba's Economic Social Reforms: State and Market Roles, Progress, Hurdles, Comparisons, Monitoring and Effects* (Washington, DC: Brookings Institution, 2014).

Carmelo Mesa-Lago, *Revolutionary Change in Cuba* (Pittsburgh: University of Pittsburgh Press, 1971).

Carmelo Mesa-Lago, *The Economy of Socialist Cuba: A Two-Decade Appraisal* (Albuquerque: University of New Mexico Press, 1981).

Draper Theodore, *Castroism: Theory and Practice* (New York: Praeger, 1965).

Fidel Castro, *World Crisis: Its Economic and Social Impact on the Underdeveloped Countries* (London: Zed Books, 1984).

Gail Reed, *Island in the Storm: The Cuban Communist Party's Fourth Congress* (Melbourne: Ocean Press, 1992).

H. Michael Erisman and John M. Kirk, *Cuban Foreign Policy: Transformation under Raúl Castro* (Lanham, MD: Rowman & Littlefield Publishers, 2018).

H. Michael Erisman, *Cuba's International Relations: The Anatomy of a Nationalistic Foreign Policy* (Boulder, CO.: Westview Press, 1985).

Jill Hamberg, *Under Construction: Housing Policy in Revolutionary Cuba* (New

York: Cener for Cuban Studies, 1986).

Jorge I. Dominguez et al. , *The Cuban Economy at the Start of the Twenty-First Century* (Boston: Lorena Barberia, 2012).

Joseph L. Scarpaci et al. , *Havana: Two Faces of the Antillean Metropolis* (North Carolina: University of North Carolina Press, 2002).

Josh Ryan Collins et al. , *Rethinking the Economics of Land and Housing* (London: Zed Books, 2017).

José A. Moreno, *Cuba*, *Periodo Especial: Perspectivas* (La Habana: Editorial de Ciencias Sociales, 1998).

Julie M. Feinsilver, *Healing the Third World: Cuban Medical Diplomacy* (Cambridge, MA: Harvard University Press, 1992).

Julie M. Feinslilver, *Healing the Masses: Cuban Health Politics at Home and Abroad* (Berkeley: University of California Press, 1993).

Kate Moody, *The People's Professors of Cuba: How the Nation Achieved Education for All* (Washington, DC: Lexington Books, 2018).

Linda M. Whiteford, *Primary Health Care in Cuba: The Other Revolution* (Lanham, MD: Rowman & Littlefield Publishers, 2009).

Louis A. Pérez, *Cuba: Between Reform and Revolution* (Oxford: Oxford University Press, 2015).

Martin Carnoy and Joel Samoff, *Education and Social Transition in the Third World* (Princeton: Princeton University Press, 1990).

Par Kumaraswami, *Rethinking the Cuban Revolution Nationally and Regionally: Politics, Culture and Identity* (Hoboken: Wiley-Blackwell, 2012).

Richard Gillespie, *Cuba after Thirty Years: Rectification and the Revolution* (London: Frank Cass, 1990).

R. M. Massón, *Historiay Perspectiva de la Educación Comparada* (La Habana: Editorial Pueblo Educación, 2013).

Sheldon B. Liss, *Fidel!: Castro's Political and Social Thought* (London: Westview Press, 1994).

Sheldon B. Liss, *Fidel: Marxist Thought in Latin America* (Berkeley and Los Angeles: University of California Press, 1984).

Soraya M. Castro Mariño, *Fifty Years of Revolution: Perspectives on Cuba, the United States, and the World* (Gainesville: University Press of Florida, 2012).

Theodore H. MacDonald, *The Education Revolution: Cuba's Alternative to Neo-liberalism* (Croydon: Manifesto Press, 2009).

第三类　论文、报告等文献资料

中　文

〔古〕何塞·路易斯·罗德里格斯:《国际形势急剧变化中的古巴经济》,徐世澄译,《国际经济评论》1992 年第 9 期。

〔古〕卡洛斯·米格尔·佩雷拉·埃尔南德斯:《当前古巴的社会主义建设》,《拉丁美洲研究》2008 年第 2 期。

〔古〕里卡多·托雷斯·佩雷兹:《古巴经济模式更新:十年回顾与反思》,贺钦译,《当代世界社会主义问题》2018 年第 2 期。

〔荷〕詹姆斯·D. 科克罗夫特:《古巴社会主义 50 年的变迁》,贺钦译,《国外理论动态》2009 年第 10 期。

陈天林:《中国社会建设的历史经验》,《科学社会主义》2006 年第 5 期。

陈先达:《马克思主义的社会形态理论与和谐社会的构建》,《马克思主义研究》2006 年第 9 期。

崔桂田:《冷战后拉美共产党的理论及政策比较》,《当代世界社会主义问题》2009 年第 4 期。

崔桂田:《越、老、朝、古四国经济改革比较》,《当代世界社会主义问题》2004 年第 2 期。

董卫华:《越南、朝鲜、老挝、古巴执政党的社会管理理念比较》,博士学位论文,中南大学,2013。

高放:《世界社会主义 500 年历史大视野小总结》,《中国浦东干部学院学报》2016 年第 4 期。

顾玉兰:《列宁社会主义国家治理思想及其当代启示》,《马克思主义研究》2015 年第 10 期。

韩冰:《劳尔·卡斯特罗主政以来的古巴民生改革》,《廊坊师范学院学报》（社会科学版）2009 年第 4 期。

韩欲立：《论卡斯特罗的遗产和古巴社会主义的更新》，《社会主义研究》
2017 年第 3 期。

郝名玮：《评马蒂的爱国主义思想和实践》，《世界历史》1995 年第 2 期。

贺钦：《古巴应对人口老龄化的经验与启思》，《拉丁美洲研究》2020 年
第 4 期。

贺钦：《古巴住房问题的历史应对与现实挑战》，《世界马克思主义研究》
2021 年第 2 期。

贺钦：《古共七大前后古巴社会主义的新动向与新挑战》，《宁夏党校学
报》2018 年第 1 期。

侯惠勤：《马克思主义公平观的实践意义》，《马克思主义研究》2005 年
第 4 期。

黄南婷：《古巴特殊教育发展的特点》，《外国中小学教育》2011 年第
4 期。

江达：《社会公正视阈下古巴民生建设的理论和实践研究》，硕士学位论
文，中共江苏省委党校，2015。

姜述贤：《古巴对社会主义道路的不断探索》，《当代世界与社会主义》
2007 年第 1 期。

解先伟：《拉美地缘政治与社会主义运动特点研究》，硕士学位论文，山
东大学，2010。

靳呈伟：《古巴共产党章程》，《当代世界社会主义问题》2016 年第 3 期。

靳志强：《十七大以来社会建设研究综述》，《社会主义研究》2011 年第
3 期。

李菲菲：《古巴特殊时期的民生改革研究》，硕士学位论文，山东大
学，2013。

李建国：《马克思主义在古巴的演进及启示》，《科学社会主义》2016 年
第 3 期。

李锦华：《古巴共产党开展"思想战"战略》，《当代世界》2007 年第
11 期。

李锦华：《苏联解体后古巴共产党的理论、方针政策与实践》，《马克思
主义研究》2000 年第 6 期。

梁树发：《社会主义历史进程中的社会主义社会建设理论》，《东岳论丛》2005 年第 6 期。

梁英：《古巴共产党改善民生的措施及启示》，《当代世界》2008 年第 7 期。

林洁：《越南、老挝、古巴等社会主义国家执政党社会治理特点探析》，《上海党史与党建》2015 年第 11 期。

刘昆昆：《古巴社会公平的理论与实践研究》，硕士学位论文，合肥工业大学，2012。

刘士永：《越南、老挝、朝鲜、古巴处理社会公平问题的政策措施比较研究》，硕士学位论文，山东大学，2008。

刘潇、仇雨临：《古巴医疗卫生体系再审视：运行机制与经验借鉴》，《拉丁美洲研究》2010 年第 6 期。

刘志明：《列宁的无产阶级政党思想及其当代意义》，《马克思主义研究》2010 年第 11 期。

陆学艺：《关于社会建设的理论和实践》，《国家行政学院学报》2008 年第 2 期。

毛相麟：《古巴 60 多年来创建文化强国的经验及启示》，《世界社会主义研究》2019 年第 3 期。

毛相麟：《古巴的改革开放历程——10 年回顾与评价》，《理论视野》2001 年第 2 期。

毛相麟：《古巴教育是如何成为世界第一的——古巴教育发展模式的形成和特点》，《拉丁美洲研究》2004 年第 5 期。

毛相麟：《古巴社会保障制度的建立和完善进程》，《当代世界社会主义问题》2016 年第 2 期。

毛相麟：《劳尔·卡斯特罗接班后古巴形势的变化及发展前景》，《当代世界社会主义问题》2008 年第 3 期。

毛相麟、杨建民：《劳尔主政古巴的七年及前景》，《当代世界社会主义问题》2013 年第 4 期。

毛相麟、杨建民：《苏联解体与古巴改革》，《当代世界社会主义问题》2011 年第 3 期。

荣枢：《菲德尔·卡斯特罗的社会主义思想研究》，博士学位论文，武汉大学，2012。

宋晓平：《从马蒂到卡斯特罗：古巴革命的实践与思想轨迹》，《拉丁美洲研究》2008 年第 3 期。

宋晓平：《古巴关于社会主义理论和实践的探索》，《红旗文稿》2009 年第 9 期。

孙洪波：《古巴的医疗外交》，《拉丁美洲研究》2007 年第 5 期。

王承就：《古巴"更新经济模式"析评》，《社会主义研究》2011 年第 3 期。

王承就：《古巴的教育公平论析》，《理论月刊》2015 年第 7 期。

王承就：《古巴共产党的执政理念探析》，《当代世界》2011 年第 4 期。

王承就：《古巴共产党建设研究》，博士学位论文，南开大学，2010。

王承就：《古巴特色社会主义模式探析》，《马克思主义研究》2019 年第 2 期。

王承就：《民生：始终是古巴党和政府的要务》，《国外理论动态》2008 年第 7 期。

王承就、封艳萍：《从新宪法看古巴国家治理体系的完善及其影响》，《当代世界社会主义问题》2020 年第 2 期。

王承就、封艳萍：《古巴民主政治制度化建设及其治理效能》，《当代世界社会主义问题》2021 年第 1 期。

王承就、王莹瑛：《劳尔·卡斯特罗的社会公平思想》，《西南科技大学学报》（哲学社会科学版）2014 年第 2 期。

王继、王浩斌：《马克思主义社会建设思想探析》，《毛泽东邓小平理论研究》2007 年第 10 期。

王诺、王静：《古巴医疗体制发展历程及其启示》，《中国社会医学杂志》2009 年第 1 期。

王欣：《何塞·马蒂思想及其对拉丁美洲"社会主义"的影响》，《长春工业大学学报》（高教研究版）2012 年第 2 期。

吴忠民：《论社会建设的四大基础内容》，《中国特色社会主义研究》2016 年第 4 期。

肖枫：《古巴压而不垮的奥秘》，《科学社会主义》2006 年第 3 期。

肖枫：《古巴在稳定的改革开放中巩固社会主义》，《当代世界社会主义问题》1997 年第 2 期。

谢立中：《"社会建设"的含义与内容辨析》，《北京大学学报》（哲学社会科学版）2015 年第 2 期。

徐富海：《古巴：不富裕国家预防灾害的榜样》，《中国减灾》2019 年第 7 期。

徐世澄：《从古共六大到古共七大：古巴社会主义模式的更新》，《拉丁美洲研究》2016 年第 5 期。

徐世澄：《从古共五大看古巴经济政治形势》，《拉丁美洲研究》1998 年第 2 期。

徐世澄：《从一大到八大：古巴共产党的发展》，《拉丁美洲研究》2021 年第 4 期。

徐世澄：《古巴的国家治理转型观察》，《国家治理》2014 年第 14 期。

徐世澄：《古巴的社会保障制度及其改革》，《拉丁美洲研究》1995 年第 5 期。

徐世澄：《古巴共产党巩固执政地位的战略举措》，《当代世界与社会主义》2007 年第 6 期。

徐世澄：《古巴共产党在自我"更新"中保持党的生命力》，《当代世界》2013 年第 9 期。

徐世澄：《古巴国家新领导人迪亚斯-卡内尔主席的历史使命》，《当代世界》2018 年第 6 期。

徐世澄：《古巴社会主义的文化理论和实践》，《拉丁美洲研究》2013 年第 6 期。

徐世澄：《古巴新宪法："变"与"不变"》，《唯实》2019 年第 6 期。

徐世澄：《古共六大与古巴经济模式的"更新"》，《拉丁美洲研究》2011 年第 3 期。

徐世澄：《卡斯特罗和古巴的社会主义实践》，《拉丁美洲研究》1996 年第 4 期。

徐世澄：《劳尔·卡斯特罗有关古巴经济变革的论述和古巴经济变革的最新动向》，《当代世界》2011 年第 3 期。

徐世澄：《劳尔·卡斯特罗执政后古巴的经济变革》，《探索与争鸣》2011 年第 4 期。

徐世澄：《试论何塞·马蒂思想——纪念何塞·马蒂150周年诞辰》，《拉丁美洲研究》2002年第6期。

许姣：《菲德尔·卡斯特罗的"人道主义"思想研究》，硕士学位论文，南京师范大学，2015。

严书翰：《马克思主义社会建设思想及其中国化成果》，《毛泽东邓小平理论研究》2015年第8期。

杨建民：《迪亚斯-卡内尔执政以来的古巴"模式更新"》，《当代世界与社会主义》2022年第1期。

杨建民：《古巴"更新"：探索新的社会主义发展模式》，《国外理论动态》2018年第3期。

杨建民：《古巴革命以来的对外政策研究》，《拉丁美洲研究》2009年第1期。

杨建民：《古巴关于社会主义发展模式的探索——兼论当前"更新"进程的前景》，《当代世界与社会主义》2017年第2期。

杨宜勇、黄燕芬：《十八大以来中国社会建设的新思路、新成就》，《社会学研究》2017年第6期。

袁东振：《古巴的社会保障制度：发展、挑战与改革》，《拉丁美洲研究》2009年第2期。

袁东振：《古巴共产党党的建设实践与经验探析》，《当代世界与社会主义》2021年第4期。

袁东振：《拉美国家的腐败问题与腐败治理趋势》，《西南科技大学学报》（哲学社会科学版）2020年第3期。

张丹、范国睿：《古巴教育改革的经验与反思》，《外国教育研究》2008年第10期。

张登文：《古巴"革命之子"迪亚斯-卡内尔的主要挑战》，《齐鲁师范学院学报》2019年第5期。

张登文：《苏联解体后古巴对外政策的调整与思考》，《中国特色社会主义研究》2010年第4期。

张福军：《越、古、朝、老四个社会主义国家党代会后的政策走向》，《世界社会主义研究》2017年第9期。

张慧玲：《从古共"七大"看古巴社会主义发展新动向》，《当代世界与社会主义》2016年第4期。

张慧玲：《从国家领导人换届看古巴社会主义的发展趋势》，《当代世界与社会主义》2018年第4期。

张金霞：《古巴"特殊时期"经济体制调整与变革的态势分析》，《社会主义研究》2012年第3期。

张金霞：《卡斯特罗的全球化和反全球化思想探析》，《学术论坛》2008年第10期。

张金霞：《卡斯特罗社会建设的实践与探索》，《桂海论丛》2012年第4期。

张磊：《劳尔·卡斯特罗领导的古巴社会主义"更新"改革实践研究》，硕士学位论文，西安外国语大学，2014。

张芯瑜：《古巴宗教外交：机制、演变及影响》，《当代世界社会主义问题》2016年第2期。

张云飞：《试论列宁社会建设思想的理论特征——读〈列宁专题文集〉（论社会主义）札记》，《毛泽东邓小平理论研究》2011年第5期。

郑杭生：《改革开放三十年：社会发展理论和社会转型理论》，《中国社会科学》2009年第2期。

郑杭生：《社会学视野中的社会建设与社会管理》，《中国人民大学学报》2006年第2期。

郑杭生、杨敏：《关于社会建设的内涵和外延——兼论当前中国社会建设的时代内容》，《学海》2008年第4期。

中共中央党校党建教研部课题组：《古巴共产党密切党群关系的基本做法和经验》，《当代世界与社会主义》2006年第4期。

仲秌阳：《越老古朝国家治理体系与能力建设透视》，《当代世界与社会主义》2015年第2期。

外　文

Antoni Kapcia, "The Fourth Congress of the Cuban Communist Party: Time for a Change?" *Journal of Communist Studies and Transition Politics* 8, no. 1 (1992).

Archibald Ritter, "The Cuban Economy in the 1990s: External Challenges and Policy Imperatives," *Journal of Interamerican Studies and World Affairs* 32, no. 3 (1990).

Brandon L. Fox and Erik J. Byker, "Searching for Equity in Education: A Critical Ethnographic Exploration in Cuba," *Journal of Ethnographic and Qualitative Research* 9, no. 3 (2015).

B. E. Hernández-Truyol, "Cuba and Good Governance," *Transnational Law & Contemporary Problems*, no. 14 (2004).

Carmelo Mesa-Lago and Pavel Vidal-Alejandro, "The Impact of the Global Crisis on Cuba's Economy and Social Welfare," *Journal of Latin American Studies* 42, no. 4 (2010).

Carmelo Mesa-Lago, "Social and Economic Problems in Cuba During the Crisis and Subsequent Recovery," *CEPAL Review*, no. 86 (2005).

Cristóbal Kay, "Economic Reforms and Collectivisation in Cuban Agriculture," *Third World Quarterly* 10, no. 3 (1988).

Dan Erikson, Annie Lord and Peter Wolf, *Cuba's Social Service: A Review of Education, Health, and Sanitation* (Washington, DC: World Bank, 2002).

David Strug, "Community-Oriented Social Work in Cuba: Government Response to Emerging Social Problems," *Social Work Education* 25, no. 7 (2006).

D. S. Iatridis, "Cuba's Health Care Policy: Prevention and Active Community Participation," *Social Work* 35, no. 1 (1990).

Efrén Córdova, "The Situation of Cuban Workers During the 'Special Period in Peace Time'," *Cuba in Transition · ASCE*, 1996.

Gary Fields, "Economic Development and Housing Policy in Cuba," *Berkeley Planning Journal* 2, no. 1 (2012).

Gillian Gunn, *Balancing Economic Efficiency, Social Concerns, and Political Control*, Cuban Studies Program Briefing Paper, 1994.

Howard Waitzkin, "Health Policy and Social Change: A Comparative History of Chile and Cuba," *Social Problems* 31, no. 2 (1983).

Jill Hamberg, "Cuba Opens to Private Housing but Preserves Housing Rights," *Race Poverty & the Environment* 19, no. 1 (2012).

John Grein, *Recent Reforms in Cuban Housing Policy*, International Immersion

Program Papers（University of Chicago Law School，2015）.

Joseph S. Roucek，"Pro-Communist Revolution in Cuban Education," *Journal of Inter-American Studies* 6，no. 3（1964）.

Juan Jose Cabello et al.，"An Approach to Sustainable Development：The Case of Cuba," *Environment Development and Sustainability* 14，no. 4（2012）.

Julie M. Feinsilver，"Fifty Years of Cuba's Medical Diplomacy：From Idealism to Pragmatism," *Cuban Studies*，no. 41（2010）.

Julio Carranza Valdés and Juan Valdés Paz，"Institutional Development and Social Policy in Cuba：'The Special Period'," *Journal of International Affairs* 58，no. 1（2004）.

Justo Alberto Chávez Rodríguez，"Education in Cuba Between 1959 and 2010," *Estudos Avançados* 25，no. 72（2011）.

Kamran Nayeri and Cándido M. López-Pardo，"Economic Crisis and Access to Care：Cuba's Health Care System since the Collapse of the Soviet Union," *International Journal of Health Services* 35，no. 4（2005）.

Karen A. Swanson et al.，"Primary Care in Cuba：A Public Health Approach," *Health Care for Women International* 16，no. 4（1995）.

Kosta Mathey，"Microbrigades in Cuba：A Collective Form of Self-Help Housing," *The Netherlands Journal of Housing and Environmental Research* 4，no. 1（1989）.

Lavinia Gasperini，"The Cuban Education System：Lessons and Dilemmas," in World Bank Group，*Country Studies: Education Reform and Management Publication Series* 1，no. 5（Washington，DC：Wrold Bank，2000）.

Lorenzo L. Pérez，"The Implications of Good Governance for the Reconstruction of Cuba," in ASCE，*Cuba in Transition* 7（Miami，Florid，August 7 – 9，1997）.

Miren Uriarte，*Cuba，Social Policy at a Crossroads: Maintaining Priorities，Transforming Practice*（University of Massachusetts Boston：Scholar Works at UMass Boston，2002）.

Mohsen Khosravi，"Cuban Healthcare System：A Strategic Model for the Resistive Economy," *Journal of Resistive Economics* 4，no. 5（2016）.

Nakul Bhardwaj and Daniel Skinner, "Primary Care in Cuba: Considerations for the U. S. ," *Journal of Health Care for the Poor and Underserved* 30, no. 2 (2019).

Pastor Castell-Florit Serrate, "Universal Health in Cuba: Healthy Public Policy in All Sectors," *MEDICC Review* 21, no. 4 (2019).

Paul K. Drain and Michele Barry, "Fifty years of US Embargo: Cuba's Health Outcomes and Lessons," *Science*, no. 41 (2010).

Peter Schwab, "Cuban Health Care and the U. S. Embargo," *Monthly Review* 49, no. 6 (1997).

Philip Peters, *Cuba's New Real Estate Market*, Latin America Initiative Working Paper (Latin America Initiative Foreign Policy at Brookings, 2014).

Pol de Vos, "Shifting the Demand for Emergency Care in Cuba's Health System," *Social Science and Medicine* 60, no. 3 (2005).

Pol de Vos, "'No One Left Abandoned': Cuba's National Health System Since the 1959 Revolution," *International Journal of Health Services* 35, no. 1 (2005).

Ricardo Alarcón de Quesada, "Cuba: Education and Revolution," *Monthly Review* 63, no. 3 (2011).

Ricardo Torres Pérez, "Updating the Cuban Economy: the First 10 Years," *Social Research* 84, no. 2 (2017).

Robin Kapavik and C. Lorraine Webb, "Lessons From Cuba: Community Projects and Learning Experiences for Children," *Childhood Education* 94, no. 6 (2018).

Rosa María Massón Cruz, "A Marxist Focus on Comparative Education in Cuba," *Journal for Critical Education Policy Studies* 13, no. 3 (2015).

Rose-Jacobs Ruth et al. , "Housing Instability Among Families With Young Children With Special Health Care Needs," *Pediatrics* 144, no. 2 (2019).

R. M. Massón et al. , "La Educación Posgraduada en los Procesos de Integración a Través de Estudios Comparado: Una Nueva Realidad de Integración," *Educación* 138, no. 6 (2015).

Saleem Badat, "Educational Politics in the Transition Period," *Comparative*

Education 31, no. 2 (1995).

Tom G. Griffiths, "Fifty Years of Socialist Education in Revolutionary Cuba: A World-Systems Perspective," *Journal of Iberian and Latin American Research* 15, no. 2 (2009).

Tom G. Griffiths, "Socialism in Cuba: Debate and Socialist Renewal for the Twenty-First Century," *International Critical Thought* 9, no. 2 (2019).

Valerie Bunce and Philip G. Roeder, "The Effects of Leadership Succession in the Soviet Union," *American Political Science Review* 80, no. 1 (1986).

V. H. de los Santos, "Fiscalidad, Equilibrio Externo e Interno en la Economía Cubana: Avances y Desafíos," *Economíay Desarrollo* 148, no. 2 (2012).

William M. LeoGrande, "Updating Cuban Socialism: The Politics of Economic Renovation," *Social Research: An International Quarterly* 84, no. 2 (2017).

第四类　电子文献资料与主要网站

中　文

《古巴新宪法强调坚持社会主义制度和共产党领导》，新华社新媒体百家号，https://baijiahao. baidu. com/s? id=1630509980798124571&wfr=spider&for=pc，2019 年 4 月 11 日。

《马克思的社会建设思想》，光明网，http://epaper. gmw. cn/gmrb/html/2008-05/20/nw. D110000gmrb_20080520_2-11. htm，2008 年 5 月 20 日。

《美委关系陷紧急状态　美洲国家联盟力挺委内瑞拉》，海外网，http://m. haiwainet. cn/middle/232591/2015/0319/content_28540780_1. html，2015 年 3 月 19 日。

《习近平会见古巴共产党中央第一书记特使》，新华网，http://www. xinhuanet. com/politics/2016-06/27/c_1119119099. htm，2016 年 6 月 27 日。

外　文

Admin, Cuba Announces New Housing Regulations, http://www. point2cuba. com/cuba-announces-new-housing-regulations/，2017-04-11.

Alan Saidi, 15 Facts on Cuba and its Education System, https://acei-global. blog/2015/01/08/15-facts-on-cuba-and-its-education-system/, 2015-01-08.

Arch Ritter, The Cuban Economy: Private, Cooperative and Underground, https://thecubaneconomy. com/articles/tag/self-employment/, 2019-11-07.

Carmelo Mesa-Lago, Social Welfare And Structural Reforms In Cuba, 2006-2017, https://www. ascecuba. org/asce_proceedings/social-welfare-structural-reforms-cuba-2006-2017/, 2017-11-05.

CMBQ Radio Encyclopedia, Cuba's Housing Policy Demonstrates Positive Results, http://www. radioenciclopedia. cu/cultural-news/news/cuba-s-housing-policy-demonstrates-positive-results-20191218/, 2019-12-18.

Colin Campbell, Case Study: Cuba-Housing and Human Capital in Cuba, https://www. idrc. ca/en/article/case-study-cuba-housing-and-human-capital-cuba, 2011-01-10.

Dan Domenech, A Look at Cuba's Education System: High Literacy Rates, Free College Come at a Price, https://learningfirst. org/blog/look-cubas-education-system-high-literacy-rates-free-college-come-price, 2017-03-03.

Díaz Canel, Newly Elected President Miguel Díaz Canel Addresses National Assembly of People's Power, http://en. granma. cu/cuba/2018-04-19/miguel-diaz-canel-i-assume-this-responsibility-with-the-conviction-that-all-we-revolutionaries-will-be-faithful-to-fidel-and-raul, 2018-04-19.

Economic Impact of U. S. Blockade on Cuba's Housing Sector, http://www. cubavsbloqueo. cu/en/cuba-denuncia/economic-impact-us-blockade-cubas-housing-sector, 2014-09-22.

Ed Augustin, Cuba's new leader vows to modernise economy but no return to capitalism, https://www. theguardian. com/world/2018/apr/19/cuba-president-miguel-diaz-canel-modernise-economy, 2018-04-19.

Elio Delgado Legon, Cuban Education: A State Responsibility, https://havana-times. org/opinion/cuban-education-a-state-responsibility/, 2012-09-07.

Granma News Staff, Cuba's Economic and Social Life Debated, http://en. granma. cu/cuba/2018-12-19/cubas-economic-and-social-life-debated, 2018-12-19.

Havana Live, Cuba Boasts High Employment Rate, Millions in Private Sector, https://havana-live. com/cuba-boasts-high-employment-rate-millions-in-private-sector/, 2019-02-03.

Marc Frank, Raul Castro Cracks Down on "Corruption and Illegalities", http://havanajournal. com/politics/entry/raul_castro_cracks_down_on_corruption_and_illegalities/, 2004-07-05.

Martin Carnoy, Education: Cuba's Academic Advantage, https://clas. berkeley. edu/research/education-cuba%E2%80%99s-academic-advantage.

Nebojsa Mandrapa, Education System of Cuba-Path to Success, https://novakdjokovicfoundation. org/education-system-of-cuba-path-to-success/, 2015-05-21.

Osmel Ramirez Alvarez, The State of Housing in Cuba, https://havana-times. org/opinion/the-state-of-housing-in-cuba/, 2018-10-08.

Raúl Castro, Raul Castro: No Matter How Great the Challenges, Our People Will Defend their Socialist Revolution, http://en. granma. cu/cuba/2018-07-26/raul-castro-no-matter-how-great-the-challenges-our-people-will-defend-their-socialist-revolution, 2018-07-26.

Raúl Castro, Speech by Army General Raúl Castro Ruz, http://www. minrex. gob. cu/en/speech-army-general-raul-castro-ruz-president-councils-state-and-ministers-closing-1st-national, 2012-01-29.

Raúl Castro, The Development of the National Economy, along with the Struggle for Peace, and Our Ideological Resolve, Constitute the Party's Principal Missions, http://en. granma. cu/cuba/2016 - 04 - 18/the-development-of-the-national-economy-along-with-the-struggle-for-peace-and-our-ideological-resolve-constitute-the-partys-principal-missions, 2016-04-18.

Sarah Farouq, Cuba's Health Care System: A Political, Social, and Economic Revolution, https://bpr. berkeley. edu/2019/02/09/cubas-healthcare-system-a-political-social-and-economic-revolution/, 2019-02-09.

Sheryl Lutjens, Educational Policy in Socialist Cuba: the Lessons of Forty Years of Reform, http://www. angelfire. com/pr/red/cuba/educational_policy_in_cuba. htm.

The Development of the Cuban Health Care and Value System: Two Systems,

One Ideology，https：//www. radford. edu/～junnever/law/cuba. htm.

The Economist Intelligence Unit，Raul Castro Continues to Crack Down on Corruption，http：//country. eiu. com/article. aspx？articleid＝175066401&Cou-ntry＝Cuba&topic＝Politics&oid＝51706389&flid＝1929494177，2012－08－20.

United Nations Development Programme，*Human Development Report*（联合国开发计划署：《人类发展报告》），http：//hdr. undp. org/en.

Yisel Martínez García，La Seguridad Social en Cuba，un derecho ciudadano，http：//www. granma. cu/cuba/2017－07－22/la-seguridad-social-en-cuba-un-dere-cho-ciudadano－22－07－2017－10－07－58，2017－07－22.

Álvaro Fuente，How does Cuba Manage to Achieve First-World Health Statistics？，https：//english. elpais. com/elpais/2017/02/10/inenglish/1486729823_171276. html，2017－02－10.

古巴党中央机关报《格拉玛》，http：//www. granma. cubaweb. cu/。

古巴党中央机关刊物《社会主义古巴》，http：//www. cubasocialista. cu/。

古巴高等教育部，http：//www. mes. edu. cu。

古巴公共卫生部，http：//www. sld. cu。

古巴共产党网站，http：//www. pcc. cu/pccweb/。

古巴教育部，http：//www. rimed. cu。

古巴劳动和社会保障部，http：//www. mtss. cu。

古巴统计局，http：//www. one. cu/。

古巴宪法，http：//www. cuba. cu/gobierno/cuba. htm。

古巴研究组，http：//cubastudygroup. org/。

古巴政府网站，http：//www. cubagob. cu/。

哈瓦那时代，https：//havanatimes. org/。

经济学人研究智库，https：//search. eiu. com/Default. aspx。

拉丁美洲网络资源中心卡斯特罗语录库，http：//lanic. utexas. edu/la/cb/cuba/castro. html。

世界银行数据库，https：//databank. worldbank. org/home. aspx。

后　记

　　本书的形成基础是我的博士学位论文和湖北省社科基金项目的相关研究。

　　古巴是世界现有的五个社会主义国家之一，还是西半球唯一的社会主义国家。1959 年古巴革命取得胜利，1961 年古巴正式向世界宣告走社会主义道路，至今已 60 多年。随着对古巴的了解、研究不断深入，我越来越深切地感受到"古巴是个特色鲜明又神奇的国家"。古巴旗帜鲜明坚持走社会主义道路，社会主义建设取得不少成就，但这条道路可以说波折起伏。在经济发展水平不高、内忧外患不断的背景下，古巴社会建设却取得举世瞩目的成就。尤其是面对各种风险挑战和美国长期的封锁制裁，古巴社会主义制度依然屹立不倒。我想更深入更细致地探寻其中的"奥秘"。

　　这一阶段性的成果，不禁让我想起过往的学习生涯，特别是读博时期，不敢虚度，但求有所收获、不断进步。同时，我也越发体会到学海无边，个人的认知水平和思考能力有限，学术之路贵在淬炼和坚持。每当有所突破之时，心中不胜欢喜；如遇挫折或困难，从初期的焦躁变得更加从容。所想所思所悟所感千言万语，不能一时话尽，唯心中充满感恩。

　　在这里，衷心感谢武汉大学马克思主义学院提供沃壤，让我享受学术润土的滋养。衷心感谢各位师长，老师们的宝贵建议，让我在论文写作过程中受益良多。

　　特别感谢我敬爱的导师曹亚雄教授！曹老师渊博的专业知识、宽广的学术视野、灵活的思维方式、正直的品德操守，好似一盏指路明灯，引领着我走上新的学术之旅和生活之路。迷茫时，老师鞭辟入里的点拨让我茅塞顿开；低落时，老师真诚善意的鼓励让我感受到温暖和力量……"授人以鱼不如授人以渔",无论是为人处世还是治学钻研,曹老师给我的指点和建议,都经常让我有拨开迷雾的顿悟之感。

书中所学习、引用和参考的专家学者们的研究成果为本书提供了启发和借鉴,在此向各位专家学者表示衷心感谢。

本书还获得了中南财经政法大学中央高校基本科研业务费专项项目"新形势下加强高校党风廉政建设研究"(项目编号:2722020XC008)资金资助和中南财经政法大学马克思主义学院资金支持。社会科学文献出版社的各位编辑为本书出版付出了大量心血,在此一并表示感谢。

最后,衷心感谢中南财经政法大学党委常委、党委宣传部部长兼马克思主义学院院长周巍和马克思主义学院党委书记邓杨等领导与同人对本书出版给予的关心、指导和支持。

刘雨萌

2022 年 8 月 17 日

图书在版编目(CIP)数据

古巴社会建设研究 / 刘雨萌著. -- 北京:社会科
学文献出版社,2024.5
ISBN 978-7-5228-2851-0

Ⅰ.①古… Ⅱ.①刘… Ⅲ.①社会发展-研究-古巴
Ⅳ.①D775.106.9

中国国家版本馆 CIP 数据核字(2023)第 225397 号

古巴社会建设研究

著　　者 / 刘雨萌

出 版 人 / 冀祥德
组稿编辑 / 张晓莉
责任编辑 / 胡晓利
文稿编辑 / 卢　玥
责任印制 / 王京美

出　　版 / 社会科学文献出版社·区域国别学分社 (010) 59367078
　　　　　　地址:北京市北三环中路甲 29 号院华龙大厦　邮编:100029
　　　　　　网址:www.ssap.com.cn
发　　行 / 社会科学文献出版社 (010) 59367028
印　　装 / 三河市尚艺印装有限公司

规　　格 / 开　本:787mm×1092mm　1/16
　　　　　　印　张:15.5　字　数:261 千字
版　　次 / 2024 年 5 月第 1 版　2024 年 5 月第 1 次印刷
书　　号 / ISBN 978-7-5228-2851-0
定　　价 / 128.00 元

读者服务电话:4008918866